中 国 现 代 图 像 新 闻 史

1919 ~ 1949

国家出版基金项目

NATIONAL PUBLICATION FOUNDATION

《中国现代图像新闻史:1919～1949》(10卷)

获国家出版基金资助

本课题系国家社会科学基金一般项目"中国现代(1919~1949)图像新闻传播史研究"(项目号:11BXW005),得到全国哲学社会科学规划办公室资助。结项等级:优秀

《中国现代图像新闻史:1919~1949》(10卷)的出版得到南京大学"九八五"项目、"江苏省委宣传部—南京大学部校共建"经费的部分资助

本书主要撰稿人

韩丛耀　季　芬　孙　慨

刘　亚　张　龙　罗智子

MODERN HISTORY OF
CHINESE IMAGE JOURNALISM

中国现代图像新闻史

1919～1949

韩丛耀 等著

南京大学出版社

序一

　　中国是当今世界上历史最完备的国家。不单单是历史悠久，更因其千百年来虽数经兵燹，历史书写却从未间断，自周共和以下，史事均有年可稽。中国又是世界上图像传播最早的国度之一。从河图洛书到八卦象形，从图画会意到书画同源，其间脉络绵延相继。以此，左图右史、图史互鉴成为中国历史书写的天然选择。

　　前人奋勉，记载不辍，使我辈今日幸或有能综核究竟，直窥渊海。而千里之遥莫不积于跬步，只有脚踏实地，以清醒的历史意识指导材料的搜集整理、分析研究，才能功在当代，利在千秋。

　　韩丛耀先生日前完成的十卷本《中国现代图像新闻史：1919~1949》整理研究，令我备感振奋。该研究详尽考察了中国1919~1949年间的数百种图像出版物，以史绘图、以图存史，全景式地展现了中国现代社会的生活图景。

　　我曾说，做学问要用"安忍"的功夫，也要有宁静的"澄心"，没有安忍便不能精进，没有澄心便不能凝神向学。韩先生是一位有着清醒历史意识的研究者，更是能够安忍和有澄心的实践者，数十年如一日倾心于中国近现代新闻图像史料的收藏和整理，不但妥切化解了研究时搜集处理资料临渴掘井的茫然与困顿，而且在寻常难以问津处踏出了路径。

　　创始者难为用，后起者易为功，韩丛耀先生今日所就之成果可为后来研究者之开端。

西泠印社第七任社长
香港大学"桂冠学人"、教授　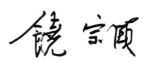

2016 年 7 月 22 日

大事　做得　菜根　嚼得

　　此书正在紧张编校中，惊闻饶公于2018年2月6日驾鹤西去，一时茫然。先生对我及我的图像文化研究关切良多，今立雪神伤，惟先生期许"嚼得菜根，做得大事"，丛耀永志不忘。愿先生一路走好!

序 二

2016 年初秋，南京大学韩丛耀教授寄来他及其团队历时 5 年完成的《中国现代图像新闻史：1919~1949》一书的目录及有关材料，嘱为该书出版撰写序言一篇，以壮行色，盛情难却，勉力为之。

提笔之际，不由再次翻阅了他在 2012 年出版的六卷本《中国近代图像新闻史：1840~1919》一书［国家社科基金项目"中国近代（1840~1919）图像新闻出版史研究"结项成果］。2010 年，我应邀为该书所作的序言中称韩丛耀教授等所著之书有三个创新之处，即构建了以图像为主的新闻史的新模式，探讨了图像新闻理论的新观点，提出了图像新闻史研究的新方法，为中国新闻史的研究开辟了一条新的途径。欣喜之余，我建议他跃马扬鞭再申请一个国家社科基金项目，把中国现代图像新闻史也搞出来，为中国新闻史的研究再添异彩。韩丛耀教授不负众望，2011 年，他领衔申请的"中国现代（1919~1949）图像新闻传播史研究"再次获批国家社科基金项目。为了做好这个项目，2012 年盛夏，他主持开办了一个中国现代图像新闻史的研讨班，吸收一批有志于从事中国现代图像新闻史的中青年同志相聚一堂，负重涉远，不辱使命。我也曾应邀讲课与研讨班学员交流互动，其间还参观了他收集的新闻图像资料。对他的用功之勤、收藏之丰不胜钦佩。

即将呈现在读者面前的十卷本《中国现代图像新闻史：1919~1949》，是韩丛耀教授等沿着前述《中国近代图像新闻史：1840~1919》开辟的新闻史研究新途径上的又一次艰苦实践。成书期间，他们详尽地考察了 1919~1949 年间中国出版的数百种图像新闻出版物，去粗取精，去伪存真，在展现中国现代社会生活图景的同时，构建了一部翔实的中国现代图像新闻传播史。

回顾 1927 年戈公振《中国报学史》出版以来九十年的中国新闻史研究历程，20 世纪问世的中国新闻史的著作、教材林林总总几近百种，其中以 90 年代出版的方汉奇主编的三卷本《中国新闻事业通史》最具代表性，但大都是以文为主，偶有插图也限于报刊书影和人物图像，且数量很少。21 世纪之初，随着读图时代的到来，南方日报出版社相继推出系列传媒图史，如《中国新闻图史》（丁淦林主编)、《中国广告图史》(黄升民等主编)、《中国广播电视图史》(赵玉明、艾红红主编)、《中国通信图史》(黄和生主编)、《中国出版图史》(肖东发主编)以及福建人民出版社的《中国新闻事业图史》(方汉奇、史媛媛主编)等。这批传媒史著作的特点是以文为主、文图并茂。相比之下，韩丛耀等所著的两部图像新闻史的特点，可以说是以图为主、图文并茂。具体而言，就是把历史上的新闻图像形态作为论述主体进行学术架构；再是根据历史时段的图像新闻传播技术特点，在广义的图像新闻范畴内考察当时新闻图像的社会特征。仅就《中国现代图像新闻史：1919~1949》一书而言，我认为该书有三个亮点，值得读者关注。

其一是，全书章节的划分打破大多数新闻史著作沿袭党史、国史分期的做法，按照图像新闻和摄影新闻自身的特点及其发展脉络将正文分为四编五十一章，每编的章节安排既有一个时期图像新闻出版的宏观概览，又有代表性画报的研究综述、统计分析和场域阐述。所选择的代表性画报中，革命进步的画报、国民党当局所办画报、民间通俗画报、日伪卖国画报兼而有之，并对其分别做出了政治评价和艺术判断。

其二是，传统的中国新闻史研究比较重视定性研究，而对定量研究的重视稍显不足。韩丛耀教授主持的图像新闻研究则创造性地使用统计软件进行图像分析，将图像新闻"内容分析"的量化作业与样本新闻图像的"构成性诠释"紧密结合，探索出一套全新的图像新闻传播史研究方法，使研究成果具有直观的说服力和可信度。

其三是，作为全书第五编的"1919~1949图文出版大事记"，对"五四"运动以来至中华人民共和国成立之前30年间问世的数以百计的新闻图像出版物、数以千计的画报择其要者，并对应相关日期和事件加以勘误校正，以简约清晰的文字编撰成中国现代图文出版大事记，极具史料和检索价值。

从图像新闻史的研究起步，到构建"图像新闻史学"体系，是一个漫长的探索过程。祝愿韩丛耀教授和他的团队同心协力持之以恒，不断做出新成绩，为繁荣和发展中国新闻史的研究做出新的贡献。

中国新闻史学会前会长
中国传媒大学教授

2017年春节前夕

用新闻图像勾画时代脸谱

图像新闻传播史研究相较于传统的历史学研究、新闻传播史研究,既是一个"后生",又是一个"新生"。从一定意义上看,图像新闻传播史研究是随着时代、经济、社会发展而发展起来的一种史学或新闻传播史学的新兴研究手段。具体而言,图像新闻传播史研究就是以新闻图像为考察重点、以曾经的图像新闻为核心展开的历史主体研究。它用一种以图像新闻为主、文字勾连为辅的文本样式连缀历史时刻,直观形象地表征历史,通过对相关历史图像新闻的关联性呈现、复原或"原境重构",达到描述历史及历史化理解图像新闻的目的。

以史绘图与以图存史

在电视、电影尚未发明之时,在电视、电影相对先进的影像留存技术还不普及的年代,图像及图像新闻出版物成为人类社会极其珍贵的视觉档案,真实地记录了社会风云、人间百态。大到国际外交,小到针头线脑,都真真切切地留存了下来。笔者从图像史学、新闻传播学的视角出发,通过考察中国1919~1949年间的数百种图像出版物,阅读1.4亿字左右的文字资料、审看90多万幅图像,通过众多的第一手史料进行了整理,对其中大部分图像进行了SPSS(社会科学统计软件包)数据统计分析,又对每幅图像进行了近百个变量的设定,详尽探究了它们的构成形态。在此基础上,按每年选取重点图像新闻出版物1~3种进行个案研究,选取了现代中国各个阶段颇具代表性的图像及图像新闻4 200多幅,将图像新闻"内容分析"的量化作业与样本新闻图像的'构成性诠释"紧密结合,构建了一部史料翔实的中国现代图像新闻传播史。同时,以史绘图、以图存史,全景式地展现了中国现代(1919~1949)社会的生活图景。

通过上述工作,一些迫切需要厘清的基本问题得以解决:现代中国到底出版了哪些纪实性图像及图像新闻传播文本;在这些纪实性图像及图像新闻传播的文本中,图像主题、图像主体与图像的形式和内容是怎样的;如何对纪实性图像和图像新闻进行技术性形态、构成性形态和社会性形态的分析;如何对图像新闻的生产技术场域、自身构成场域和社会传播场域进行意义阐释。对这段纪实性图像及图像新闻历史的研究,尤其是对当时报纸杂志刊登的图像新闻形式(新闻摄影图片、时画、时事漫画、讽刺画、寓意画、滑稽画等)的演进历程、视觉化的形式和视觉的社会对象的梳理和呈现,就如同对现代中国的社会形态进行"原境重构",人们可以据此清晰地回望这段历史的样貌,看到一张张活灵活现的现代中国文化脸谱。

继承与创新

作为图像的"历史化"的学科形状,图像新闻传播史应该是可以被观察和描述的。独特的图像叙述结构和由此展开的整体形态是图像新闻传播史学区别于传统历史研究、新闻传播学研究以及其他学科史研究的学科特质。

传统史学研究与新闻传播史研究以文字文献为主,较少使用图像资料,而图像新闻传播史则以历史上的新闻图像为主,使用适量的文字文献。图像新闻史学研究选择的历史新闻图像可能缺少一些"艺术性",用历史的眼光审视却会发现它蕴含了文字文献较少涉及的某些重要历史信息,这些信息往往能够以直观简洁的形式呈现文字难以描述的历史情境。

图像新闻传播史研究文本采用主轴图像新闻、绕轴图像新闻和文字文献共同构建的形式。主轴图像新闻犹如建筑的主要梁桁框架,绕轴图像新闻就像砌墙的砖石,文字如同粘接和加固两者的水泥。没有主轴图像新闻的图像新闻史不具形状,或形状模糊、名不符实;没有绕轴图像新闻的图像新闻史歧路丛生,不可言信,起码不可全信;没有文字的图像新闻史离析赢弱,不够稳固。这三大材料在图像新闻传播史研究中是缺一不可的有机统一体,甚言之,它们只是表现形态不同的同一体。在图像新闻的选择上,主轴图像新闻和绕轴图像新闻要从历时性和共时性的双重角度考量选用,确保使用的图像新闻能够形成一种图像新闻史的独特叙述结构,要求关联呈现的历史图像新闻能够反映出历史的整体形态。

中国现代(1919~1949)图像新闻传播史研究在严格遵循新闻传播史学研究规范的基础上,力求创新,取得了一些突破:一是对1919~1949年间中国出版的图像及图像新闻刊物进行了一次全面普查,科学系统地梳理了中国现代图像及图像新闻出版物,建立了"第一登记簿",并对每一种刊物都进行了考证,从新闻传播学的角度展示了一幅现代中国的社会风俗画长卷,完善和丰富了中国现代新闻传播史的相关研究;二是比较客观和较为全面地呈现了该段特殊历史时期中国的"五色"图像出版物(这"五色"分别为:以中国共产党及左翼组织为代表所办的"红色"出版物、以国民党及国民政府为代表所办的"蓝色"出版物、以日本侵略军及文人为代表在华所办的"黑色"出版物、以"伪满洲国"及"汪伪政权"为代表所办的"黄色"出版物、以自由民主人士及经济财团为代表所办的"灰色"出版物)的原本样貌;三是创造性地采用 SPSS 统计分析软件进行统计数据分析,设计了符合图像新闻研究实际情况的可选变量,探索全新的图像新闻传播史研究新方法,使研究成果具有直观的说服力和可信度;四是对图像文本进行了技术形态、构成形态、传播形态的分析,特别关注并分析了技术给图像新闻传播效果带来的影响、历史图像同时作为现场符码和再现符码的结构性符码建构、图像新闻与读者和社会的互动关系;五是从图像的物质生产场域、形式构成场域和社会传播场域建构了全新的图像新闻意义阐释的理论框架;六是通过对海量资料爬梳剔抉、勘误校正,编撰了简约清晰又极具史料价值的中国现代(1919~1949)图文出版大事记。

希望与坚持

有些事情不是看到希望才去坚持,而是坚持了才看得到希望。当今中国,新闻传播史学研究还属于"弱势群体"中的一员,目前还没有得到应有的重视,遑论图像新闻传播史研究了。但图像新闻传播史研究者们通过不断的坚持,在研究方法和路径上新硎初试,在研究效果和成果上蓄力开拓,力图通过对历史起到重要作用的图像新闻的印象认知,穿透性地理解那个时代的复杂文化领域,陆续取得了一些有分量的学术成果,也逐渐得到了社会认可。

新闻求真,传播务实。图像新闻传播史的研究同其他学科的学术研究一样需要持之以恒,但由于它不能停留在用文字"说"图的层次上,研究者还需要有一种"通览"和"纵观"的积极素质,不仅要在盈千累万的图像中查找,还要随时随地触类旁通地"偶得",才能取得研究所需的新闻图像,将历史文本的"原图"呈现出来。

用新闻图像勾画的时代脸谱直观而传神,这是不争的事实。但这一简单的"勾画",如果没有多年来对图像新闻史料的持续搜集和整理,依靠国内任何一家图书馆或研究机构的资料库都是难以完成的;如果没有对图像新闻数十年的收藏与考究,也是难以化解资料搜集、处理上临渴掘井的茫然与困顿的。铁杵成针,非一日之功,这一直观、传神的时代脸谱的"勾画"是在寻常难以问津处蹚出的新径。

(原载《中国社会科学报》2017 年 6 月 14 日)

目　录

绪　论

　　本研究是国家社科基金项目"中国现代（1919~1949）图像新闻传播史研究"（项目号：11BXW005）的结项文本，也是国家社科基金项目"中国近代（1840~1919）图像新闻出版史研究"（项目号：07BXW007）的接续研究。本研究对现代中国图像新闻传播情况进行了细密梳理和详细分析，旨在建构图像新闻史学研究的基本框架，确立研究的具体方法及研究手段。本研究以时间为序，选取图像新闻样本，采取SPSS的统计分析方法对样本进行量化的统计分析，并在此基础上进行质化的个案深入研究。对于无法得知创刊日期的画报及尚未得到确实研究的资料样本年份，则根据零散图像资料采用质化描述的方法进行研究。

　　本研究对已经取得研究样本的1919~1949年间出版的5 675期（卷）画报画刊和408部相关专题出版物的912 876幅图像（其中图像910 236幅，特别收藏的新闻图像2 640幅），逐一进行了数据统计分析，并对每幅图像都进行了十余种形态分析。其搜集样本之难、涉猎面之广、统计量之大可想而知。

　　研究中，我们严格遵守"有一分材料说一分话"的原则，坚持取得第一手图像研究资料后再依"据"而"论"。不管图像研究资料有多难取得，搜集和购买这些图像资料有多昂贵，只要发现了研究所需的图像资料踪迹，我们就会想方设法取得样本或其复制品；不管图像研究资料的阅读量有多大，我们都一幅一幅地进行SPSS数据分析，直到基础性统计工作全部做完后，才在此基础上撰写研究文本。笔者将这样"笨蛋"、"死磕"的做法自嘲为："开准土机平地。"

一、图像新闻研究样本的现实选择

　　笔者在许多场合一再强调：人类记录历史、表征世界和传播文明的方式主要有两种，一种是以语文（言语、语言、文字、抽绎性符号等）为主要载体的线性、历时、逻辑的记述和传播方式；另一种是以图像（图形、图表、影像、结构性符码等）

为主要载体的面性、共时、感性的描绘和传播方式。文字记述的方式近五千年来已经逐渐成为人类记录、表征和传播文明的主要手段,得到了充分发展和人类社会的绝对尊重。而对于有着数万年甚至数十万年的历史并葆有大量历史文化信息的图像形态,人们却一直未给予应有的重视和充分的科学解读,图像形态与语文形态的逻辑因果关系也一直未得到有效链接。对于图像新闻,如纪实性图像、新闻性漫画等图像形态,很多人把它当作一种"美术"来看待,很少会从社会、文化和历史的角度去深度解读。

1919~1949年的中国社会急剧动荡,犹如一出"活报剧",每天都在上演着新的内容。在电视、电影等视觉表达手段没有普及的当时,人们迫切需要一种可以"眼见为实"的视觉表征形式。采自事件发生现场的新闻图片,描摹和报道现实、评论现实的"时画"、"时事漫画"、"滑稽画"、"讽刺画"、"寓意画"等纪实性图像新闻报道形式便应时而生、应运而兴了。纪实性图像和新闻图像的视觉书写形式是非语文的,具有视觉传播的指涉性、象征性、类比性、痕迹性等特征,是一种兼具物质和非物质形态的记录,其中蕴涵着丰富的文化历史信息。其图像新闻的视觉书写形式在身体操控性、知识论述空间、社会配置空间中的历史命运,往往是以多重决定的方式变现为各式各样实践的。

研究这段纪实性图像及图像新闻的历史,尤其是当时报刊刊登的图像新闻形式(摄影新闻图片、时画、时事漫画、讽刺画、寓意画、滑稽画等)的演进历程、视觉化的形式和社会对象,就如同对现代中国的社会形态进行"原境重构",以使人们可以清晰地瞭望这段历史的样貌,看到活灵活现的现代中国文化脸谱。

当前,历史图像研究的一些著述、论文,都有一种文字史学癖好,以传统文字史学的学术研究标准为第一学术标准,以传统史学的学术评价标准为最高学术标准,有意无意地涵化甚至解构历史图像。用历史图像诠释或印证文献记载成了当下的一种学术时髦,历史图像成了佐证文献叙事的插图。这种倾向固然与中国传统史学异常发达紧密相连,也与中国历史的文字文献丰富及研究者由来已久的史学癖有关。当然,也不得不承认这更与绝大多数的研究者没有受到过图像专业训练有关——研究者只能使用他所熟悉的研究工具开展研究工作。真正具有图像学独特叙述结构又具有整体图像史学功底的研究成果,应该吸收传统史学研究的优点,将史学研究的重要议题引入图像学的研究并超越自身,从而形成一种崭新的史学研究方法。

中国的人文社会科学研究,尤其是历史研究,其国家叙述方式一直受到历史记忆的界定;其学术评判标准一直在文字霸权话语的统摄之下。近年来,随着人文社会科学研究的视觉化转向,图像研究越来越受到专家学者的重视,以图像文本作为对象进行研究的人越来越多,关于图像研究的学术成果也越来越多,大有汹汹之势。但细细审视与思虑下来,扎实而又饱满的图像研究成果不是很多,受读者欢迎的图像研究成果还是很少。原因是方方面面的,但"说的"多"看的"少,应该是主要的一条。说得直白一点,就是以"好听"的文字理论呈现的多,以"好看"的图像研究文本呈现的少。图像新闻史研究文本要不同于传统史学研究,就应摆脱对文字文献的偏好,客观公正地对待历史上出现的纪实性图像和新闻图像,用"原境"重构,用"原图"说话。

居里夫人针对漫长而艰辛的科学研究曾说过这样的话:我们需要自信心,尤其需要恒心。做图像新闻史的研究也是这样,需要忘却现实潜下心来,心甘情愿又自得其趣地坐上冷板凳,十几年如一日地在海量的民国文献中爬梳剔择、勘误校正,甄选当时的报刊上刊登过的纪实性图像和新闻图像,并对纪实性图像及新闻图像的技术性、构成性及社会性形态进行分析;对纪实性图像及新闻图像的生产场域、自身场域和传播场域进行阐释,通过深入分析与合理呈现,一幅连着一幅,一景叠着一景地"原境重构"现代中国的社会图景,以丰富的视觉内容为读者放映一部现代中国的"新闻纪录片"。

对于现代中国的纪实性图像和新闻图像的研究,新闻性图像始终是其核心研究对象。历史图像的一些真实信息应该是通过历史图像画面自然而然流露出来的,而不是人为外加的、被强迫文艺范儿地"解读"出来。历史图像自然流露的历史信息才是真实的、可信赖的,当然,其前提条件是,研究人员使用的历史图像或者在更大范围内选择的视觉图像是值得信赖的。

用图像新闻叙述历史很重要,而更重要的是怎么叙述这个历史。因此,结构这段历史是研究者在选择图像新闻之后的关键工作,它考验着研究者的专业学养和视觉构成能力。图像新闻史研究所选用的新闻图像是一种带有"社会意义"的结构性符码建构,它通常会在能指和所指之间应用一种质的相似性,模仿甚或重复了事物的某些特征,比如形状、比例、颜色、肌理、背景,等等。由于这些特征大多可以通过视觉而被感知,所以图像新闻的日常用法总是被赋予视觉的优先解释权。因此,图像新闻的叙述结构必须遵从视觉构成规律,文本构建要满足和符合图像新闻传播的视觉性要求。图文关系的把握是研究文本最难把握的,图像新闻的文字呈现要服从和服务于视觉新闻信息的传播规律。当然,使用文字少的并不一定就是好的图像新闻史研究文本,但使用以文字为主的关于图像新闻史的研究文本则有本末倒置之嫌。图像与文字相互顾视、表里相循,才是图像新闻史研究的应有之道。

实际上,笔者更想强调图文同源,图文互融,图文互证,图文互构。尤其是做历史图像研究时，更要强调图文共构。历史是民族的精神支撑，用图像建构历史是非常严肃的事情，是在构建一个民族、一个国家的精神场域，书写这个民族、这个国家的视觉档案史。

中国文字文献历史悠久，极度丰富，以文字文献为研究对象的传统史学研究异常发达。传统史学研究的专家学者也因为文字文献所具有的"形塑文化"的显性特质，在今天的学术界获得了更多的话语权，以至形成或者说养成了一种文字文献一统天下的霸权态势，这在一些传统学科研究基础深厚的高校和科研院所尤为显著。一方面，以传统学科为业的专家学者有着高人一等的优越感、自豪感和学术成就感；另一方面，新兴学科受到质疑和压制，新的研究方法受到打击甚至围攻讨伐。这种情况古今中外都一样，今天正在发生，以后还会重演。对此境况，我们要有清醒的认识和坚韧的定力。现代中国的纪实性图像和新闻图像对于本研究的重要性不言而喻，但如何选择图像新闻除了理论上的要求之外，我们还不得不面对现实的种种局限和限制，坦率一点说，是现实逼得我们不得不做出这样不尽如人意、不得已的研究样本选择。

本研究以1919~1949年间中国出版的画报、画刊为主。对此做出如下解释。

第一，这一研究时段内出版的报纸新闻绝大多数以文字报道为主，使用的印刷技术仅以满足文字印刷的笔画辨识度为要求，这样的印刷技术条件可以满足那种黑白分明的图像新闻的刊登效果，如版画形式的图像，但对新闻照片和其他对印刷技术要求较高的图像新闻，其印刷清晰度则无法达到要求。鉴于当时的印刷技术能力，报纸刊登的"写意性"图像较多、"写实性"图像较少，即使有些报纸刊登照片类纪实的新闻图像，其印刷质量也很差，辨识困难，故无法进行有效研究。

第二，当时报纸上刊登的图像新闻还是一种活跃版面形式的点缀，没有成为一种独立报道的新闻品种，图像新闻的报道不成规模，缺乏连续性，对当时发生的一些重大、重要事件没有纪实性的图像记录，故无法进行系统研究。

第三，研究时段的报纸被完整、系统保存到今天的很少，报纸研究样本的严重残缺必然导致研究质量的下降，甚至无法进行基本的事实性描述，故无法进行全面研究。

第四，即使个别报纸得到了完整有效的收藏与保存，我们要想从收藏与保存的个人或图书馆、档案馆、博物馆那里取得研究样本也非常困难——基本都不允许翻拍或复印，更不用说从中一一提取图像新闻，故而无法进行学术研究。

第五，当时，许多被称为报纸的刊物实际上就是今天杂志的形式与开本，把它们称为"报刊"可能更合适。笔者通过几十年的不懈努力，搜集、整理和复制,积累了从清末到1949年的大部分"画报"、"报刊"的研究样本,为图像新闻史的有效、全面、系统的学术研究提供了一定基础,也使该课题的研究成为可能。

第六,在选取研究样本时,既考虑地域的覆盖性,如上海、北京、天津、广州、港澳等不同地区,同时也考虑不同党派、团体和机关所办的图像新闻出版物,如国民政府、国民党办的刊物,伪政权办的刊物,共产党及人民政权办的刊物。对有代表性的民营及私人办的图像新闻刊物也进行了选择。这些选择使研究具有了一定的代表性。

综上所述,我们在研究中以刊登纪实性和新闻图像的画报为主要研究对象,以刊登一般图像报道的画报为补充材料,但没有选取这一历史时期的新闻报纸为研究对象,这是基于研究对象的实际情况而决定的。我们研究的主题是纪实性图像和新闻图像,没有丰富有效的纪实性图像和新闻图像样本做基础性支撑,其他形式的新闻内容再丰富、研究样本再齐全,我们也不会假道而行。

二、图像新闻内容分析研究框架

下面对将要采用的主要研究工具、研究方法、研究路径和研究手段做一点必要的说明。

(一)SPSS软件与本研究

对于研究样本相对丰富的纪实性图像和新闻图像出版物,我们将使用SPSS统计分析软件进行统计分析,这也是本研究最具特色的地方。

这里我们首先对SPSS统计分析软件做一简单介绍。

1.SPSS软件

SPSS(Statistical Package for the Social Science,社会科学用软件包)是世界上著名的统计分析软件之一。它和SAS(Statistical Analysis System,统计分析系统)、BMDP(Biomedical Programs,生物医学程序)并称为国际上最有影响的三大统计软件。

SPSS名为社会学统计软件包,这是为了强调其社会科学应用的一面(因为社会科学研究中的许多现象都是随机的,要使用统计学和概率论的定理来进行研究),而实际上它在社会科学、自然科学的各个领域都能发挥巨大作用,并已经应用于经济学、生物学、教育学、心理学、医学以及体育、工业、农业、林业、商业和金融等各个领域。

2.SPSS 软件的优缺点

（1）优点

SPSS 软件是针对非专业人员设计的，操作简捷，且符合实际需要。

SPSS 软件是三大统计软件中专门针对非统计专业的用户所设计的一款统计软件。这款软件最大的优点在于其操作界面非常友好，相比 SAS 这种专业级别的统计软件——其操作以编程为主，在进行人机对话时需要用户对各种统计方法都有清楚的了解，由此造成非统计专业的人员掌握操控颇为困难。同时，由于 SAS 软件购买价格高昂，加之只租不卖的销售策略，一般的个人或机构难以消费。

而 SPSS 人机界面十分友好，操作简单，只需掌握一定的 Windows 操作技能，粗通一般的统计分析原理，就可以使用该软件进行专门的科研工作。它以下拉菜单的方式来展示各种分析方法，以对话框的方式展示各种功能的选择项，采用类似 EXCEL 表格的方式输入和管理数据，其数据接口也较为通用，并且相对于 EXCEL，SPSS 软件使用起来也更加直观、便捷。

尽管 SPSS 的操作进入要求不高，但仍是为中高级用户提供解决方法的一款高性能软件。不过其较具难度的高级复杂部分并不涉及我们的具体研究，我们所需要的只是 SPSS 软件最基本的功能。

（2）缺点

由于在 SPSS 公司的产品线中，SPSS 软件属于中、低档（SPSS 公司共有二十余个产品），从其现有产品来看，SPSS 显然是把相当的精力放在了用户界面的开发上。

该软件只吸收较为成熟的统计方法，而对于最新的统计方法，SPSS 公司的做法是为之开发一些专门软件，如针对树结构模型的 Answer Tree、针对神经网络技术的 Neural Connection、专门用于数据挖掘的 Clementine 等，而不是直接纳入 SPSS，因此它们在 SPSS 中均难觅芳踪。

另外，其输出结果虽然漂亮，但不能为 WORD 等常用文字处理软件直接打开，只能采用拷贝、粘贴的方式加以交互。

这些都是 SPSS 软件的缺点。

3.本研究使用 SPSS 软件的理由

要说明本研究之所以要使用 SPSS 软件，首先要阐明我们为何要使用量化统计的研究方法。

在对中国现代纪实性图像和图像新闻出版物进行初步分析时，我们发现纪实性图像和图像新闻出版呈现出了自己独有的特点。相对于文字而言，图像分析较难于依赖概念定义和逻辑推理等单纯思辨方法准确地刻画或描述。

故而,要想比较准确地刻画中国现代(1919~1949)纪实性图像和图像新闻传播史的发展脉络,把握其内在规律,可以在一定样本数量的基础上,将研究对象的各项特征加以量化,并进行统计分析。通过量化分析可以发现各变量体系在性质、结构方面发生的变化,以及变量之间可能存在的数量关系,明确主要因素,为这一时期的纪实性图像和图像新闻出版体系及运行提供部分解释。

不论多么完善的历史研究都无法完美地再现当时的客观世界,在一定程度上,历史研究同社会科学研究一样,主要采用共相模型(nomothetic model)来解释世界,它不用枚举所有的影响因素,而只选用解释总体时最重要的因素,即用尽可能少的原因变量提供尽可能多的解释力。因此,统计分析也可以被用于历史研究,同时它很好地应对了纪实性图像和图像新闻的特殊性,为图像新闻史的研究提供了合理有效的工具。

当然,需要特别强调的是,尽管本研究中使用了社会统计分析方法,但是科学研究是有整体性的,一个好的研究不可能仅仅依赖于统计分析方法。统计分析只是整个研究中的一环。

使用 SPSS 软件的优势在对现代图像新闻史研究的具体统计时已明显体现,它既提高了研究的质量又加快了研究的进程。否则,不可能在确保研究质量的前提下,在如此短的时间内完成如此庞大的工作量。

(二)SPSS 研究操作实务

1. 图像编号

(1)字符变量

xxxaaddddnn(xxx 为书名编号,aa 为册数,dddd 是页数,nn 为第几张图)例如《天津画报》第一册第一页第一张图编号为 00201000101。但是在完成统计分析之后,研究文本的呈现将隐去研究编码。

序　号	年　份	画报(刊)名称 (汇编卷目)	样本数量 (卷、册)	备　注 (编号)
1	1919	1919 年前后图像新闻	综合研究	
2	1921	1921 年前后图像新闻	综合研究	
3	1925	《世界画报》(北京卷)	168	
		《上海画报》(上海卷)	847	
4	1926	《良友》(上海卷)	172	

序　号	年　份	画报（刊）名称（汇编卷目）	样本数量（卷、册）	备　注（编号）
5	1928	《珠江星期画报》（港粤卷）	32	
		《海珠星期画报》（港粤卷）	8	
		《大亚画报》（综合卷）	340	
		《中央画刊》（综合卷）	81	
6	1929	《时代画报》（上海卷）	118	
7	1930	《中华》（上海卷）	104	
		《申报图画特刊》（上海卷）	265	
		《天津商报图画周刊》（天津卷）	1189	
8	1931	《中华画报》（天津卷）	300	
9	1932	《图画晨报》（上海卷）	184	
		《哈尔滨五日画报》（综合卷）	410	
10	1933	《妇人画报》（上海卷）	48	
		《联华画报》（上海卷）	152	
11	1934	《时代漫画》（全刊）	39	
12	1935	《航空画报》（上海卷）	6（另3卷）	
		《第六届全运会画刊》（上海卷）	全卷	
13	1936	《上海漫画》（全刊）	13	
14	1937	《少年画报》（上海卷）	41	
		《战时画报》（上海卷）	20	
		《战事画刊》（上海卷）	19	
15	1938	《大美画报》（上海卷）	25	
		《东方画报》（港粤卷）	40	
16	1939	《新中华画报》（上海卷）	64	
		《时事画报》（北京卷）	99	
17	1940	《战时后方画刊》（综合卷）	21	
		《铁风画报》（综合卷）	7	
18	1941	《东亚联盟画报》（港粤卷）	36	
19	1942	《联合画报》（综合卷）	154	
		《晋察冀画报》（全刊）	13	
20	1943	《田家画报》（综合卷）	16	
21	1945	《银线画报》（天津卷）	370	
		《天津民国日报画刊》（天津卷）	10	

序　号	年　份	画报(刊)名称 (汇编卷目)	样本数量 (卷、册)	备　注 (编号)
22	1946	《星期六画报》(天津卷)	139	
		《人民画报》(全刊)	8	
		《第二次世界大战画史》	全卷	
23	1947	《扶风画报》(天津卷)	3	
24	1948	《华北画报》(综合卷)	19	
25	1949	1949年图像新闻	综合研究	

2.图像属性

（2）图像是否有文字说明

选项	选项说明
1=是	该图像四周或图像内部有对图像内容进行说明的文字，但不包括广告图像之中对广告产品的说明性文字
2=否	该图像四周或图像内部没有任何说明性文字
3=图像不清晰	该图像内容模糊，无法分辨人物、物体，图像背景模糊不清，图像内容不具意义

注：若选3则结束当前图像的统计，进入下一个图像的统计

（3）是否是新闻图像

选项	选项说明
1=是	该图像具备一定新闻性，内容反映了在当时年代下新近发生的重要事件，与社会发展联系紧密，包括摄影作品、手绘漫画、木刻版画等形式
2=否	该图像不具备新闻性，没有发表时间上的要求，没有反映具体社会事件

注：若选1则跳过第(4)项(非新闻图像类型)，完成第(5)项(该新闻图像的类型)以后所有项目；若选2则只统计第(4)项(非新闻图像类型)，以后各项不再统计

（4）非新闻图像类型

选项	选项说明
1=广告（含明星海报）	图像内容为日用品、食品、药品、书籍、影剧、服务等的商业性广告，包括木刻版画、手绘漫画、普通印刷等形式。以影剧明星等为形象的影剧宣传的海报图像也属于此列，但应区别于普通人物肖像（见本表第5项）
2=木刻版画等漫画	图像内容为漫画，包括手绘漫画和木刻版画等形式
3=印章	图像内容为印章刻印图形
4=书法和国画	图像内容为书法或国画作品
5=人物肖像	图像内容为人物肖像特写，但要注意图像中的人物应不涉及新近发生的重要事件
6=风景写真	图像内容为纯风景写真照片，包括公园、著名建筑物、名山大川等
7=其他	以上图像类型以外的内容形式

（5）该新闻图像的类型

选项	选项说明
1=摄影作品	该新闻图像为用照相机拍摄的照片
2=手绘漫画	该新闻图像为手绘漫画的形式，反映新近发生的重要事件或相关人物
3=木刻版画	该新闻图像是木刻版画的形式
4=其他	以上图像类型以外的形式

3.报道内容

（6）具体新闻图像内容

选项	选项说明
1=国内外时政	国内外新近发生的重大时事，一般是与世界、国家、地方政治局势相关的图像
2=百姓社会生活	与百姓衣、食、住、行等日常生活密切相关的内容
3=示威游行	群众的集体性集会、示威、游行等活动
4=经济活动	与工商业、金融业相关的社会经济活动的图像
5=考古游记	文物古迹、考古遗址、山水名胜等有历史价值的考察图像、游记图像，有一定的时效性要求
6=农林信息	与农业、林业、渔牧业等相关的图像
7=战争信息	战事信息，与战场、军队、官兵相关的图像
8=体育比赛	反映体育比赛现场、运动员形象等的图像

选项	选项说明
9=娱乐信息	反映新近的电影、戏剧等信息的图像,如涉及演员、歌星、电影、流行歌曲等内容
10=文化艺术	与百姓文化艺术生活相关的信息,如文学、绘画等领域内的图像
11=科普知识	与科学技术知识普及相关联的图像
12=其他	除以上选项外的其他图像内容

（7）该图像所在的年代（可由画报刊载日期判断）

选项	选项说明
1=军阀混战时期（1919~1924年）	新闻图片发布时间在1919年至1924年内
2=国民大革命时期（1925~1926年）	新闻图片发布时间在1925年至1926年内
3=北伐战争时期（1927~1929年）	新闻图片发布时间在1927年至1929年内
4=五次"反围剿"时期（1930~1933年）	新闻图片发布时间在1930年至1933年内
5=红军长征时期（1934~1936年）	新闻图片发布时间在1934年至1936年内
6=抗日战争战略防御阶段（1937~1938年）	新闻图片发布时间在1937年至1938年内
7=抗日战争战略相持阶段（1939~1943年）	新闻图片发布时间在1939年至1943年内
8=抗日战争战略反攻阶段（1944~1945年）	新闻图片发布时间在1944年至1945年内
9=解放战争局部冲突时期（1946年）	新闻图片发布时间在1946年内
10=解放战争全面爆发时期（1947年）	新闻图片发布时间在1947年内
11=解放战争战略决战时期（1948~1949年）	新闻图片发布时间在1948年至1949年
12=难以判断	发布时间难以判断

（8）图片中涉及以下哪项重大事件

选项	选项
1=巴黎和会（1919年1月18日）	2="五四"运动（1919年5月4日）

选项	选项
3=直皖大战（1920年7月14日）	4=蒙古宣布脱离中国（1921年3月13日）
5=孙中山在广州任中华民国非常大总统（1921年5月5日）	6=中国共产党成立（1921年7月23日）
7=第一次直奉大战爆发（1922年4月29日）	8=孙中山发表《中国国民党宣言》（1923年1月1日）
9=京汉铁路工人大罢工（1923年2月4日）	10=第二次直奉战争爆发（1924年9月）
11="双十"惨案（1924年10月）	12=孙中山在北京逝世（1925年3月12日）
13="五卅"运动（1925年3月30日）	14=大沽口事件（1926年3月7日）
15="三·一八"惨案（1926年3月18日）	16=中山舰事件（1926年3月20日）
17=北伐战争爆发（1926年7月）	18=万县惨案（1926年9月5日）
19="四·一二"政变（1927年4月12日）	20=李大钊遇害（1927年4月28日）
21=马日事变（1927年5月21日）	22=南昌起义（1927年8月1日）
23=秋收起义（1927年9月9日）	24=广州起义（1927年12月11日）
25=第二次北伐战争（1928年4月7日）	26=井冈山会师（1928年4月28日）
27="五三"惨案（1928年5月3日）	28=皇姑屯事件（1928年6月4日）
29=蒋介石任南京国民政府主席（1928年10月8日）	30=东北易帜（1928年12月29日）
31=蒋桂战争爆发（1929年3月27日）	32=粤桂战争爆发（1929年5月5日）
33=中原大战结束（1930年11月4日）	34=长江发生特大洪水（1931年7月）
35="九·一八"事变（1931年9月18日）	36=中华苏维埃共和国成立（1931年11月7日）
37=东北全部沦陷（1932年1月3日）	38="一·二八"事变（1932年1月28日）
39=伪"满洲国"在长春成立（1932年3月9日）	40=中日签订《塘沽协定》（1933年5月30日）
41=红军长征（1934年10月10日）	42="一二·九"运动爆发（1935年12月9日）
43=长征结束（1936年10月）	44="七君子事件"（1936年11月23日）
45=西安事变（1936年12月12日）	46="七七"事变（1937年7月7日）
47="八·一三"事变（1937年8月13日）	48=太原会战（1937年9月11日）
49=平型关大捷（1937年9月25日）	50=南京大屠杀（1937年12月13日）
51=徐州会战（1938年2月3日）	52=台儿庄会战（1938年4月6日）
53=武汉会战（1938年6月11日）	54=万家岭大捷（1938年9月）
55=汪精卫投敌（1938年12月29日）	56=重庆大轰炸（1939年）

选项	选项
57=深县惨案（1939年6月11日）	58=第二次世界大战爆发（1939年9月1日）
59=第一次长沙会战（1939年9月）	60=白求恩逝世（1939年11月12日）
61=汪伪政府成立（1940年3月30日）	62=枣宜会战（1940年5月2日）
63=百团大战（1940年8月20日）	64=日本加入轴心国（1940年9月27日）
65=皖南事变（1941年1月7日）	66=珍珠港事件，太平洋战争爆发（1941年12月7日）
67=中华民国政府对日宣战（1941年12月9日）	68=中、美、英、苏签订《联合国家宣言》（1942年1月1日）
69=整风运动（1942年2月）	70=中途岛海战（1942年6月）
71=斯大林格勒保卫战（1942年7月17日）	72=意大利投降（1943年9月8日）
73=中、美、英开罗会议（1943年11月22日）	74=德黑兰会议（1943年11月28日）
75=诺曼底登陆（1944年6月6日）	76=豫湘桂战役（1944年11月）
77=中国远征军与驻印军队会师（1945年1月27日）	78=雅尔塔会议（1945年2月4日）
79=德国投降（1945年5月8日）	80=联合国成立（1945年6月26日）
81=波茨坦宣言（1945年7月26日）	82=在日本投放原子弹（1945年8月）
83=日本投降（1945年8月15日）	84=重庆谈判（1945年8月28日）
85="一二·一"惨案（1945年12月1日）	86=国共内战爆发（1946年6月26日）
87=闻一多、李公朴遇害（1946年7月）	88="二·二八"事件（1947年2月28日）
89=莱芜战役（1947年2月20日）	90=孟良崮战役（1947年3月）
91=辽沈战役（1948年9月12日）	92=淮海战役（1948年11月6日）
93=平津战役（1948年12月5日）	94=北平解放（1949年1月31日）
95=渡江战役（1949年4月21日）	96=国民党退至台湾（1949年7月16日）
97=中国人民政治协商会议第一届全体会议召开（1949年9月29日）	98=中华人民共和国成立（1949年10月1日）
99=金门战役（1949年10月25日）	100=未涉及

（9）该新闻图像体现的报道立场

选项	选项说明
1=滑稽与讽刺	图片报道目的在于讽刺社会现实，取悦读者
2=揭露批评（较为严肃）	图片报道目的在于揭露批评社会负面黑暗现象，以示警醒

选项	选项说明
3=颂扬宣传	图片报道目的在于宣传、歌颂、赞扬社会现象、事件
4=客观中立	图片报道客观中立,未标明立场
5=难以判断	据图片信息难以判断报道立场

(10)图像中是否涉及人物

选项	选项说明
1=是	图片中有人物
2=否	图片中没有人物

注:选 1 则继续以下项目,选 2 则跳至第(15)项(新闻信息所在的地点)

(11)人物性别

选项	选项说明
1=以男为主	图片表现的主要人物是男性
2=以女为主	图片表现的主要人物是女性
3=男女均有	图片表现的主要人物男女均有
4=不明	人物性别难以判断

注:以上人物部分统计均以主人公为标准。

(12)图片中出现的人物国籍(多选)

选项	选项说明
1=国人	图片中有中国人
2=欧美国家	图片中有欧美国家的人物
3=日本	图片中有日本人
4=其他国家和地区	图片中有其他国家和地区的人物
5=不明	图片中人物国籍不明

(13)人物年龄类型(多选)

选项	选项说明
1=儿童	图片中有儿童(16岁以下)
2=青壮年及中年人	图片中有青壮年及中年人
3=老年人	图片中有老年人
4=难以判断	图片中人物年龄难以判断

（14）人物的职务/身份（多选）

选项	选项说明
1=农民、渔夫	从事农林牧渔业生产活动的人群
2=官僚人士及其家属	政府及其附属行政部门的工作人员及他们的家属,包括政府、警察局、财政局、税务局等
3=商人	从事商业经营活动的人群
4=知识分子和艺术家	从事文学艺术、教育、新闻等具有一定文化层次工作的人群
5=伶人	以戏剧、电影演出及演唱为职业的人群
6=运动员、啦啦队	参加体育比赛的运动员及在现场为其助威的群众等
7=军官、士兵	在军队工作的人群,包括敌军军队及被俘官兵
8=少数民族人士	无其他明显职业特征的少数民族人士
9=儿童、学生	年龄在16岁以下的儿童,以及大中小学校在校学生
10=晚清宫廷人物遗存	清政府灭亡后遗存的清廷成员及其家属
11=飞行员	飞机驾驶员及与之相关的人员
12=普通百姓	无明显职业特征的普通百姓
13=犯人	被通缉、审讯、获罪等的犯人
14=不明及其他	除以上选项以外的人物职务身份或难以辨认的人物职务身份

注:以上人物部分统计均以主人公为标准,且以该人物身份最显性特征(对当时社会影响最大)的所在项为准

（15）新闻信息所在的地点

选项	选项说明
1=本埠	图片拍摄地点在本埠,即报纸创办地所在省份范围内
2=外埠	图片拍摄地点在外埠,即报纸创办地所在省份之外的中国范围内
3=国外	图片拍摄地点在国外
4=不明	图片拍摄地点不明

（16）具体地点

选项	选项说明
1=民宅、私家庭院(屋内外)	百姓居住的房屋建筑内部或四周,包括在私人房屋内部的人物合影照片

选项	选项说明
2=街道、市集	公开的室外街道、市场、广场等
3=办公场所	具有一定公开性的办公场所,一般有相应的办公机构
4=舞台、戏院、影剧院	观看戏剧、舞蹈等艺术表演及观映电影的场所
5=自然界	自然界相关地域,包括山区、平原、河流、湖泊等自然景观及以此为基础的人文景观,如公园、风景区
6=港口、车站	车船进出站点、口岸等,包括飞机场
7=牧场、农场	供农牧渔业人员劳动的场所
8=古迹旧址	考古现场,当时的古建筑、古迹等
9=战场、前线	有直接战争冲突、交战的场所,包括军队驻地
10=会议现场	各类型会议召开现场,包括会议现场的人物合影
11=刑场	施行刑罚的场所
12=工厂	工厂外景及厂房内部
13=运动场	田径场、篮球场、网球场、排球场等各类运动场及比赛颁奖现场
14=校园	大中小学校校园
15=其他	除以上选项之外的其他地点
16=不明	难以从图像中判断具体地点

4. 报道时效

(17)事件自发生时距报道的时间

选项	选项说明
1=7日之内	图片拍摄时间距离报道时间在7日之内
2=8至14日	图片拍摄时间距离报道时间在1至2周内
3=15至31日	图片拍摄时间距离报道时间在3至4周内
4=1至2月	图片拍摄时间距离报道时间在1至2月内
5=2月及以上	图片拍摄时间距离报道时间在2个月以上
6=不明	图片拍摄时间不明

三、图像新闻史学研究构想

　　图像新闻史研究是以纪实性图像和新闻图像等图像新闻历史为考察重点,以历史上新闻图像为核心,对图像新闻展开的历史研究。它以历史上的新闻图像为主、文字勾连为辅的文本样式来连缀历史,直观形象地表征历史和生动传神地解读历史。通过对相关图像新闻历史的关联性呈现、复原或重建"历史原境",达到描述新闻历史、表征新闻历史及对图像新闻历史化理解的目的。

对于作为人文学科和历史学科的图像新闻史研究,历史上的新闻图像始终是其学科核心和研究对象。只有通过历史上的新闻图像这一记录与交流的视觉媒材,最为隐秘的观念和信仰才能传递给受众和后来者。

传统的新闻史研究以文字文献为主,大量使用文字文献,较少使用新闻图像,而图像新闻史则以历史上的图像新闻为主,使用少量的文字文献。图像新闻史研究选择的历史图像用今天的眼光看可能没有什么"艺术性",有的甚至不够清晰,但用历史的眼光审视会发现它蕴涵了文字文献极少涉及的某些重要历史信息,这些信息往往能够直观简洁地解答文字难以描述的历史情节。具体做法如于庆祥先生在《图像史学:历史研究的新视点》一文中所说的那样:"通过一组或一系列有关联的历史图片,排列出简洁明快的历史解读长卷,透过直观的画面感悟,使人们能够很轻易、很顺畅地进入历史的语境,读懂历史沿革的脉络。从这种意义上说,'图像史学'是以图片排列、揭示为主,附以简洁的说明文字而述说历史的一种史学分支。"

图像新闻史研究的历史上的新闻图像分散于各种各样的文献和档案中,很多流布于民间、湮没在故纸堆中。更有甚者,许多历史上的新闻图像被美术或艺术的说辞反复漂洗,被美学视野多次扫描、浸染,釉挂着文艺审美范儿的灿灿辉光,想使这些历史上的新闻图像回到它的历史原点,绝不是件容易的事情,这是其一。其二,我们要恪守笃信,可以用于图像新闻史研究的所有新闻图像都不应该也不可能是孤零独存的,都有它产制的文化生态和存在的社会环境,换言之,它们都"生活"在一个有机的文化丛林中。使用这些新闻图像就要透彻地理解它们所依存的历史文化环境,在此基础上才可以做主轴新闻图像和绕轴新闻图像的选择,构建图像新闻史学的研究文本。诚如黄厚明先生所言:"视觉媒介的现存状态即'实物',并不能够自动地呈现'原物'的历史形态,需要通过深入的发掘加以重构。"正因此,做图像新闻史研究文本构建之前,对图像新闻的文化理解,对历史上新闻图像的"过去现在"时态准确的定位是图像新闻史研究者必备的基本功。

在中国,相较于传统的新闻史学研究,"图像新闻史"显然是一个新的概念,是刚刚兴起的一种史学研究手段,国内学术界对这一学科的了解还很不够,研究资料还很寡陋。作为历史学的一门新兴分支学科,学术界对其学科属性、研究对象、研究内容与任务,尤其是独特的图像新闻研究方法等知之甚少,它本身在理论基础和方法论方面也显得相当薄弱。

因此，图像新闻史学研究提出不易，被接受更难，想以此为出发点和落脚点的研究者工作的难度可想而知。特别是有些传统史学研究权威人士不理解图像新闻史学的研究，认不清自己的身份和所在学科的恰当位置，且自律性不够，往往会形成对图像新闻史研究或图像新闻史学学科范式的歧见和不公，造成图像新闻史学研究的道路艰难曲折，过程异常痛苦。鉴于此，笔者想向有学术胸怀的专家学者呼吁，以文字文献为业的史学、新闻史学研究者要有公正之心、宽容之心，对以历史上新闻图像为业的图像新闻史学研究者的工作心存敬意，既在历史学的研究中认清自己的身份和所在学科的恰当位置，也要给图像新闻史学在研究中摸索前行和逐步成长的机会，宽容和谅解它在摸索建构时期遭遇的困惑与失误。

图像的历史其实就是一部恢宏的人类文明演进史，从裸视到镜像，从镜像到景观，从景观到幻象，从幻象到网景……叠映着人类焦虑的一幕幕图像。古今中外的视觉书写和传播形态清晰地表明，古代和中世纪的学术研究关注事物，17世纪到19世纪的学术研究关注思想，而开化的当代学术研究关注词语。时至今日，没有人怀疑自20世纪80年代以来，重要的学术研究开始转向关注更为感性的视觉书写和文化传播形态。重视图像媒材的研究，对人类演进历史上创造的图像媒材展开研究正渐成显学。近年来在人文社会科学界如火如荼开展起来的视觉文化研究似乎证明了这一点。

目前在国内学术界，利用图像呈现历史的理论和方法的学术取向还没有像英、法等西方国家那样被广泛用于史学研究，图像史学还没有成为史学领域的当然组成部分，图像新闻史也就不可能成为新闻史领域的当然组成部分。但是一些有识之士一直没有放弃努力，在图像史研究领域辛勤耕耘，令图像史研究在史学界渐成气象，扩大了史料的来源，也可以说这一做法其实是传承了我国自古就有的"左图右史"的图史互证传统。前几年出版的清史研究重要成果《图录丛书》，致力于探讨历史与图像的关系，是国家花大力气支持的清史编撰工程的一部分，新编的清史将由"通纪"、"典志"、"传记"、"史表"、"图录"五部分组成，其中《图录丛书》第一批出版的十几本图录包括英国来华使团随行画家作品、商务文书图录、舆地图、老照片等内容。此外，相关的著作论文还有杨念群先生论及图像史学意义的《新史学》，陈仲丹先生探讨图像与历史关系的《图像证史功用浅议》等。

图像历史的研究近几年来在国内虽然有了一些进展，但与传统的文字史学研究相比，在理论和实际操作上，都尚处在初级形成阶段。

在图像新闻史研究方面，笔者首次尝试将SPSS软件的统计分析方法与图像新闻的技术形态、构成形态和社会形态分析方法相结合,阐释图像新闻的生产场域、自身场域和传播场域的意义。在 2007 年的国家社科基金项目"中国近代(1840~1919)图像新闻出版史研究"的课题研究中,笔者以中国近代的新闻图像为史料进行了图像新闻史学的试验性探索与研究文本建构工作,并在图像新闻史的个案研究中,试图从图录历史进入图像新闻史学专业文本的学术建构。与传统文字历史研究一样,图录历史或者说图像新闻史研究的目的不仅在于尽量地还原历史,让读者读到,更要以图像新闻重构"历史原境",让读者"看到"。在历史新闻图像的选用和文字文献的运用上必须尊重历史事实,在图像新闻与文字新闻的整体研究文本建构上要符合新闻"历史原境"的生态性。当然,由于图像新闻史学研究方法的训练不足,有时对材料很难把握,我们只有在对历史的敬畏中谨慎地作为,学而习之。

　　图像新闻史的研究以历史新闻图像为主要研究对象,所以要尽可能地取得研究需用的历史上的新闻图像和历史新闻图像的复制件。无论是拍照还是复印、扫描,研究者都要亲眼审视过"原样",并要十分了解复制件与"原样"的细微差异。研究文本的构建用"原图"呈现,以"原样"为分析标本,千万不要对"原图"动手脚,破坏"原样"的初始容貌。须谨记李铸晋先生在谈绘画史书写时的告诫:"如果没有画,那些画家都不必介绍。"图像新闻史研究理应以历史新闻图像为主,而不是新闻历史的插图读本或者"以图证史"的趣味读本。建构图像新闻史学的研究方法更应该以历史上的主轴新闻图像及绕轴新闻图像作为研究的起点和终点。"当视觉媒材成为不同学科、不同身份的学者相互角逐的竞技场时,通过图像发现事实,仍然是图像史研究的一项基本任务,这也是图像史作为一门学科的规范与信仰。"(黄厚明:《艺术史研究的守界与跨界》)对于学科规范,每一位研究者都必须遵守;对于学科信仰,每一位研究者都要心存敬畏。新闻传播史研究者更不能例外,研究方法既应是"有效"的、符合学科规范的,同时又要葆有学术尊严和图像新闻史学科的信仰。

　　1919 年到 1949 年的中国动荡不安、战火不断、灾害频发,保存下来的对于"历史"记忆的图像新闻——报纸、杂志、书籍、展览等历史文献,经过时间(自然灾害、战火损毁、保存不当等)的洗刷,能够完整存世的不多,即使万幸被保存下来的,由于当年纸张及印刷材质的粗劣,画面质量也不高。那些偶然幸存下来的图像新闻成了宝贵的历史遗珠,可是它们零碎杂乱、互无关涉。如何让这些新闻图像碎片重新回归新闻历史的应有时空序列中,成为言说"历史事实"的对象?"统筹整合它们的关键因素是研究者的'史识'——它决定着研究者以何种方式阐释艺术史的整体形状。"(黄厚明:《艺术史研究的守界与跨界》)"史识"是图像新闻史学研究成败的关键因素，这里的"识"是研究者所必须具有的其研究时段内的历史知识，"史"是不违背常识的社会发展史，是正史，而不是野史。

在图像新闻史学的研究中，图像媒材的价值突显出来，图像新闻的意义亦大增。对图像新闻意义的阐释成为研究者必做的功课。只有将图像新闻置于原本的历史关系之中，图像媒材的意义和价值才可能得以显现。我们知道任何媒材都有历史的相对性，这里要特别强调的是，图像新闻的历史相对性并不意味着新闻价值的相对主义，这是专家学者应该达成的学术共识。我们虽然知道图像新闻的意义来自多个方面，但来自于图像新闻生产技术场域、自身构成场域和社会传播场域的阐释仍是图像新闻诠释意义的最主要方面。

所有的图像新闻再现都以某种方式制造，其生产制作的环境条件则可能影响图像新闻再现的效果。制作历史新闻图像时所用的技术决定了历史新闻图像的形式、意义和效果。显而易见，制作图像新闻时的物质条件、制作技术和工艺流程关系着历史新闻图像的外观，并且因而干涉了图像新闻可能发挥的作用和可能受到的对待。就图像新闻史研究而言，了解历史新闻图像当年的生产制作过程及技术是至关重要的。

历史新闻图像是一种不同于语言文字构成形态的视觉形构，是结构性符码的建构。历史新闻图像是具有深刻意义的平面，在这个视觉平面内既充满了符号具（符指），也充满了符号义（符征）；既有现场符码，也有再现符码。图像新闻呈现外在世界事物的意义，既能将世界抽象化，也有将抽象投回外在世界的具象能力，或称想象力。因此，对图像新闻的自身构成场域的研究就成了图像新闻史研究的重中之重。

历史新闻图像的受众可能认同或不认同专家、学者为他们所做的关于图像新闻意义的诠释，他们会根据自身的文化背景和历史知识提出其他诠释。研究历史新闻图像的社会传播场域就是要探讨历史新闻图像与当年社会、历史新闻图像，以及与当年新闻图像受众的各种关联性，通过图像新闻再现历史的"场境"。

也正因为如此，本研究的重心在以下几点：

一是现代中国到底出版了哪些纪实性图像及图像新闻传播文本；

二是在这些纪实性图像及图像新闻传播的文本中，其图像主题、图像主体和图像的形式内容是怎样的；

三是分析纪实性图像和图像新闻的技术性形态、构成性形态和社会性形态；

四是阐释图像新闻的生产技术场域、自身构成场域和社会传播场域的意义。

在当今中国社会，新闻传播史研究不易，图像新闻传播史研究更难。有浮躁的学术风气影响，有史料不完整又难以获得的现实客观条件掣肘，更为重要的是研究者学术能力的问题。

　　结合笔者几十年来对图像新闻史料的研究体会,实事求是地说,属于视觉历史研究范畴的图像新闻传播史是一宗门槛极高的学科,出色的图像新闻传播史研究者不仅需要通晓视觉语言,而且,还要通过新闻传播学、考古学、历史文献学、文化人类学等多学科的"合谋"才能对图像媒材的"历史原境"进行复原,并有在这个"原境"中对图像新闻媒材进行历史化理解的能力。简言之,图像新闻传播史研究者应该具备几项基本的素质:(1)具有扎实的视觉新闻实践能力;(2)具有良好的中外图像学理论素养;(3)具有新闻传播专业图像史的特别知识;(4)具有跨学科的知识结构;(5)具有良好的语文学养修为。

　　最基本的,是要有坐十年甚至更久冷板凳的毅力和定力。没有坐下去的功夫,就没有立起来的成果。

第一编

1919~1929年图像新闻研究

第一章
1919~1929年图像新闻出版概况

　　1919~1929年间中国图像新闻的主要传播方式有三种,一是新闻报纸刊登的图画新闻和摄影新闻;二是采用照相册的形式以单幅或单册的形式传送;三是以画刊的形式印刷发行。由于当时印刷技术的限制,报纸上发表的直接采用摄影印刷技术的新闻照片很少,能完整保存到现在的相关资料更少,无法进行有效的图像新闻统计分析。对我们所采用的定量分析研究方法而言,没有完整、连续的研究样本,就无法得出当时图像传播的大概样貌。以照相册的形式借助于单幅或单册的形式传送的史料也是无法取得有效统计分析的研究样本,故对于报纸上刊登的少量新闻图像和以照相册形式发表的新闻图像我们研究得较少,而以连续发行的画刊上刊登的新闻图像来作为主要的研究对象。

　　对这一时期的图像新闻传播情况的研究,我们重点选择该时期出版的具有当时图像新闻传播形式代表性的"画刊",进行深入的个案研究。如1925年创办的《世界画报》和《上海画报》,1926年创办的《良友》画报,1928年创办的《珠江星期画报》、《海珠星期画报》、《大亚画报》和《中央画刊》及1929年创办的《时代画报》。通过对这些代表性画刊刊登的具有新闻性图像的研究,可以大体描绘出当时图像新闻的传播形态和社会风情。对一些特别的年份或不便采用定量分析的案例,我们则采用综合研究的方法,质性描述当时图像新闻的状况和用原有图像报道描述当时社会上发生的事件情况。这些原有图像有的采用报纸上的新闻图像,有的采用画册或影集中的新闻图像,有的采用杂志上的新闻图像。

　　在这11年间,出版的画刊性质的杂志大约有200种,通过我们的考证,能够确切认定名称的有 129 种[1]，其中大多数杂志都刊登了或多或少的新闻图像。因为当时不管什么性质的画刊，刊登图像新闻都是一种最"时髦"的做法，既能吸引读者，又能表明编辑部很新潮。在刚刚历经新文化运动洗礼的社会背景下，文化界、知识界及社会各界对新闻"新"的接受达到了前所未有的热度，画刊使用新闻图像不但是给读者传递一种事实信息，还标示着杂志的一种文化品位。但是，目前能找到的完整的或通过其他资料能佐证的当时的"新闻图像"画刊只有 40 多种，其中还有一部分需要进一步挖掘研究资料以确定其出版年代和画刊性质，真正具有完整资料可供 SPSS 统计分析研究的不到 20 种。

这一章，我们将整体呈现这 11 年间的画报出版情况，让读者对这一时期的图像传播概况有一个大致了解。在其后的章节中，我们将采用 SPSS 统计分析的方法，对重点画报进行个案研究，对其刊登的图像新闻进行形态分析和场域意义的阐释。

第一节　1919~1926 年图像及图像新闻出版

1919 年至 1926 年间出版了 80 余种画报，目前通过多方考证可以确定名称的有 65 种。

一、1919 年创办的画刊

《醒世画报》，上海醒世画报社编印出版，开本很小。1919 年 3 月出第 2 期，此期栏目有：欧战、文明结婚、时事（南北议和）、收烟叶、戏剧（武家坡）、滑稽、长生不死、小说画等。1909 年，北京的经凤纲等曾编印过《醒世画报》，两份画报名称一样，但不是一家。

《画报》，1919 年 9 月至 12 月出 202 至 203 号（间有缺），1920 年 1 月出 234号。四川省图书馆收藏。

二、1920 年创办的画刊

《中国画报》，1920 年 9 月 4 日出第 10 期，常刊剧照、电影片段及评论，也刊风

---

[1]　笔者在进行国家社科基金课题"中国近代图像新闻出版史研究"期间，曾帮助课题组成员之一彭永祥先生整理中国近现代出版史料，从中梳理出了中国近现代画报出版情况的大致线索。后经笔者的研究生季芬、罗智子、张龙等 8 人历时 5 年不懈努力，不断搜集查找资料，完善近现代画报史的研究文本，终于结集成以彭永祥编著、季芬校勘的《中国画报画刊：1872~1949》，并由中国摄影出版社出版。本研究资料大多来自当年积累下来的研究史料。以下1929~1939 年间图像新闻出版概述的史料和 1939~1949 年间的图像新闻出版概述的史料也都来自于此。

光和历史照片。

《申报画报》，申报图画增刊编辑部编，上海申报馆出版，周刊，1920年至1922年间刊行。之后又出《申报图画特刊》。

《图画时报》，1920年6月9日创刊，戈公振编，上海时报图画周刊设计出版，8开，周刊。1935年10月13日停刊，共出1072期。《图画时报》结束了中国画报的"石印时代"，开启了"铜版时代"，以中国第一份报纸摄影附刊的身份掀开了中国画报史上崭新的一页，被誉为"中国现代摄影第一画刊"。同时它也是我国画报中出版时间最久、影响最大的刊物。

创刊号的《导言》称："世界愈进步，事愈烦琐；有非言语所能形容者，必藉图画以明之。夫象有鼎，由风有图。彰善阐恶，由来已久。今国民敝锢，政教未及清明，本刊将继文学之未逮，一一揭而出之，尽画穷形，俾举世有所观感，此其本旨也。若夫提倡美术，增进阅者之兴趣，又其余事耳。"这段话阐明了创刊的目的，强调摄影图片"彰善阐恶"的作用。

图1-1-1　《图画时报·上海战刊》1932年2月15日版面

创刊后的几年间为8开8版，以刊布新闻照片为主，兼刊美术摄影作品，如1927年345期刊出汇山拍的上海总工会活动照片，347期刊出欢迎北伐军照片，371期刊出庆祝北伐军胜利照片，所刊广告亦多。之后改为4版，中外时事照片和广告逐渐减少，1930年之后改为2版，多刊出妇女、儿童、体育、文化古迹照片，广告也极少见。1932年1月28日日寇进攻上海，该刊第789至828期出了《上海战刊》，专刊十九路军奋起抵抗的新闻照片（图1-1-1）。

三、1922年创办的画刊

《中日美术》，中日美术协会编，上海出版，月刊。1922年9月出1卷4期。

《神州吉光集》，钱病鹤编绘，上海书画会出版并发行。1922年10月至1924年11月出1至7集。主要刊载古今书画印章。

《儿童画报》，1922年创刊，上海商务印书馆出版，半月刊，彩印。1931年停刊，1932年10月复刊。为小学生读物（图1-1-2，图1-1-3）。

图1-1-2　《儿童画报》封面

图 1-1-3 《儿童画报》内页

四、1923年出版的新闻摄影集

《安源罢工胜利周年纪念册》,1923年工人俱乐部编印出版,是我国最早的一本反映工人斗争的摄影集。

1922年9月14日凌晨,安源路矿举行了震撼全国的大罢工,在毛泽东、李立三、刘少奇的共同领导下,经过五天激烈斗争,罢工取得胜利。罢工期间曾有机构组织专人拍摄照片,之后在工人俱乐部展出,一周年后出版了该纪念册。

此次大罢工是中国共产党成立初期举行的第一次大罢工,由毛泽东领导,并派李立三、刘少奇、蒋先云到安源地区开展工人运动。1922年,安源工人俱乐部成立,李立三担任主任。1922年9月,由于当局长期拖欠工资和压迫工会,所欠工资不补发,13日起,在刘少奇领导下的1700名路矿工人开展"安源大罢工"。当局答应了工人的要求,罢工取得了重大胜利。1922年安源路矿工人大罢工领导二三十人曾合影,但由于影像小,合影中人员难以一一辨认(图1-1-4)。

图1-1-4　安源路矿工人消费合作社照片　《安源罢工胜利周年纪念册》

《京汉铁路大罢工》系列照片，亦称"二七大罢工"，是中国共产党领导的第一次全国工人罢工斗争的高潮。1923年2月1日，京汉铁路总工会成立大会在郑州召开，遭到吴佩孚部武力破坏，4日，工会决定京汉全线客、货、军停运，实现了全路工人总罢工。7日，武汉工会代表和江安工人万人游行示威，高呼"全世界无产者联合起来"、"打倒军阀"等口号。当日，吴佩孚在帝国主义支持下在郑州、江岸、长辛店等地，对罢工工人实行血腥镇压，工人死伤数百人，造成"二七惨案"。共产党人林祥谦被捕后，敌人将他绑在电线杆上，强迫他下令复工，林祥谦断然拒绝："头可断，工不可复！"最后英勇牺牲。斗争失利后，全国工人运动由高潮转入低潮。大罢工期间拍摄了很多新闻照片、影片等，但经多次复印已模糊不清。

五、1924年创办的画刊

《图画世界》，北京图画世界社出版，月刊。1924年7月至8月出1卷1至2期。此为冯武越在北京首创的北方的铜版画报。冯武越早年在广州编印画报，后在北平编印画报，以后又去天津主编《北洋画报》。

《京报·图画周刊》，1924年12月16日，作为邵飘萍在北京创办的《京报》副刊问世，邵飘萍担任社长兼主编，初期由冯武越担任编辑兼摄影，初期为16开2张，周刊，逢周五出版，随《京报》附送。

　　《京报·图画周刊》为综合类刊物,创刊号的《发刊弁言》中明确指出了办刊宗旨:"乃意国民常识,且以开拓少见多怪者之眼界,而批评讽刺,亦即寓于优美的写真图画之中";图片方面"期为艺术的普通化,凡能增进人群美感兴趣者,无不广为搜罗,择优披露";文字方面"取材则力趋隽趣,为图文之合作,期相得而益彰"。

　　《京报·图画周刊》以摄影图片为主,创刊时为普通新闻纸,图片质量不高。从第10期开始,改用洋宣纸彩印,图片非常精美,并采用黑、蓝双色套印,时而加入红色,形成三色套印,自称"此种印刷术为时报《图画周刊》所未有,开今日国中画报之新纪元"。但可惜的是,画报只出版了11期即宣告停刊。冯武越离开《京报》后便在天津创办了著名的《北洋画报》。1926年4月26日,《京报》被迫停刊。1929年1月13日,京报《图画周刊》复刊,期数从头算起,并在期数前冠以"复活"二字,改为8开4版。画报出版至复活358期,于1936年6月终刊。

　　《浙江战事画报》,1924年8月刊行,严襟亚、胡懋珠编辑,上海共和书局发行,石印。

六、1925年创办的画刊

　　《上海画报》,创刊于1925年6月6日,毕倚虹创办并主编,后期为钱芥尘主编,三日刊,每期4开4版,道林纸印刷。1932年12月终刊(图1-1-5~图1-1-7)。

　　社址在上海天津路贵州路口320号,每期售大洋四分,是上海早期画报中出版期数最长的画报,《全国中文期刊联合目录》记载其总共为847期。刊头多仕女照,内刊时事新闻、剧照、书画等,广告占1版。主要为容为时事新闻照片,以反对帝国主义侵略为主。创刊伊始,正值"五卅"惨案发生,该刊刊登了惨案发生后《学生在华界沿途自由讲演》、《凄凉的南京路》、《圣约翰大学学生罢课》等照片和毕倚虹自撰的《沪潮中我之历险记》、《约翰潮》等。该报重视社会新闻,如刊登了有关军阀《曹汝霖、陆宗舆之别墅》等并附以文字说明。此外,该刊还刊登剧照及杨云史、陈小蝶、周瘦鹃、包天笑、张恨水等人的小说连载。1928年在德国举办的世界报纸博览会上曾展出此刊。

　　毕倚虹原供职于《上海时报》,工作之余写作社会小说11部之多,《人间地狱》篇60回,在上海《申报》的《自由谈》发表,读者见之交相称誉。1925年他创办《上海画报》,编辑、营业兼任,常亲自去印刷所候阅大样,往往通宵不寐。"五卅"惨案期间,上海报纸大多停刊,毕倚虹独创《上海画报》,主持正义,风行一时,京津各报以电文索取《上海画报》者接踵而至,望之而新创画报者达十余家之多。后毕倚虹积劳成疾,于1926年5月故去,旋由周瘦鹃接办。

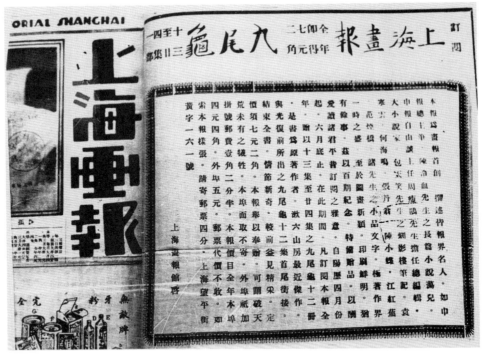

图1-1-5 《上海画报》创刊号

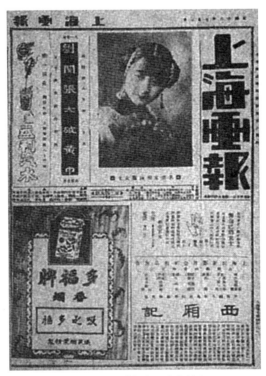

图1-1-6 《上海画报》封面

图1-1-7　《上海画报》1928年3月封面

　　周瘦鹃、黄梅生拍的照片和文章也在此刊发表。有人撰文说：黄梅生是摄影大王，年少多才，他跟随周瘦鹃之后，没有人能与之相比。南京的中华照相馆也为该刊提供政治新闻照片。该刊还有专任记者，既拍照也写文章。

　　张恨水的《春明外史》《天上人间》也在此刊连载，并曾刊出张恨水全身照一张。

　　1927年12月24日第306期第1版右下有一块5×7寸的空白，空白内有一小方框，内写："此处地位系英美烟公司绞盘广告，得上海市公函：'谓为英美帝国主义做有力之宣传，立即撤销。'唯受合同拘束，故本报宁牺牲空白地位，以待期满……"画报开天窗，实为少见。大作家老舍先生的处女作也在此刊首刊，自此老舍先生名扬四海。

　　《三日画报》，1925年8月至1927年3月在上海刊行。

　　《星期画报》，北京晨报社编，1925年1月至1928年6月出1至136期，4开4版。版面栏目分为美术、风景、时事、风俗、讽刺、游戏、杂篇，但不是每期都有以上全部栏目。虽有时事栏目，但时事照片极少见，只在1928年3月4日刊出《广州暴动》照片一张，其他多为书画、印章、古文物、戏照、体育等方面的图片。

　　《孔雀画报》，1925年8月28日创刊，在上海出版，4开2版，刊小说、剧照、风光、广告。

《环球画报》，1925年8月创刊，周佛尘创办，在上海出版，周刊，4开2版。至同年12月出第16期。多刊新闻照片，"五卅"惨案照片刊出多张，还刊出仕女、剧照、名人像及广告。1926年，周佛尘在上海创办《佛尘报》。

《小画报》，1925年在上海刊行。1934年上海出《小画》（半月刊）一种，为文华四大杂志之一。

《紫兰画报》，1925年9月12日创刊，4开2版。1926年1月5日出至第18期。主要内容为电影、戏剧宣传。第3期2版刊出逊位的宣统皇帝照片一张。

《游艺画报》，1925年10月2日创刊，4开。1926年3月27日出55期。刊电影、戏剧照片及风光、仕女照片，影剧广告占了画报2/3的篇幅。

《联益之友》，1925年8月1日创刊，该画报为商界所办，主编先为路企业，后为赵眼云、郑逸梅，上海联益贸易公司印，半月刊，8开。后改为旬刊，至1928年5月出76期。多刊美术作品及字画、风景、人物，时事照片也有刊出。

《紫葡萄》，1925年9月14日创刊，五日刊，4开2版，横式。1926年2月13日出第25期。创刊号周瘦鹃写《开场白》："……愿我们画报里的文字，也像紫葡萄一般的滋味甜美，愿我们画报中的图画，也像紫葡萄一般的色彩鲜艳。"头版刊仕女像外，全为广告，第2版刊电影明星、风光、绘画等。风光方面有江南、北方、重庆和日本寄回的照片，很少刊载新闻照片。文字方面有轻松的杂记、时文、小说。1928年德国举办世界报纸展览会，此刊在会上展出。

《星期画报》，1925年9月6日创刊，总务主任叶飞、编辑主任严芙孙、图画主任魏芸湄、营业主任吴鸿章、会计主任王晓湘，上海良友印刷公司代印，4开4版。9月3日出第2期，10月4日出第5期。常刊新闻、风光、历史、摄影作品、绘画及影剧照，还刊雕塑、仕女、明星照片，广告占版面的1/4。

编辑主任严芙孙写发刊词言："上海画报，未三日，已达三十种，而后起者，复正兴未艾，是诚艺术界之好现象。顾余深作杞扰。故文字之报，信笔写来，亦能充满篇幅，画报取材，则有时而穷，长此以往，何以为继。是画报不虑销路不畅，独虑取材辣手耳。最近遇叶飞君，适有星期画报之组织，坚以辑务属余。叶识画家、艺术家、美术家不少，汇集材料无虑，譬诸治餐，美味佳蔬，满厨罗列，仅视疱人之手段为可耳。特恐疱人不善治，负此美味，奈何。"画报总务主任叶飞也写了一篇《吾之画报观》言："沪地画报，风起云涌，层出无已，统计算之，有十余种之多，未始非发展艺术之佳像。唯当初起时，均满刊模特儿照片，以为吸引买客之要素，今因淞沪警厅，明令取缔，不为从前之盛矣。按画报为表现艺术之出版物宗旨何等正大光明，立意何等清高纯洁，非可与人利用者。刊载模特儿，虽无伤大雅,实属有关色相,只可语上,不可以语下也,一笑。"当时画报刊载模特照片甚为盛行,而星期画报则一张不登,实为难得,但仕女、明星、剧照则每期都有,此为当时画报之风格。周瘦鹃为画报题词"无美不备",梅花馆主题词"尽美矣又尽善也"。

《世界画报》,1925年4月1日在北京创刊,原作为《世界日报》的摄影附刊,是日报的一个版,至同年10月1日开始每周日单独出版(图1-1-8,图1-1-9)。画报4开4版,胶版纸铅印,主要以铜锌版制图。在此以前曾有短暂时期仿照上海的《点石斋画报》,用石印的形式在日报内附出画报一版,间日出版。自13期改为周刊。先期为褚宝衡主编,57期起由林风眠主编,后期由萨空了、谭旦同主编。为休闲刊物,刊登新闻及其他方面的照片,报道体育比赛等方面的动态,介绍影剧概况、明星画家作品,讨论婚恋问题等。《世界画报》创刊时,报社社址已经从原先成舍我私人公寓内转至宣武门内石驸马大街甲90号。这所房屋原是袁世凯族人袁

图1-1-8 《世界画报》封面

图 1-1-9　《世界画报》封面

乃宽的产业，庭院相当宽敞，《世界画报》在此开始了作为独立刊物的漫漫之路。

《世界画报》当时宣称"本画报系中国唯一之大规模的美术刊物，照片及制版均有完美之设备，图画由美术名家执笔，用铜版、石版彩色精印"。主要选刊中外美术作品及文教、体育、文物照片，第 5 期刊有褚宝衡所摄奉军活动照片。第 160 期（1928 年 11 月 11 日出版）公开征求稿件，启事中说："本报征求时事照片、美术摄影、中西名画、游艺装束、学生生活等照片，一经登刊，酬金从优……"这一期为北平幼稚教育特刊，刊出香山慈幼院等数所幼儿园照片 23 张。该刊印制的京剧彩色脸谱十分精美。

但该刊长期未打开销路，成了日报的附赠品。萨空了接编后，大力改革，充实内容，大量刊载时事照片，如 1931 年"九·一八"日本侵略东北、1932 年 1 月 28 日十九路军在上海抗击日寇的新闻照片都即时刊出。1935 年萨空了离社，该刊仍继续出版，至 1936 年 12 月已出 576 期，1937 年 8 月 9 日北平沦陷，停刊。

《西湖画报》,1925年10月创刊,上海西湖画报社编印,对开1张。创刊号第1版刊头为仕女像1张,创刊祝词3种,其余为广告,第2版刊发刊词,写道:"在这个闹哄哄的双十佳节里,我们千呼万唤的《西湖画报》竟呱呱落地了……我国子民处在这种外被强邻骚扰、内受军阀乱战的局面之下。一年到头,除了这强颜为'欢'的国庆日外,大概有三百五十余日,都是葬在愁苦里。所以我们觉得我们欢欢喜喜的第一期,也只好在这强颜为'欢'的'欢'声当中,勉强地'欢'他一'欢'了。料必诸位也是'欢'迎的罢……"但在这一期并无揭露帝国主义和军阀的文字与图片,除刊风光、电影、绘画外,言情小说就有三篇之多。

《摄影画报》,1925年创刊,林泽苍编,上海中国摄影学会出版,周刊,初为4开,后改16开,最后改为32开。该刊是"全国首创唯一研究摄影之周刊",每年出版50期。1937年抗战后停刊,共13卷18期。

该刊刊名、开本版式和内容都经过多次改变,而以32开本的《摄影画报》为名刊行较久,各地图书馆收藏的,也以此为多。先期以刊新闻照片和社会趣闻为主,摄影技术及动态方面的文章不多,改为32开本后,新闻照片和摄影方面的文章,各占篇幅参差不一,后期以文字居多。该刊对摄影方面的各种问题,都有所反映,尤其对二三十年代摄影界的活动记载较多。

《明星》,上海明星影片公司编印,半月刊。1925年11月至1928年1月,出1至28期。1933年5月至1935年1月,出至2卷6期。1935年4月至1937年7月出新1至8卷,每卷6期。

七、1926年创办的画刊

《北洋画报》,1926年7月7日创刊,冯武越主办,吴秋尘主编,天津北洋画报社出版,4开4版。初为周刊,继改为三日刊(称"社会半周刊"),1928年10月2日第225期起改为每周二、四、六出版,以50期为一卷。至1937年抗战爆发,出1587期。这年7月29日后,因天津陷落,停刊。这本画报大量刊载中国政治、军事、经济文化、科学及国际动态照片,深受广大读者欢迎。《北洋画报》出版11年,共出1587期,是北方画报中连续刊行最久、出版期数最多的画报。每期4页,合计6348页之多,每期刊照片以5至10幅计算,可达8000至16000幅,其中保存了不少有历史价值的照片(图1-1-10~图1-1-13)。

此刊独立出版,不是报纸杂志的附送画刊或画报,但它的版式与版面安排与报纸杂志的附送品没有多大区别。第一版正中上为"北洋画报"四字,并注有"天津北洋画报"的英文名称,在此之下,每期多刊人物照,常刊名媛闺秀、戏剧电影名流、学校高才生(女)、交际花、美女及军政界名人的照片,在照片的左、右、下位

图1-1-10 《北洋画报》封面之一

图1-1-11 《北洋画报》封面之二

图1-1-12 《北洋画报》封面之三

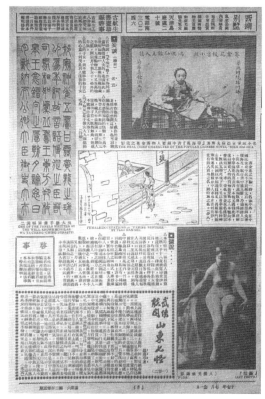

图1-1-13 清末民国时期名妓赛金花的遗照 《北洋画报》第205期内页

置和第四版的几乎一半版面都为商业、银行、医药、剧场影院的广告。第二版多刊新闻时事、戏剧电影照片和评介文章，第三版刊文化古迹、风土名胜、文体与金石书画等。但并不固定，时有变动。

《北洋画报》的活动能量很大，约请了北平的同生、大光及天津的同生、鼎章等著名照相馆为之供稿，东北新闻影片社和东北海军航空队等为之提供新闻时事照片，还有蒋汉澄、正曦、李荒生、周振勇等为之提供各种内容的照片。《北洋画报》还自组"北洋摄影会"，会员不少（周琴夫、冯至海、魏守忠等都是会员），并利用这支力量拍摄和搜集了不少照片。该刊编者还直接向名人索取照片，如梅兰芳的剧照、演出活动与生活摄影经常刊载于北洋画报，比别家画报多得多。此外南方的照相馆、摄影社和摄影者也向《北洋画报》供稿。

此刊宣称："吾报无政治作用，不高谈学理。最高使命，乃在求救济社会的烦闷，界以滋润之剂。乃在矫正社会观点与行为之错误，为作正途指示，故于端庄之中，杂以诙谐，总期谑而不虐，乐而不淫而已。"后概括为"传饰时事，提倡艺术，灌输知识"，又概括为"庄谐并举"。然而在刊行11年中，刊出政治色彩的照片仍不少。

其新闻时事照片多单幅或成组以"专页"刊出。1928年，蒋介石到了北方，此刊于202期（1928年7月11日出版）刊出蒋介石与阎锡山的合影，203期刊出蒋介石在北平的活动，以及北平、天津祝捷大会（蒋介石的军队以北伐联军名义到了平津）的照片十余张，202期以文字报道了张作霖被日本炸伤的消息（3天后死亡，有说半天即死的）。219期（9月1日出版）刊出北平报界开会追悼被北洋军阀杀害的邵飘萍、林白水大会照片2张（魏守忠摄）。1931年，张学良及家人与平津名人在北戴河，此刊于6月16日出了"海滨专页"，图文并茂介绍了张学良等的活动。"九·一八"发生后的第4天，即9月22日出的680期，为哀悼国难，加黑框印出"国难当头，同胞猛醒！一致对外，救此危亡"的醒目口号，画报也改用黑色印刷，以示哀悼。之后还刊登了不少揭露和谴责日寇侵占东北罪行的图片和文字。1937年7月13日的1580期刊出卢沟桥事件照片9张，1582期刊出9张，1583期又刊出4张。

此刊常以一人一事出专刊，有特刊、专号、专页等，名目繁多，多为戏剧、电影活动会、高尔夫球、艺术家、摄影家等，有的期次较多，有的只出1期。《戏剧专刊》出得最多，从1928年7月14日的17期起，至1937年7月24日的422期止，连续刊出大量京剧照片、介绍文章与评论。

《良友》是伍联德于1926年2月在上海创办的大型综合性画报，先后由伍联德、周瘦鹃、梁得所、马国亮、张元恒主编。1938年迁香港出版，1939年2月迁回上海，1941年9月被日军查封，1945年一度复刊，后因股东意见分歧于1945年10月停刊，共出版172期和两个特刊。1954年在香港复刊，1968年停刊。1984年由伍联德之子伍富强再度在香港复刊。

《良友》为中国第一本大型综合性新闻画报，其最大特点是用照片记录了1926~1941年间中国的历史和社会生活，刊出国内外时事、电影等方面的照片甚多，是一份很有历史价值的画报。初为月刊，曾一度改为半月刊，初为24页，后渐增至40多页，第50期增至42页，最多时达到74页，第100~130期平均每期渐增至56页，单独订册，取代了当时上海盛极一时的单张画报，容量颇大，成为"中国印刷最精美之画报"[①]。画报初售价一角，从第5期起，每册定价加至二角，订阅全年大洋二元。初用道林纸铜版印刷，彩色，良友图书印刷公司出版发行，到1930年4月第45期时，率先试用影写凹版技术印刷，由商务印书馆印制。

《良友》封面上的刊名"良友"二字，出自画报创办人伍联德之手，字体圆润平滑，显得亲切友好，后一直为刊物所沿用。封面上的其他各种元素，如刊名、刊期、日期等，均以中英文标出，《良友》英文刊名，被译为"THE YOUNG COMPANION"（少年良友），这正是因伍联德纪念他创办的第一份画报《少年良友》而得名的（图1-1-14~图1-1-18）。

图1-1-14　《良友》第1期封面

①　萨空了：《五十年中国画报之三个时期》，《中国出版史料》第一卷下册，济南：山东教育出版社，武汉：湖北教育出版社，2001年，第340页。

图1-1-15 《良友》第19期封面

图1-1-16 《良友》15周年纪念号封面

图1-1-17 《良友》画报第55期刊出内容

图1-1-18 《良友》第121期刊出的关于鲁迅葬礼的报道

第1期中缝刊出:"本刊拟招请摄影记者每埠一人,专任摄取有关新闻性质之各种照片……"吸引了十几个著名的摄影者应聘上海、南京的大照相馆和摄影社等。此刊稿源充足,每期刊出十几张乃至三十余张照片,且多为中外新闻照片,也刊中外仕女及女影星照片。

从第80期起担任主编的马国亮追述道:"画报内容丰富翔实,举凡国内外军事政治的变易,工农业的兴衰,以及经济建设、科学成就、文化教育、艺术文物、地方风貌、体育活动、妇女儿童、社会生活等等,无不及时报道。"当然还有对世界重大历史事件和国际知识的报道与介绍,也都及时而广泛。《良友》刊行5年后,萨空了评论道:"中国画报显然渐有新动向……于数十年无进步之中国画报界中,能渐有曙光。"出至150期(1940年1月),阿英写文说:"强调着中国军事、军事政治、经济建设,以及国际的重要动态,旁及于一般社会生活、艺术文化,这是中国画报内容的一种高度的发展。"这是《良友》刊行几年乃至十几年后,人们对它的评价,而在初创时期,无论是取材或编排,都是不够完善的。这是因为既是创办人又是主编的伍联德,未曾编过摄影综合性画报又无他人经验可汲取,全靠自己的坚强信念,摸索前进。

创刊号卷头语写道:"良友得与世人相见,在我们没有什么奢望,也不敢说什么极大的贡献和值得的欣赏,但只愿,像这散花的春神,把那一片片的花儿,布散到人们的心坎里去。"第2期就明确地说:"做工做到劳倦之时,拿本《良友》来看,包你气力勃发……在家里没事干,拿本《良友》来看,比搓麻雀(打麻将)还要好……《良友》成了解乏或消闲的读物。"在创刊号,刊出的政治、时事、时人、军舰、风光、世界奇闻以及歌舞、戏剧等方面的照片还是较多的。读者看了第1期来信说:"你们印刷虽然美满,价钱虽然便宜,但你们《良友》内容不佳,类别不分,未免美中不足了……"这些话是有损画报声誉的,但伍联德自信心很强,毅然将读者的意见登于第2期第1页上,以示有决心改进编排,提高画报质量。第1期封面刊《蝴蝶恋花》等,彩色套印,很是引人注目,内容也较丰富,又是8开24页大本,仅实售小洋1元,初版三千,正值春节年假,一两天内就售完,再版二千,三版又二千,共达七千,都很快售完。一个新刊物第一期就销这么多,这在当时可说是一个不小的成就。刊行几个月,便风行全国,不久又销到海外,一两年后,画报质量提高,凡有华侨的地方,无不有《良友》画报,以后又加英文说明,行销五大洲,比在国内销售的还多。印行量最高时达四万五千份。《良友》成功后,又成立了良友图书印刷公司,出版了许多刊物(包括另几种画报)、摄影技术和艺术论著,还出版了大、中、小型的摄影集近百种,保存了许多珍贵的历史资料。

伍联德主编了4期,就将主编之责委给周瘦鹃,周编了8期,画报内容贫乏,照片零星杂乱,多为仕女、学生、体育、电影,政治时事方面也刊出了一些。伍联德鉴于画报无甚起色,乃聘请齐鲁大学医科学生梁得所任主编。梁得所主持编务后,精心编排,充实了内容,使画报逐步成为图文并茂、受读者欢迎的刊物。梁得所主编的是13至79期,1933年8月,在编完79期后,他就离开《良友》,主编《大众画报》去了。

　　《北京画报》,1926年10月1日创刊,北京画报社出版,社长甯南屏,经理赵松樵,编辑傅芸子、付惜华、姚君素、李靖宇等,摄影者耿幼山、于自玄、金简斋、宁泳琴。此为北京文艺界刊物,刊登内容有图画、国画、讽刺与滑稽漫画、风景摄影照片、名伶剧照、影界动态、文坛新讯、诗、书、画、金石、各种小品文及短篇小说等(图1-1-19,图1-1-20)。

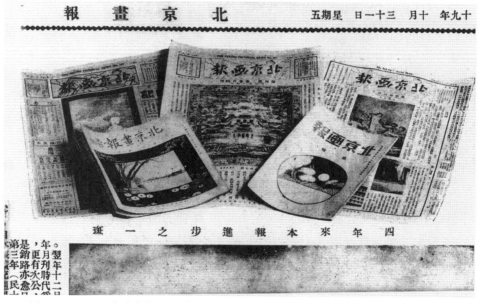

图1-1-19　四年来出版的其中5期画报的照片　《北京画报》1930年10月31日

　　该刊为北方画报中刊行期数较久的一种,它的开本和刊期有多次变化:从创刊至1927年11月出月刊;1927年12月改出半月刊,16开方本,每期40页;1928年6月中旬改出周刊,4开4版,自第1期起,至11月3日已出20期,至次年8月底或9月初,已出50期,1929年9月21日出51期;出至89期改为3日刊,仍为4开4版,至1931年7月31日出200期,1932年已出243期。终刊期待查。

　　舒小可在第51期中写文说:"《北京画报》,为北方画报界创刊最早之画报,既非某日报所附庸,又非某商店之广告,而纯为一独立的民间艺术刊物,其价值自不可与一般画报同日语也……"正如其所言,当时北方的画报,多为日报的附送画报,独立刊行甚少。

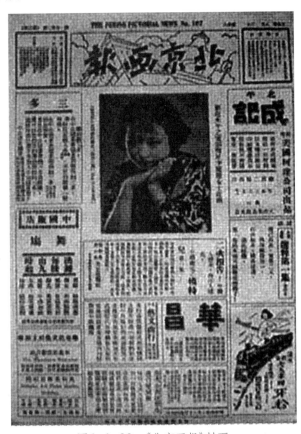

图1-1-20　《北京画报》封面

　　画报的宗旨，编者在第28期中（1929年1月1日出版）说："画报虽为美术作品，于政坛国事似属无关。讵知世界上籍美术表现发达者，比比皆是，是画报亦有相当之见地，而以美术阐扬之。因之，本报在此13期中，对于社会则力予针砭。对于政府亦云监督之意，而于宣传事业，固不惜版面未敢后人也……"观其所刊图文，对社会的揭露不够有力，更谈不上对政府的监督。即使如此，此刊曾因局势恶劣而一度停刊，1928年6月才复刊。编者在《复刊词》中写道："现在北伐成功，北京局势已有一番新气象了！在此时期，我们《北京画报》也继续出版，改为周刊。我们前次停刊，虽受印刷所倒闭的影响，但也因处于恶劣势力之下，言论不能自由，图画不能随便登载的缘故……不自由毋宁停刊，现在呢，时局开展了，光明了，言论当然也自由了，我们趁此时机，重新努力，再使本报出版。"

　　《小朋友画报》，1926年创刊，上海中华书局编印，半月刊。1934年至1937年出1至69期。

　　《大方》，创刊期约为1925年11月，编辑兼发行人叶仲方，上海出版，五日刊。1926年1月15日出第11期，2月5日出第15期。刊电影、戏剧、画家、仕女像、美术摄影作品及小说。

《杭州画报》，1926年1月出1至5期，周刊。多刊电影及戏照，照片多为黄梅生、袁凤祥拍摄。

《平面图画周刊》，1926年1至3月出过1至12期，上海出版，8开2版，每期刊5到6幅图，多为社会新闻、风俗、故事等。1932年还有一种名为《平报画报》的刊物，内容不详。

《艺观画报》，1926年2至3月出1至4期，黄赛虹编，上海出版，刊金石书画和墨迹。

《太平洋画报》，1926年6月10日创刊，主编韩啸虎，编辑舒舍予、秦俪范、顾明道，月刊，上海太平洋美术公司出版发行。1927年1月改为半月刊，出4至6期，16开。存1926年第1卷第1期至1927年第1卷第6期。为文艺刊物，其宗旨是宣传艺术、介绍电影知识，以丰富受众之生活。内容有电影明星、名伶介绍，书画作品介绍，讽刺漫画和小说连载等。该刊特色为人物画优美，文字典雅，并穿插有各地风景图片（图1-1-21~图1-1-23）。

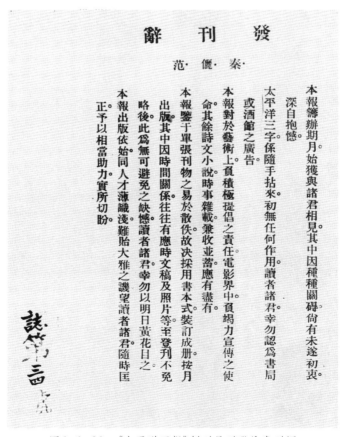

图1-1-21　《太平洋画报》创刊号刊登的发刊词

图1-1-22　《太平洋画报》封面

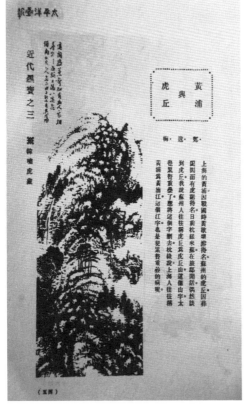

图1-1-23　《太平洋画报》内页

《东方画报》，1926年创刊，上海商务印书馆编刊，16开，主要刊载中外新闻照片，印刷清晰。1938年迁香港出版。

《新银星与体育》，原名《银星》，1926年9月1日创刊于上海，卢梦殊编辑，上海良友图书印刷公司编印，月刊。1928年1月出至第16期后停刊。同年8月复刊，改名《新银星》，卷期另计，主编为陈炳洪，新银星社编辑，良友公司发行。1930年4月出至第3卷第20期后与《体育世界》合并，改名为《新银星与体育》，主编仍是陈炳洪，新银星社与体育世界社联合编辑出版。1931年3月15日出至第4卷第29期后，改回《新银星》出版，同时开始独立发行。1931年10月10日终刊，出版至第4卷第33期（共计49期）。其版面初为16开本，后改为8开本，后又改回16开本，50页。该刊为娱乐性刊物，主要内容为电影介绍和电影研究，是中国最早的研究电影艺术的画报之一。与《体育世界》合并为《新银星与体育》后，成为体育类刊物，月刊，8开本，40页。内容上电影内容与体育内容各占一半。

《通俗画报》，1926年10月出第1卷第1期，成都市立通俗教育馆出版部出版发行，各大书坊代售，16开。供稿者有：豫波、丹丘、蜀侠、醉红生、熙宁、老醋。此刊为绘画画报，主要内容有风俗画、讽刺画、寓意画、国粹画、色彩画、写实画、漫画、新闻画、诗歌、小说等，终刊时间不详。

《农民工人画报》系列，当时在各省市以此名出版的画报有很多，如《湖北农民画报》、《山东农民画报》等，大部分是在共产党领导的农民协会编印，约在1926年底至1927年初出版较多。

《工人画报》，上海总工会编，1926年在上海第一次武装起义前出版。同时出版的有《总工会五日刊》等9种。报社设在上海租界之内，言论不受租界当局的限制，竭力揭露军阀孙传芳屠杀工人的罪行。

《银光》，具体创刊时间不详，卫春秋编辑，1926年12月香港电影文艺互进社出版发行，月刊。主要讨论电影理论和电影技术，介绍国内外新星、国产新片和国外影片，刊登中国及香港各大电影公司的动态及电影观后文章（图1-1-24，图1-1-25）。

图1-1-24 《银光》封面

图1-1-25 《银光》内页

第二节 1927~1929年图像及图像新闻出版

这一时期创办的画报有120多种,根据目前搜集到的相关信息能确认名称的有70多种,为研究该时期的图像新闻传播情况提供了非常有价值资料。其间除国共两党宣传出版的带有革命性质的画报外,其中有很大一部分是各种娱乐性质的画报,尤其是对电影的宣传更是不遗余力,这也可以看作对文化新闻或称娱乐新闻的全面报道。

一、1927年创办的画刊

《国民》,1927年5月创刊,国民周刊社编,周刊。同年8月出至第15期。

《京津画报》,1927年刊行,三日刊,出1至36期。

《西厢画报》,1927年9月3日创刊,徐君伍、胡镜容编,主要刊戏剧、电影照片,总体刊用照片很少。

《影戏画报》,1927年创刊于上海,8开4版,旬刊。1927年8月25日出第7期,9月25日出第10期。主要介绍电影,每期刊照片七八张。文字部分内容为影剧故事。

《精武画报》,1927年8月15日创刊于上海,半月刊,8开本。9月15日出第3期,至1928年10月仍在刊行。主要刊载我国早期武术与学习摄影的活动。曾有图文详介霍元甲的故事。

《十四军政训处画报》,1927年7月出第1期,十四军政训处编印。

《华北影报》,1927年5月至1931年10月出1至595期,半周刊,北平真光影剧场编印。

《天鹏》,原名《天鹏画报》,后又改为《天鹏摄影杂志》,1927年创办,黄天鹏主编,上海天鹏艺术会编印,月刊。1927年7月至1929年12月间出版多卷,1929年12月出完3卷9号终刊。

《天鹏》是一本摄影专业杂志,以"排烦遣愁,消忧忘虑,养成优美人生观,研究精美摄影术"为宗旨,以刊载摄影艺术作品为主,也刊登影星照片、山水风景及少量新闻照片和摄影技术文章。每期多则40幅,少则20幅。初期文章很少,后期逐渐增多,到第7号就刊文章7篇之多,使原来的普通摄影画报变成"国内专门研究摄影之杂志",号称"研究摄影,宣扬艺术"。当时,广州的《摄影杂志》和上海的《摄影学月报》都已相继停刊,《天鹏》就成为国内唯一的摄影杂志。

改版前出至19期,改名后卷号另起,1928年出至3卷1号,1929年12月出完3

卷9号终刊。1至8号的《卷首缀语》为林志鹏撰写，9号为童伯英撰写，篇名《摄影与道德》。林志鹏在卷首缀语中，常发表他对摄影艺术的见解，话不多，颇为精辟。对每期刊登的优秀作品和重点文章都做简评，还报道摄影界的动态，特别是对华社的活动报道较多。1至9期刊出的摄影作品总计达三百幅，为当时刊载摄影艺术作品最多的刊物。华社、光社、景社、美社成员的作品甚多，其中有中国早期摄影家（岭南派画家）潘达微的作品多幅，也常刊出郎静山、王大佛、陈山山、胡伯翔、胡伯洲、黄伯惠、林志鹏等人的作品，第3卷8号还刊出"美社展览出品"12幅，其中有张篷舟、梁鼎铭、钱景华等人之作。其他还刊出一些不知名的摄影者的作品。

《革命画报》，1927年4月26日创刊，革命画报社出版，周报，8开4面。社址在上海西门方斜路往新里11号。该刊反革命色彩甚浓，但也道出了1927年"四·一二"反革命大屠杀实情。宋教仁（化名为愚父）为该报写了开刊序文，文中说："革命画刊使命有二，一为发扬革命精神，一为指导改革之途径。综观上海近年以来，所出之画报，处于军阀势力压迫之下，大都抱定'只谈风月'之宗旨。故本报虽欲于是时出版，亦断不能与之并立。此固环境所迫，乃无可为何者也。"

自国民革命驱逐"土匪式"（孙传芳统领之五省军阀联军）的军队以来，上海言论界的趋向为之一变。当时已经出版的画报，相似度很高，画报中间会穿插关于革命事业的照片，然而不过是为了供人观赏和收藏，与画报的使命无关。在革命尚未成功之时，除广州外中国很少有关于革命性质的画报。在上海未发行本报之前，画报除供人观赏以及可留作纪念以外，没有任何参与革命的表现。该报开风气之先，非常希望能够秉承孙总理"三大政策"的革命精神，遵守其遗嘱，以推动革命事业之发展。

该画报的征稿要求如下：

（一）文字：须浅显明白，富于革命思想而能激励民众者。

（二）图画：分时事讽刺画及照片两种。甲讽刺画：须含有创造性及刺激性，而能鼓励民众，使民众易于了解者，方为合格。乙照片：关于革命工作之时事摄影、革命运动之中心人物及纪念建筑物等。

此报还出过成都版，改名《革命军人画报》，内容大致雷同，腔调一致。另见黄埔军校也出过《革命画报》，但已佚失。

以下是现存的上海《革命画报》中的部分内容。

第1卷第1期第3页刊有士骐所作的《拥护国民政府》、《实行三民主义》、《狐假虎威，残杀同胞》画几张，欢迎北伐军胜利之苏州女同志人像一张。第4页上刊蒋介石像，又刊上海特别市党部拉汪精卫复职一事，并刊其像。

1927年4月23日第2期刊孙总理石雕像，之下刊美丽牌香烟广告，边框外刊"庆祝国民政府建都南京"口号。还用文字刊登一周大事记，如1927年4月13日，自曝"四·一二"大屠杀情况：本埠总工会内中分子复杂，于十二日早晨四时，自起冲突，激战一小时，后经26军兵队调解，全部缴械，以待解决。此事即1927年4月12日之蒋介石大屠杀之始。该期还刊载有14日工人结队游行，与军队冲突，死者数人、伤者数十人的消息，另刊有"闸北工潮中之牺牲者"棺木，但该事件死者何止数人？刊载的文章竭力反共。第4页全为广告，并在孙中山之名下刊眼镜、钟表广告，毫无敬意。

1927年5月1日第3期出"五一"专号，共9页，边框刊口号："只有三民主义才能解救工农；减轻农民负担，增加工人薪资；拥护总理农工政策；发扬'五一'纪念日的精神。"该期中有4篇纪念"五一"的文章，间有反共论调。刊图3张，一为英军抵沪，一为追悼会之场景，还有一张不明。

1927年5月4日第4期出"五四"专号，刊头刊孙中山与蒋介石、王柏林、何应钦合影一张，内刊闸北恒丰路"惟我"照相馆拍摄的照片2张，"闸北'五一'纪念会主席台"照片，叶为音拍摄的2张照片，"南京'五一'纪念会之主席台"照片，第4页全为广告。

1927年5月9日第5期出"国耻"专号，刊日军在济南杀我公使蔡公时的照片。

1927年5月14日出第6期。

1927年5月21日出第7期"纪念陈英士先生专号"。

1927年5月30日出第8期"五卅"专号。

1927年6月4日出第9期，第3页刊松涛拍摄的四川二十八军军长邓锡侯以及二十八军军长的就职照。还刊出成都街景照、保路纪念塔照片。

1927年6月11日出第10期，第2页刊广州特约记者鲁文辉拍摄的"广州'五卅'纪念会参与之军警界"、"广州'五卅'纪念游行时之情形"照片各1张，第3页刊本报青岛特约记者梁瘦影拍摄的"日本帝国主义出兵华北之战舰"、"日兵在青岛登陆整队时之摄影"各1张，由该报江阴特约记者季和华拍摄的"五月二日英美炮舰在拦门沙轰击江阴之炮弹"照片1张。

1927年6月18日出第11期，第3页刊"上海六十万民众反对日本出兵之激昂"照片3张，为如音(此人名叶如音，鲁迅先生称他为混混画像)拍摄。

1927年6月27日出第12期。

1927年7月5日出第13期。

　　1927年7月12日出第14期,用红色印制,第2、3面刊复旦周狄拍摄的照片4张,周为拍摄的照片1张。

　　1927年7月19日出第15期。

　　1927年7月26日出第16期。

　　1927年8月2日出第17期。

　　1927年8月13日出第18期,各期刊有图文。

　　《新天津画报》,1927年初创办于天津,主编先为姚一达,后由喆夫接任,8开4版,道林纸印刷。综合性画报,刊载时事新闻、社会新闻、美术、书画作品、漫画、漫谈,介绍常识、艺术品、文史知识,登有明星名伶剧照、生活照、游艺照,并有法律专刊和文艺副刊。常报道社会问题,揭露社会弊端,反映人民疾苦,宣传抗日爱国之精神。"九·一八"事变后,停刊50日。1937年7月,天津沦陷后出版至第200期停刊。1937年9月左右曾一度复刊,复刊后出版约40期,终刊。

　　存1933年8月第1期至1937年7月第200期。第173期第一版刊头刊画像,之下为"新官场现形",第二版刊照片9张,第三版刊中外戏剧、电影照片9张,第四版全刊广告。第176期刊中外时事、中外电影、戏剧照片15张(图1-1-26,图1-1-27)。

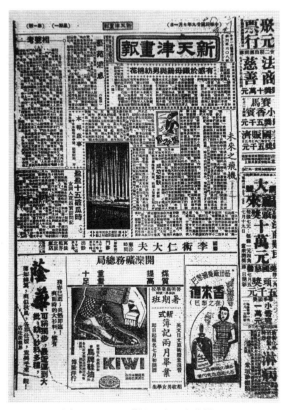

图1-1-26　《新天津画报》封面

图1-1-27　《新天津画报》内页

　　《大亚画报》,英文名为"*TAYA-PICTORIAL NEWS. MOUKDEM*",1927年已在沈阳出版刊行,具体创刊时间不详,社长沈叔辽,总编辑陈蕉影,五日刊,4开4版,单色印刷。笔者见到的最早一期《大亚画报》为1928年8月21日发行的第112期,按照该刊五天的发行周期推算,创刊时间大致在1927年初。至1934年该刊出至第340期。

　　《大亚画报》每期版面内容设置大体相同,图文并茂。头版上半部刊有封面图片、报头名称及报社相关信息,封面图片多为女性头像照片,头版下半部全部刊商业广告。第二版和第三版以刊载图片为主,文字为图片的辅助介绍或说明,但第二版多刊反映国内外重要时事、百姓生活、人物介绍类的较具新闻性的照片及相关事件文字说明,而第三版多刊带有副刊性质的图片,如绘画、书法作品、风景写真、人物写真等。如遇重大事件发生,则第二、三版均刊反映该事件的新闻图片,可见版面内容并不固定,会随时间和事件而调整。第四版刊载图片相对较少,上半部分多为连载

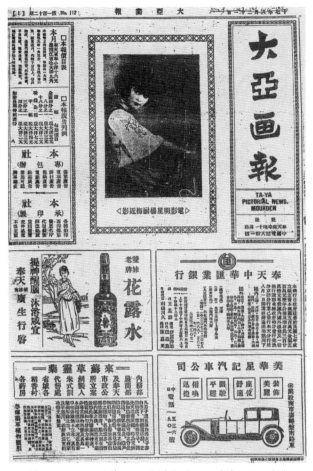

图1-1-28 目前可以见到的最早一期《大亚画报》

的游记、小说、散文等,部分文章会配有一至两张图片,下半部分版面全部刊载商业广告。画报骑缝页全部刊载广告。平均每期画报刊载图片35幅左右(图1-1-28)。

《大亚画报》后来迁至上海发行,具体迁往时间不明。1932年开始,上海出版有《大亚画报》复刊号1至40期,总第324期至第363期,道林纸4开套色印刷。现能见到的1931年9月15日第323期仍是在沈阳出版发行的,在此之前该刊社址一直在沈阳,但地点曾有所变动,该刊由辽宁省城大四阁东记印刷所代印,性质为中华邮政厅立券挂号之新闻纸类。

二、1928年创办的画刊

《天趣画报》,1928年1月创刊于广州,黄柏坚编,月刊,同年7月停刊。内容主要为电影画报、美术图画、影星照片、影剧照片、社会名媛生活照等(图1-1-29,图1-1-30)。

图1-1-29 《天趣画报》封面

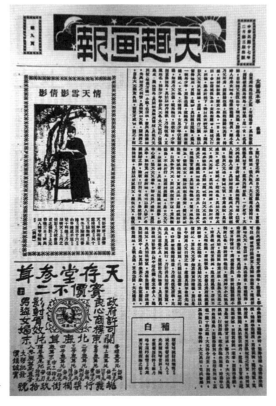

图1-1-30 《天趣画报》内页

《珠江星期画报》,英文名为"*CHU KONG PICTURIAL WEEKLY*",创刊于1927年9月25日,为当时的中华邮政特准挂号,并认定为新闻纸类邮件,社长梁焕民,广州出版。现存第1期至第32期。按出版周期推算,约在1929年初出版。画报第32期上刊出署名为"编者"的文章《编后余谈》,文中提到画报出版工作中遇到的一些困难,但未提及画报终刊事宜。画报创办之初,编辑发行所在广州西堤横马路门牌十六号至二十号二楼,从第7期开始,原社址因地方狭窄,不便办公,迁至广州西关下九马路荣光里新门牌四号[①](现广州市著名的上下九步行街附近),此后地址未变(图1-1-31)。

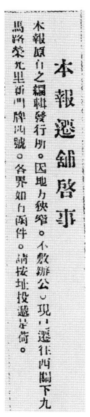

图1-1-31　报社迁址启事　《珠江星期画报》第7期

《珠江星期画报》在连续32期次的出版过程中,创办及经营人员时有变动,且随画报内容采写编排过程中遇到的困难和问题,出版周期也时有变化。画报第一任社长为梁焕民,最初核心办报成员有编辑人胡蝶魂、发行人陈洪畴、美术主任罗仲彭和督印人尹灵光(图1-1-32,图1-1-33)。

画报出版至第7期刊出画报重要启事:"陈洪畴君已于十月二十四日解除本

① 《珠江星期画报》第7期,第153页。

报发行人职务,以后陈君在外一切行动概与本报无涉,特此声明。"①画报第8期刊出信息,画报发行人由梁海山接任。由此,该报发行人由陈洪畴换为梁海山。接着,画报第14期又刊登报社人事变动信息:"尹君灵光现已解除本报职务,嗣后尹君在外一切行动概与本报无涉,特此郑重声明。"②同期,该报发行人由梁海山换为李一铁,不再设置督印人。

从第17期起,报社核心办报成员在原有的基础上进行了扩张,新增图画主任黄鼎苹和广告主任黄汉;从第21期起,新增摄影主任莫剑可和征求主任黄飞。但广告主任黄汉不久即离开,该报第24期刊出营业部启事:"本报广告主任黄汉君现已解除本报职务,嗣后黄君在外一切行动概与本报无涉,但黄君经手所登之告白各号,如欲继续刊登者,祈移玉至本报营业部面商或函知营业部,由本报派人前往接洽可也。"此后,尚未在该画报中找到新任广告主任人员信息。出版至第30期,首任社长梁焕民和首任编辑人胡蝶魂离开该报。

图1-1-32 《珠江星期画报》封面

① 《珠江星期画报》第7期,第139页。
② 《珠江星期画报》第14期,第300页。

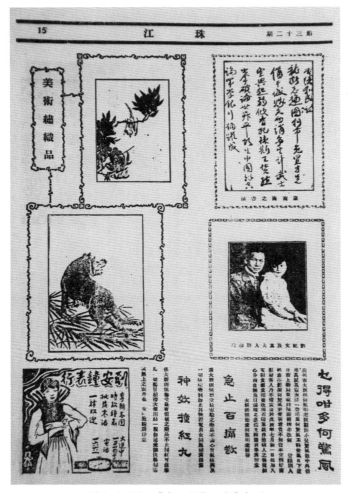

图1-1-33　《珠江星期画报》内页

　　《海珠星期画报》，英文名为"*HOI CHU PICTORIAL WEEKLY*"，1928年3月7日在广州创刊[①]，周刊，中华邮政特准挂号，并认定为新闻纸类邮件。编辑发行所在广州市第七甫八十七号。现存该画报第1至8期，均在1928年内出版，第8期于6月出版，除创刊号外，以后各期画报出版日期均不详。主要栏目有时事新闻、歌坛近况、梨园杂评、丹青妙笔、银灯幻影、百宝大库、风月闲谈等（图1-1-34，图1-1-35）。

　　该报编辑人罗达夫，发行人邬中正，征求部主任胡蝶魂，美术部主任李野屋、麦汉生，广告部主任黄晓云。在以上核心办报人中，以美术部主任李野屋的影响最大。李野屋号尘外、野仙、荒山，广东番禺人，为岭南画派画家、金石家，长于花鸟与山水画，作为以图像为特色的画报办报人恰能扬其所长。

――――――――――

　　①　《海珠星期画报》第1期，封三。

　　在核心办报人之外,该报特别设立撰述员,有李大醒、魏昙庵、卢博浪、余梦魂、邓太璞、梁侣卿、李健儿、张伦叔、戴叔廉、宋日安、陈仲筠、周侠民、郑又玄、梁泽之。以上画报同仁中,李大醒曾于1905年任香港《世界公益报》主笔(该报为香港同盟会员主编),后于1925年任香港《华侨日报》总编辑。同仁卢博浪曾于1908年与潘达微、陈树人、邓慕韩、李孟哲等人创办了同盟会在广州唯一的机关报《平民报》,鼓吹革命,又于1909年任同年6月22日创刊的《南越报》(日刊)编辑,同任本报编辑的还有苏棱讽、李孟哲和杨计白。另一同仁邓太璞为当时省港报刊的知名作者,曾于1935年在广州编撰出版《中国文学家一览表》一书,又于1937年在广州文社出版的《省港名家小说集》第一集发表过小说作品。

　　在传统的画报编写制作工作之外,当时画报办报人已将政治和法律意识纳入画报出版发行活动中,特设了法律顾问李铭志律师和张师尧律师,颇具现代报刊经营管理风格。

图1-1-34　《海珠星期画报》封面

图1-1-35　《海珠星期画报》内页

《开麦拉》，1928年创刊，龚之方任编辑，三日刊，上海出版，彩印，刊行半年多。刊电影照片及文字。

《民众画报》，1928年出1至5期，南京国立通俗教育馆编印。

《骆驼画报》，1928年3月4日创刊，三日刊，出1至60期。曾在1928年德国举办的世界报纸博览会上展出（图1-1-36）。

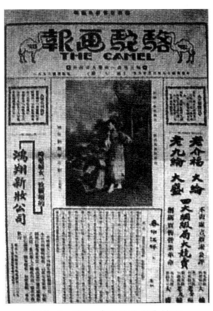

图1-1-36　《骆驼画报》封面

　　《美育杂志》，1928年1月创刊，李金发主编，商务印书馆创办。一度停刊，1937年1月在广州复刊，1期后停刊。

　　《蜀镜画报》，1928年2月19日创刊，周刊，至1929年2月3日出1至48期，成都蜀镜画报社出版，8开2页，土白纸石印。先由成都维新印刷局代印，后由成都能伦石印社编印发行，地址在成都中山公园内（现人民公园）。该画报宣称"维持风化的、挽救人心的、提倡美术的、研究书画的、尊重文艺的、有益娱乐的"稿件，他们都接受。主要内容为四川成都的民风、民俗、市井百态，就像一面镜子，反映着社会芸芸众生的影像。此刊为工笔毛笔画，凡忠孝节义、时事、趣闻、山水皆入画，图文并茂。未刊风流色相画。该刊还提出这样的口号："好汉们呀！一劫人生再劫难，报应昭彰在眼前，趁早回头莫迟延，不犯国法不怕官。""不怕官"也是虚话，该报对当时四川的军阀以及民国军政人物，皆绘图画影，刊于各期画报，措辞无有犯颜之处。

　　《香花画报》，1928年8月创刊于广州，张清泉编，香花画报馆编印，月刊，在香港、广州发行。1929年7月终刊。主要栏目有浪花、墨花、笔花、锁花月旦等，内容有影戏名伶照片、剧评作品、油画、国画、漫画、书法等。报名用中英文，封面的绘画为胡显生作（图1-1-37，图1-1-38）。

图1-1-37　《香花画报》封面

图1-1-38　《香花画报》内页

《图画京报》，根据目前看到的该刊残页中每周出版一期的规律推测，此刊应创办于1928年春，周刊，8开2张4版，前3版为宣传组画，最后1版为时事照片。随报附送，单卖每期铜圆8枚。现存残页有第8期（1928年5月20日出版）、第9期（1928年5月27日出版）、第10期（1928年6月3日出版）、第12期（1928年6月17日出版）、第13期（1928年6月24日出版），有多期被撕去头一页，期次不可知，还有28、31、33、34、35、43、45、50各期。最后的残页为《图画京报特刊》社会写真专号，刊期不可考。由画报名家梁鼎铭、梁中铭拍摄的劳苦人民社会照片16张，仍清晰可见。此刊在日寇制造济南惨案期间刊行，每期刊出许多宣传画，谴责日寇野蛮屠杀中国人民的暴行。

《中国画报》，1928年12月15日创刊于北京，主编俞梧生，周刊，每周六出版，北平东裱褙胡同66号中国画报社编，北平美华公司承印，8开4版，道林纸铜版印刷。特约撰稿人有王石之、王异君、蒋汉澄、孙之俊，法律顾问李宝纬。1929年5月停刊，共出版23期。

《一乙画刊》，1928年1月在上海刊行。

《少年画报》，1928年出1至7期，上海商务印书馆编印，周刊，是我国出版的少年画报中最好的一种，曾迁往香港出版，刊行较久。

《今代妇女》,1928年7月至1931年10月在上海刊行。

《绿叶画刊》,1928年10至11月刊行,天津河东中学绿叶花会编印。

《美美画报》,1928年8月18日创刊于北京,美美画报社编,主编陈中川,周刊,每周六出版,8开4版,道林纸印刷。该刊为艺术类刊物,图文并重,每期刊照片、绘画十五六张,主要内容为电影、娱乐、体育和讽刺漫画。编辑孙公昭、李翼安、马耕田,营业主任陈小泉,图画主任曹谦、阎铁岭,摄影主任程洁梅。停刊时间不详,现存21期。

该刊第1期(1928年8月18日出版)出版小言中说:"此为本画报创刊第一期,以编者之谫陋,欲使本报充数于当代美术著作之林,实觉惭愧。所望世之爱美诸君子,以充量之批评与指示,俾得逐渐改良,庶不负阅者雅意,近两日来(按:应为两年来),北平新发生之画报甚多。本报对于选材一事,特别注意于新颖、美好、真实三端。文字方面,亦多择其趣味……"在"编辑者言"中说:"爱好艺术的朋友们!我们明白艺术是大家的,《美美画报》是为提倡艺术的发达而设,因此我们了解该画报是属于我们大家,并非老板几个私人的,人人指导和扶植为当然……"从此刊1至20期所刊图文来看,此刊纯为娱乐性画报,每期一般均刊出外国电影男女明星、中外绘画、京剧剧照,也刊一些体育、风光照片。

《三六九画报》,1928年11月创刊,北京三六九画报社发行,三日刊,16开。先由朱青绅编,继由朱书绅编,再之由朱海鸣编。至1945年出32卷1至8期。抗日战争期间,该报附逆,抗日战争胜利后被审判惩处。

《艺林旬刊》,1928年1月1日创刊于北京,中国画学研究会办,十日刊,每月1日、11日、21日出版,8开4版,编辑周肇祥、金城、刘凌沧等。1929年12月出第72期后停刊。1930年1月复刊,改名为《艺林月刊》,刊期另起,并改为《艺林月刊》发行所发行,和记印书馆印刷,16开,1942年6月终刊,复刊后共出版118期。该刊属于艺术类刊物,图文并重,图片内容多为历代名人书画、金石碑刻、出土文物和古迹名胜摄影,文字方面则主要是画家新闻、画坛动态、诗词歌赋、游记等。

《北平画报》,1928年8月5日创刊,李乐天创办并主编,北平西城北平画报社编印,周刊,每周日出版,8开4版,道林纸铜版印刷。至1929年7月出至41期终刊。该刊是艺术类刊物,主要内容为娱乐新闻与时事政治,没有任何广告。

《丁丁画报》,1928年9月28日创刊于北京,耿钧创办,京城印刷局印刷,周刊,8开4版,道林纸铜版印刷。内容涉及书画、金石、摄影、戏剧、电影、音乐、文物等,主要宣传、研究艺术。法律顾问郑象山。停刊时间不详,现存1928年12月23日出版的第12期。

《新加坡画报》,1928年7月刊行,梅雨璨编,新加坡画报社出版,黄壁持发行，周刊。《北京画报》代售，每本售大洋2角5分，属于华人在外所办画报。至1931年3月出138期。

《日跃画报》，1928年8月5日创刊，原名为《新晨报副刊》，北晨报馆编印，4开4版。日跃即星期日，每逢此日出版，至1930年已出100期。1929年又出《北晨画报》，1924年再出《北晨画刊》，此二种后文分别详录。

《日跃画报》的编辑者言："我们这张画报总算开始了，蒙各界赐予的祝词、名作、鸿文等，本报实深感谢……我们计划的希望，是凡关于艺术及有时代性的新闻摄影片，每期刊登一两张，例如国画、西画、雕塑、建筑、戏剧、电影、舞蹈、金石、漫画、体育、艺术摄影等。关于文字及介绍文字，并每期专刊一小栏漫画……"1928年11月11日《日跃画报》又在《北京画报》160期广告中自诩："为新出各种画报中最有精彩者，为富有时代性的艺术文化宣传品，为各界新青年的读物。"

当时为该刊拍摄照片的除本报记者外，有张印泉、魏守忠、金哲悟、刘和君、施益庵等。但从100期画报中检阅，大量刊载的是书画，摄影刊载得不多，后期风光照片较多，新闻照片极少。其他照片如摄影艺术、人体摄影、人体画也刊出过，总体而言此刊还是严谨的。

《常识画报》，1928年11月12日创刊于天津。先为周刊，每周二出版，后改为半周刊，每周一、五出版，头二期各为8页，以后多为4页。该刊在第14期（1929

图1-1-39　《常识画报》封面

图1-1-40　《常识画报》内页

年1月21日)中自称:"灌输常识是为建设基础,中国唯一有组织之画报,文图辅解常识艺术化,新闻科学剧照无不新颖。"存1928年11月第1卷第1期至1929年1月第1卷第14期。该画报为文化艺术画刊,多登载中外文化、美学知识,介绍科学常识、中外美术、书画、摄影作品,人物介绍、书刊介绍、明星动态及照片等,并有以宣传美学为目的的《曲线美专刊》,该专刊以提倡强身健体、科学、美育、艺术为宗旨,用图画的形式辅解和应用美学、科学常识,向民众灌输常识。终刊时间不详(图1-1-39,图1-1-40)。

《国闻画报》,1928年2月创刊,上海国闻画报社编印,三日刊,8开2版,上海利国印刷厂代印。1928年8月出至60期。内容主要刊载新闻照片、小说、知识趣闻,广告甚多。1928年在德国举办的世界报纸博览会上展出。

《新南洋画报》,1928年出第11期。

《醒狮画报》,1928年出第7期。

《华北画报》,1928年1月创刊,北平华北画报社编印,周刊。至1929年10月出至96期。1928年还出副刊1至26期。

《天津华北画报》,1928年创刊于天津,天津华北画报社刊行,周刊,星期日出版,8开4版。1928年2月12日出第7期,1929年7月28日出第83期。存1928年5月第21期至1929年10月第96期。该画报属于电影娱乐画刊,多介绍外国

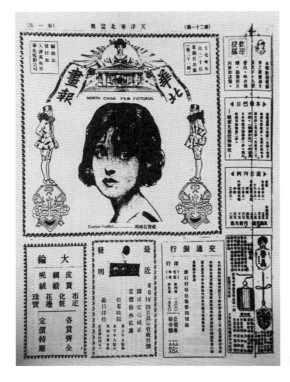

图1-1-41 《天津华北画报》封面

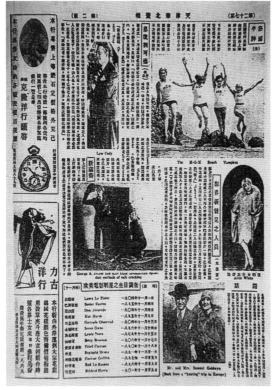

图1-1-42 《天津华北画报》内页

电影,内容有影坛新闻、电影常识、明星动态、趣闻、剧照、生活照及长篇小说连载等。附有《华北画报副刊》,刊登影讯、影评及与电影或艺术有关之文字。第7期封面为外国人像,四周为广告,第二至三版为外国电影明星照片,四版为电影院广告。以后各期的版面与内容大致与此相同。此画报实为电影海报。终刊时间不详(图1-1-41,图1-1-42)。

《霞光画报》,1928年6月9日创刊于北京,此刊为《北平晚报》副刊,社长阮余霞,主编萨空了、谭旦冏,周刊,每逢星期六出版,《北平晚报》负责发行。该报由北平绒线胡同179号霞光社印行,14开4版,道林纸铜锌版印刷方本。1929年3月30日出第42期后终刊。该刊是艺术类刊物,主要介绍北平民俗以及电影新闻。除正刊外,还不定期出增刊,并一再重印。

此刊以时事照片刊出最多,中外电影明星、舞星照片也常刊出,以中国的为多;每期刊头大多刊名门闺秀、影剧界名流照片。照片的拍摄者先期为本报记者和北京的同生、真光和天津的鼎章等几家著名的照相馆,稍后为孙连甲、魏守忠、李尧生、老诚、朱家麟、蒋汉澄等,以魏守忠拍摄的新闻照片为最多。

《中央画报》,1928年6月28日创刊,南京中国国民党中央宣传部编辑,周刊,4开4版,随日报附送,零售每份3分。至1928年9月10日出第15期。此刊的征稿启事说:"本刊为整理中国古代艺术起见,现拟征求关于中国艺术各种照片,不论绘画、建筑、器皿等,全体或部分,一律欢迎。"主要刊载中外绘画,中国及西方古建筑,对西湖艺术院活动也做了介绍,时事及风光照片每期刊五六张。

《中央画刊》,1928年8月5日创刊,南京中国国民党中央宣传部编辑发行,上海印刷,4开。内容主要反映孙中山领导的革命历史,图文并茂。创刊号封面及首页刊孙中山相片,还有"革命的血痕"、"气象一新北平"、"上海国货运动"等栏目,刊照片二十多张,美术摄影五张,分别为郎静山、胡伯翔、蔡仁抱拍摄。1928年9月1日出"五三惨案"专号,9月5日出第3期,至1931年出23期。现存1929年8月至1931年2月数期。

三、1929年创办的画刊

《民言画报》,1929年10月创刊于北平,民言日报社编,周刊。1930年9月终刊,共出48期。《民言画报》每周出版7种周刊,星期一戏剧、星期二国际、星期三漫画、星期四文艺、星期五电影、星期六社会、星期日家庭。此刊为周三画报,又名《星期三画刊》。内容有明星剧照、国画作品、社会漫画、女学生照片、美术摄影、人体摄影等,并均配有文字介绍。摄影者有魏守忠、徐苹萍、唐振绪(图1-1-43,图1-1-44)。

图 1-1-43　《民言画报》封面

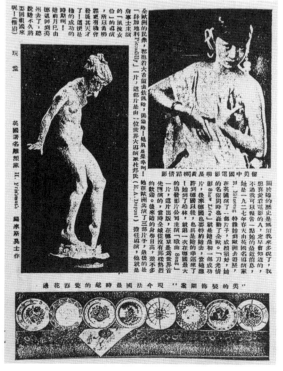

图 1-1-44　《民言画报》内页

　　《银幕舞台画报》,1929年2月15日创刊于天津,刘先礼创办,编辑有何怪石等,特约撰稿人有王庚生、连仲等。该刊原为10日刊,后改为周刊,汉文泰晤士报馆印刷,8开本4版,道林纸印刷。其主要内容是介绍电影、戏剧,刊登电影、戏剧的研究文章、评论文章以及演员传记和一些相关图片。具体终刊时间不详(图1-1-45,图1-1-46)。

图1-1-45　《银幕舞台画报》封面

图1-1-46　《银幕舞台画报》内页

《中央图画月刊》，1929年3月创刊，南京中央图画月刊编辑室编，在南京出版1至2期合刊。

《玲珑画报》，1929年6月28日创刊于天津，刘先礼从《银幕舞台画报》改组而来，周刊，每周五出版，8开4版，道林纸印刷。经理何泽生，协理刘子宜、张连仲，图画部主任胡定九，编辑杨山寿、王庚生、何怪石、陈阴佛、王直民等。该刊内容以介绍电影、戏剧、书画、治印、收藏为主。1930年4月终刊。1931年，上海也出过一种名为《玲珑》的图画杂志周刊，与此刊无关。

《沈水画报》，1929年创刊，东三省《民报》副刊，周刊，4开4版。1930年1月19日出第25期，1931年9月6日出第103期。常刊新闻照片（多为张学良的活动）、风光名胜、美术摄影，名画家吴昌硕、陈半丁等的绘画，京剧界名人的活动等，还有杨令佛写的小说连载。先期无广告，第67期（1930年12月7日出版）之后广告日增，文字评论渐多，绘画及新闻照片相应减少。第89期（1931年5月21日出版）介绍"全国唯一照相通讯机关——东北新闻影片社"，说该社"承摄印各种电影片，出租东北时事影片，供给东北新闻照片"，这个时期，全国各地报刊，确曾刊用过该社提供的不少新闻照片。

1931年"九·一八"事变后，日据东北，该刊曾一度停刊。1934年日本侵略者扶持溥仪登台，伪号"康德"，这一年3月16日出第109期，发行人为魏长信，编辑为日本人藤紫诰，说明此刊已被日本与伪满所控制。1934年10月1日出121期；第二年2月1日出129期，8月16日出142期，10月1日的刊号为4452期，从此编次已乱；第四年2月1日刊号为4918期。在此三四年间，常刊溥仪的表演及生平与生活、日本的风光，伪"满洲国"的建设等方面的照片及文字，关内的京剧表演家、名画家、电影演员的介绍文字及照片也常有刊载。1936年3月16日出的109期中说："本报复刊伊始，每月暂出两期，不日即可恢复四期，准于每月16日随报附送，凡订阅此报者，一概赠送，不另收费，特刊、增刊无定。"将近四年之后仍为每月2期，未达到"不日即可恢复四期"的目标。"九·一八"后，该刊所刊日寇伪满的所作所为都成了他们罪状、罪证的记录。

《生命与健康画报》，1929年出第9期，1930年仍在刊行，天津出版，旬刊，每期出一大张。

《幽兰旬刊》，1929年刊行。

《柯达画报》，1929年创刊于上海，上海柯达公司编印，4开4版，铜版纸印刷。画报为非卖品，每期邮寄给柯达摄影征求会会员。图文并茂，宣传柯达公司照相器材，画报一、四版，刊有柯达新闻，征求会简章，以及获奖的会员摄影作品；二、三版介绍柯达公司历史，柯达公司的相关产品，如相机、镜头、软片等，以及介绍柯达产品生产的各种工艺流程。1929年出第2期,共出7期终刊。

　　《大晶画报》,1929年3月21日创刊于上海,三日刊,4开本。同年3月24日出第2期。

　　《今代妇女》,1929年2月创刊,马国亮编,上海良友出版,月刊。1931年3月出第26期,10月仍在刊行。

　　《农业画报》,江苏省农业厅推广委员会编,1929年6月出第7期,9月出至18期。

　　《新民画报》,为沈阳《新民晚报》副刊,1929年3月31日创刊,乙之主编,周刊,逢星期日出版,12开4版。1931年9月17日出第123期,次日日寇侵占东北,终刊。

　　《中国学生》,1929年1月创刊,明跃五、赵家璧主编,8开,每月20日出版,上海良友图书公司发行,至1930年出至12期(图1-1-47)。

图1-1-47　《中国学生》第1期封面

　　《东北航空画报》,1929年刊行,东北航空画报社编刃。

　　《春明画报》,1929年4月3日创刊于北京,《成报》创办并编辑出版,周刊,每周日出版,8开本4版,铜版纸单色印刷。随《成报》附赠,甚少零售。该刊是综合性刊物,主要记载老北京风俗民生,极具地方特色。1930年3月30日终刊,共出版21期。

《银镫画报》,1929年3月2日创刊于天津,亚欧美术研究社投资创办,主编魔影,编辑有吴伟生、孔柏斯、孙梵、海棠楼主等,周刊,每周六出版,8开本4版,道林纸印刷,大公报美术印刷公司承印。主要内容是介绍电影动态和连载电影剧本,图片文字各占一半。终刊时间不详。

魔影在《创刊闲话》中说:"魔影的才力薄弱,经验缺乏,幸有友人吴伟生等君帮忙,始使《银镫》产生与诸君相见,但我们极愿意把本报的主权交与爱护本报诸君,所以本报任何方面有使诸君不满意的地方,随时可以指导,同仁是二十四分欢迎。"创刊号头版为外国电影明星照片,二、三版则刊出中外电影照片12张之多,且有文评说,四版则为广告。此刊偏重电影,故可称电影广告画报。

《文华》,1929年8月创刊,上海好友艺术社出版,上海文华美术图书公司印刷发行,8开本,每期50页,月刊,间有脱期。至1935年4月出1至54期,在54期中宣称自本期起革新,继续出版。绘画编辑梁鼎铭、梁雪清,文艺编辑赵苕狂,摄影编辑黄梅生(图1-1-48)。

该刊称:"要之本社以实事求是为原则,本宣扬艺术之宗旨,务使本报大众化、普遍化、崇尚化。尚希各界同好予以有力之赞助,本社同人有厚望焉。""本社之目的,在联合全国文艺家、美术家、摄影家为一战线,而齐向艺术之途进展。欢迎同志入社。兹将简章列下,幸垂察焉:一、凡绘西洋画国粹画、摄影、文艺、小说等具有一技一长,及能够表达名人作品者,即得为本社社员……"

该刊创刊号封面为美女画,第1页刊孙中山像及遗嘱,次页为本期目录,并刊出三编者头像。美术摄影及现代绘画共15幅,皆出自当时名家之手。还有下列栏目:《济南换防》,刊日本侵略军于1928年5月3日在济南制造"五三"惨案并盘踞济南一年之后撤出时照片9张;《海外珍闻》,刊新加坡海岸及博物馆照片3张;《国内珍闻》,刊时事照片7张;《马六甲筹赈游艺》,刊照片4张;《华侨消息》,刊出照片为胡汉民招待华侨代表后合影和马六甲侨胞悼念北伐阵亡将士、华侨巨商之子之婚礼共3张;《小剧场》,介绍革命艺术家梁又铭,刊出此人之肖像与传略,此人北伐时任职黄埔,随兄梁鼎铭担任画报编辑及总政治部艺术宣传委员(郭沫若任总政治部副主任)、党部农民画报编辑等职,并为京中《图画京报》作讽刺画;《体育消息》,刊出四大学生运动员合影照片5张;《艺术界》,刊出现代绘画8张,其中1张为外国名画;《女子的作品》,刊出女画家作品6幅。还有《小朋友》(儿童照5张)、《旁观的心理》(介绍张光宇夫妇)、《妇女目》(刊女画家,交际花5人照片)等三个栏目,各占1版或2版;《航空》(沪蓉通航)、《海军》两个栏目,共刊6张照片;《西贡游记》,刊出照片4张,并刊文字游记;《小舞台》,刊讽刺画6张;《本社社员之一部分》,刊出好友社社员23人之照片,戈公振、陆小曼皆榜上有名,另有图画,文艺特约选述72人名单;《电影界》刊中外女演员照片3张,并有文字介绍。44至50页刊文艺及后记,刊行征求社员的文章,还"征求外埠特约编辑员",目的为搜集海外名作及精品。此刊这些做法都是为扩大资源。特约撰稿人屠哲隐,还在此刊登征求劳工照片的启示:"鄙人现征求关于国内外工业及农业之劳工照片,来件请于每张背后注明何地何种照片,寄南京×××屠哲隐收。仅以鄙人之风光艺术作品,相当名酬,即资交换,复谢厚谊,此启。"屠哲隐为当时有名的摄影家,《文华》曾为他出过作品集,他为《文华》提供了不少照片。

从创刊号所刊国内政治、经济、军事、文化、教育、妇幼等封面的图文来看,这一画报办得极有声有色。以后每期内容,各有侧重,日寇侵占东北、"一·二八"进攻上海、进犯热河,此刊都刊载了大量照片,并出了专集,揭露暴日之罪行。其中有些照片是该报特派摄影记者拍摄的。

图1-1-48 《文华》封面

《影报》，1929年7月13日创刊，上海职业编译广告公司出版，周刊，4开4版，逢星期六出版，介绍外国电影及刊登上海各电影院放映广告。1929年9月21日出第21期。另有一种名为《影报画刊》亦为上海职业编译广告公司出版，只是刊期不同，1929年8月25日出第13期（英文标注为10月6日出版），其版式与内容都与《影报》相同。

《时代画报》，1929年10月10日创刊，初为半月刊，1936年改为月刊，由张光宇、邵洵美、叶浅予合组的时代图书公司的时代画报杂志社出版，上海中国美术刊行社总发行。张光宇、叶浅予、叶灵凤、梁得所等先后任编辑主任。1937年冬终刊，共出版118期。第4期与《上海漫画》合并，简称《时代》，由月刊改为半月刊；2卷7期改名《时代》图画半月刊；1936年梁得所接编后，由半月刊改为月刊（图1-1-49，图1-1-50）。

发刊词《时代的使命》一文中写道："宇宙的巨轮，循着它铁一样的定律，一刻不停地转变，昨日骄视一切的花儿，今天已被人篡夺了王位……为了弥补这莫大的缺陷，我们才创设了这《时代画报》……"在《寄给读者的话》中说："本报虽然特约不少摄影家和文艺家，供给着最新颖的材料，但是一方面也很欢迎读者们来帮助着。"又说："本报注重的图画稿，是含有艺术性与疗养性的照片，及一切富于意趣的绘画。"

该画报刊载时事照片很多。国内时事照片，每期都有刊出。陶行知的乡村教育、鲁迅先生逝世、萧伯纳来华、冯玉祥被迫下野在泰山读书等都有报道。文教、体育、妇女儿童的照片也很多。各个摄影艺术团体，如华社、黑白社历届影展作品和著名摄影家的摄影艺术作品也常刊载。为画报提供时事新闻和各种内容照片的有通讯社、新闻摄影社、电影场等十余家，个人提供照片的有王小亭、沈逸千、伍千里、郑用之、倪焕章、黄仲长、金石声等。戈公振寄回很多国际时事照片，有不少是介绍苏联的。叶浅予的滑稽画《王先生》，从1卷4期起连载，每期刊一组，每组八九幅，至1935年4月，共刊出77组，后单出了《王先生》专集3册。

此刊编者变动频繁，最初为张光宇、叶灵凤，第2期就增加张振宇、叶浅予，以后常有增减，多达7人，少则2人，出至8卷，编辑只剩张大任一人。时代图画公司原为张光宇、邵洵美、叶浅予等合组，年来因国内经济衰落，沪上出版业大受打击，时代公司营业不振，亏累甚巨，出现了邵脱离、叶北游之事，使得时代的正常编辑与继续出版都难以维持，但还是苦心经营，支撑了近八年。1936年，梁得所接编后，重整旗鼓，《时代》又以新的面目出现，成了一份很受社会重视和读者欢迎的画报，但仅出了6期，就因抗日战争爆发停刊了。这也是《时代》半月刊的一段艰难历程。

图1-1-49　《时代画报》第1期封面

图1-1-50　《时代》1933
年1月1日第3卷第9期内
页

　　该页有暨南影片公司
摄影记者三人的照片及其
赴东北前线拍摄的照片,可
惜记者之一李汉中不幸饮
弹身亡

　　《华北画刊》，1929年1月创刊，周刊，华北日报社编印。至1930年3月出至60期，1931年10月出104期。曾出版"上海新闻界视察西北灾情写真专刊"，刊照片7张（图1-1-51）。

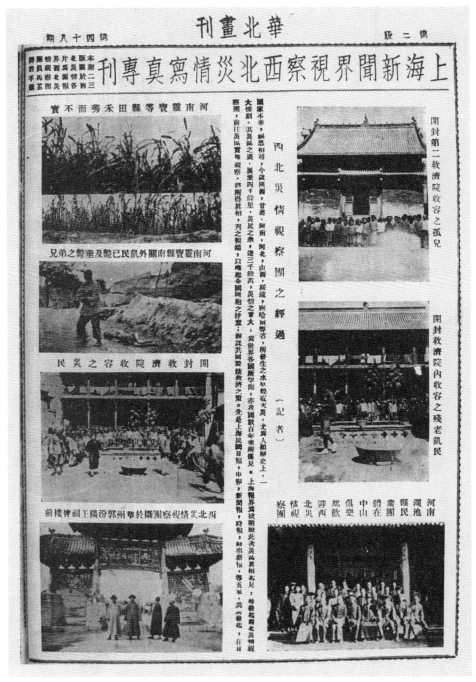

图1-1-51　上海新闻界视察西北灾情写真专刊　《华北画报》第48期

《新京画报》，1929年12月1日创刊，4开4版，随报附送。此刊的绘画、摄影几乎全为《图画京报》的人马。《发刊词》说："本报今天发刊了，在编者很愿意做这个做饭的人，竭尽我们的智能，运用我们的笔尖，把社会一切的一切描写出来，与阅者共同把污浊的社会大大的洗涤一下，由昏暗推移到光明路上去！不过我们深深的盼望阅者时加以指导和协助！"

创刊号仅刊南京夏利生照片馆摄赠的《首都公开运动会》照片3张，第4版刊外国电影照片2张，菊花照片5张。

《安琪儿图画周刊》，北平安琪儿社编印，1929年至1930年出1至44期。自41期改为月刊。战后1946年10月至1947年又出1至18期。在武汉出有《安琪儿》画报一种。

《学报》，1929年1月27日出第3期，在上海出版。

《环球》，上海环球学生会编印，1929年5月刊行。

《皇后画报》，1929年5月18日创刊，上海建国印务公司代印，8开本。刊载风光名胜、名媛仕女、戏剧界人物，广告。

《华芳》，周刊，1929年出第3期，鼓吹反对旧礼教。

《新闻画报》，1929年3月出第4期，在上海出版，8开。

《宇宙画报》，1929年12月7日创刊于上海，8开。

《图画周刊》，戈公振创办，上海申报馆出版，1929年刊行。

余　论

还有一些画刊暂时无法查到确切的创办时间、地点等基本信息，根据仅有的一些零散信息，目前只能大致判定为该时期创办，具体出版信息尚待进一步考证。

《战事新闻画报》，国民革命军总政治部（主任邓演达、副主任郭沫若）编辑，周刊，具体创刊时间不详，1927年仍在刊行。

《中国摄影学会画报》，简称《摄影画报》，大致创刊于1925年，中国摄影学会创办，林泽苍编辑，上海摄影画报社出版，周刊，后为半月刊，初为报纸式，后改书本式。存1929年第4卷第196期至1937年第13卷第17期。该刊以纯正高尚为宗旨，刊登摄影研究专栏，新闻、艺术、人物、风景等摄影作品及一些文艺作品，文字翔实有趣，照片新颖精美。终刊时间不详。

《镜报》，具体创办时间不详，在汉口出版，至1929年已刊行至第100期。

《每周画报》，浙江出版，1928年至1929年出13至46期。

　　《中国画报》，天津商报馆北平分馆编印，1928 年至 1929 年间刊行，旬刊，至
1929 年底已出至第 23 期。

　　《天津画报》，具体创刊时间不详，约在 1925 年前，日刊。存 1925 年 2 月第
1276 期至 1925 年 5 月第 1370 期。该刊是图文并茂的通俗画报，内容为以图说形
式反映当时社会生活及市井民情，并有社会小说连载。终刊时间不详（图 1-1-
52，图 1-1-53）。

图 1-1-52　《天津画报》封面

图1-1-53　《天津画报》内页

《京报副刊》，北京《京报》出版编印。北京《京报》由邵飘萍于1918年10月5日创办，刊行至1924年12月。创刊号上有孙中山在北上途中拍摄的照片一张，是孙中山亲笔题字赠送《京报》的，《京报图画周刊》以醒目的标题"全国最景仰的孙中山先生"刊出。孙中山逝世，该刊连续刊出了孙中山的大量照片。

《京报副刊》到1926年3月已出至456期，1926年邵飘萍被北洋军阀杀害，此刊一度中断，延至1929年1月31日改名为《京报图画周刊》。这是北方出版较早、刊行期较久、办得最好的画报之一，从复刊第1期至1931年10月18日出117

期,1936年6月出358期,由北平图画周刊社出版。复刊后,每期4开4版,前3版多为绘画及艺术作品,第4版为时事照片,后期所刊照片逐渐增多。复刊号上刊出邵逸轩绘的《虎头》图,注明为专利商标。画报已开始有商标,即使不是首创,也属较为少见。该刊标榜为教育性画报,兼顾知识与兴趣,实则对政治时事、经济、文化、艺术、民俗、国际时事新闻都有所涉及。

第二章
1919年图像新闻概述
——新文化运动及"五四"运动

　　虽然推翻两千多年封建统治的中华民国在1912年从国家形制上就已经完成,但在思想和文化上,初期的中华民国并没有能够走进现代社会。即将改变中国社会面貌的事情在一件件地发生,即将改变中国社会的思想也在快速地孕育,1919年是风起云涌的一年,是改变中国社会性质的一年,因此,1919年也成了中国现代历史上里程碑式的一年。这期间,中国发生了许多日后中国现代史上的重要事件。一石以蔽之:一战获胜,赞美公理;巴黎和会,中国落败;"五四"游行,举国呐喊;文化运动,润物无声。

第一节　1919年前的社会图景

一、中国参战,未发一卒

1.一战四年生灵涂炭

　　1914年6月,第一次世界大战爆发。以德国和奥匈帝国为主的同盟国,以英国、法国、俄国为核心的协约国,基于各自利害关系,列阵厮杀。一战席卷欧洲、非洲和亚洲,于1918年11月11日协约国战胜同盟国告终。

2.中国出兵参战未果

　　中国政府于1914年8月6日宣布中立,1917年8月14日在协约国敦促下对德、奥宣战。向欧洲战场西线派出远征军先遣队,检阅准备参战的部队(图1-2-1),成立战俘收容所(图1-2-2),中国为参加第一次世界大战制造了很大的声势(图1-2-3)。

图1-2-1　1917年8月14日,北京政府对德、奥两国宣战,准备参战的中国部队在北京受阅①

图1-2-2　北京政府在京师海淀设立战俘收容所②

① 丁守和:《"五四"图史》,沈阳:辽海出版社,1999年,第75页。
② 程栋等:《图文20世纪中国史》第2卷(1910~1919),广州:广东旅游出版社,1999年,第552页。

图1-2-3　一战期间在欧洲战场采访的中国学生与盟国军官合影[1]

二、欢庆胜利,盛大阅兵

1.民众游行庆贺

突如其来的胜利,激荡着鸦片战争以降对外没有胜战纪录的中国人。1918年11月14~16日及28~30日,北京举行了规模宏大的庆祝活动。

中华门前搭起了彩牌楼,紫禁城的午门、太和门前悬挂着巨幅的五色旗(图1-2-4~图1-2-6)。"京中各校十一月十四、十五、十六放假三天,庆祝协约国战胜;旌旗满街,电彩照耀,鼓乐喧阗,好不热闹;东交民巷以及天安门左近,游人拥挤不堪",万民欢愉。

---

① 程栋等:《图文20世纪中国史》第2卷(1910~1919).广州:广东旅游出版社,1999年,第568页。

图1-2-4　1918年11月13日,中华门前庆典彩牌楼①

图1-2-5　午门前悬挂着巨幅的五色旗②

————————————

① 《罕见老照片:一战胜利后紫禁城阅兵盛大场景(组图)》,加拿大华人网2014-01-
31,http://www.sinonet.org/news/military/2014-01-31/315655.html。

② 《罕见老照片:一战胜利后紫禁城阅兵盛大场景(组图)》,加拿大华人网2014-01-
31,http://www.sinonet.org/news/military/2014-01-31/315655.html。

图1-2-6　太和门前悬挂着巨幅的五色旗①

青年学生、童子军、基督教青年会等组织了庆祝游行,行进在长安街、东单的人们举着"公理战胜"、"当仁不让"、"MILITARISM MUST GO"等标语（图1-2-7~图1-2-11）。

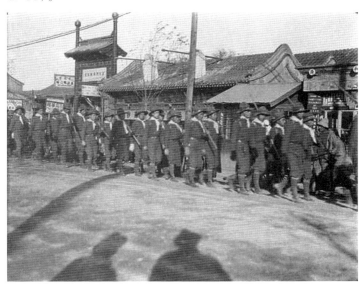

图1-2-7　1918年11月14日,童子军的游行队伍②

①　《罕见老照片:一战胜利后紫禁城阅兵盛大场景（组图）》,加拿大华人网2014-01-31,http://www.sinonet.org/news/military/2014-01-31/315655.html。
②　《罕见老照片:一战胜利后紫禁城阅兵盛大场景（组图）》,加拿大华人网2014-01-31,http://www.sinonet.org/news/military/2014-01-31/315655.html。

图1-2-8　1918年11月14日,参加游行的学生军乐队①

图1-2-9　1918年11月14日,警校学生的游行队伍②

———————————
　①　《罕见老照片:一战胜利后紫禁城阅兵盛大场景(组图)》,加拿大华人网2014-01-
31,http://www.sinonet.org/news/military/2014-01-31/315655.html。
　②　《罕见老照片:一战胜利后紫禁城阅兵盛大场景(组图)》,加拿大华人网2014-01-
31,http://www.sinonet.org/news/military/2014-01-31/315655.html。

图1-2-10 1918年11月14日,基督教青年会学生的游行队伍①

图1-2-11 1918年11月14日,基督教青年会学生的游行队伍②

① 《罕见老照片:一战胜利后紫禁城阅兵盛大场景(组图)》,http://www.sinonet.org/news/military/2014-01-31/315655.html。

② 《罕见老照片:一战胜利后紫禁城阅兵盛大场景(组图)》,http://www.sinonet.org/news/military/2014-01-31/315655.html。

2.盛大阅兵庆贺

11月28日（美国、加拿大的感恩节），北京政府在紫禁城太和殿前广场，举行盛大阅兵式，庆祝第一次世界大战的胜利（图1-2-12~图1-2-17）。

图1-2-12　1918年11月28日，大总统徐世昌在太和殿致辞①

图1-2-13　1918年11月28日在故宫太和殿前举行的一战胜利阅兵庆典②

---

① 　程栋等：《图文20世纪中国史》第2卷（1910~1919），广州：广东旅游出版社，1999年，第589页。

② 　程栋等：《图文20世纪中国史》第2卷（1910~1919），广州：广东旅游出版社，1999年，第589页。

图1-2-14　1918年11月28日在故宫太和殿前举行的一战胜利阅兵庆典[1]

图1-2-15　1918年11月28日在故宫太和殿前举行的一战胜利阅兵庆典[2]

① 刘香成:《壹玖壹壹——从鸦片战争到军阀混战的百年影像史》,北京:世界图书出版公司,2011年,第380页。
② 吴芳思:《被出卖与被背叛:中国与一战》,《东方早报》2014年4月13日。

图1-2-16　参加故宫太和殿一战胜利阅兵庆典的英军①

图1-2-17　中国跻身战胜国行列②

---

① 《一战胜利庆祝大会》,《文史参考》2011年第4期。
② 《一战胜利庆祝大会》,《文史参考》2011年第4期。

　　当时还是北京大学学生的张国焘回忆说:欧战结束,中国似乎也是一个对德宣战的战胜国。当时各战胜国大使宣传说这是公理战胜强权。北京也在庆祝战争胜利,并将克林德碑拆毁,移置中央公园,改为"公理战胜碑"。中国曾参加这一庆祝大会和奠基典礼,也曾为之兴奋。"强权即公理"的现实,似乎开始有了些修正,中国将因此有转弱为强的机会。[①]乐观的人撰文说此举可使中国"稍挽百十年国际上之失败","今后中国之风头,将逐影而上,能与英、法、美诸强并驾齐驱耳"[②]。

　　李大钊冷静地说:"我们这些和世界变局没有很大关系似的国民,也得强颜取媚:拿人家的欢笑当自己的欢笑,把人家的光荣做自己的光荣。学界举行提灯,政界举行庆典。参战年余未出一兵的将军,也去阅兵,威风凛凛地耀武。著《欧洲战役史论》主张德国必胜后又主张对德宣战的政客,也来登报,替自己作政治活动的广告。一面归咎于人,一面自己掠功。像我们这种世界上的八百姓,也只得跟着人家凑一凑热闹,祝一祝胜利,喊一喊万岁。这就是几日来北京域内庆祝联军胜利的光景。"[③]

三、拆毁克碑,褒奖公理

1.克林德牌坊

　　牌坊是中国传统社会为表彰功勋、科第、德政、忠孝节义及昭示家族先人美德伟绩所立的建筑物。清末北京即有一座纪念德国驻华公使克林德的牌坊(图1-2-18)。

图1-2-18　克林德,德国驻华公使[④]

---

　　①　张国焘:《我的回忆(上)》,北京:东方出版社,2004年,第45页。
　　②　迁生:《告梁启超》,1919年1月5日《民国日报》,转引自张宪文等:《中华民国史》(第一卷),南京:南京大学出版社,2006年,第284页。
　　③　李大钊:《BOLSHEVISM的胜利》,《新青年》第5卷第5号(1918年)影印本,上海:上海书店,1988年,第442页。
　　④　丁守和:《"五四"图史》,沈阳:辽海出版社,1999年,第76页。

　　《辛丑条约》的第一款，是关于德国驻华公使克林德1900年义和团事件遇害一事的善后，条约写道："大德国钦差男爵大臣克林德被戕害一事，前于西历本年六月初九日，即中历四月二十三日，奉谕旨钦派醇亲王载沣为头等专使大臣，赴大德国大皇帝前，代表大清国大皇帝暨国家惋惜之意。""大清国国家业已声明，在遇害处所竖立铭志之碑，与克大臣品位相配，列叙大清国大皇帝惋惜凶事之旨，以拉丁、德、汉各文。"

　　光绪皇帝的弟弟醇亲王载沣，被慈禧和皇帝哥哥任命为赴德国致歉的"头等专使大臣"。1901年7月12日上午，载沣从北京永定门启程，经上海、香港，前往德国。9月4日中午，载沣来到德国皇宫，向威廉二世行三鞠躬礼，递呈国书，宣读致辞，然后返回国内（图1-2-19，图1-2-20）。

图1-2-19　载沣赴德途中，上海南京路，1901年7月①

① 廖代茂、杨会国：《中华百年祭：1840～1945外交图文档案》，重庆：重庆出版社，2006年，第32页。

图1-2-20　载沣(坐者)赴德途中,副都统昌荫(左5),大学士张翼(右4),香港,1901年[1]

　　1901年6月25日动工修建的克林德纪念牌坊于1903年1月8日竣工。10天后,专程赴德赔罪的醇亲王载沣,又奉命出席克林德纪念牌坊落成典礼,代表清廷致祭(图1-2-21)。

---

　　① 刘香成:《壹玖壹壹——从鸦片战争到军阀混战的百年影像史》,北京:世界图书出版公司北京公司,2011年,第236页。

图1-2-21   清朝官员出席在东单路口为克林德牌坊举行的落成典礼,1903年1月18日①

　　坐落在东单牌楼北、西总布胡同西口的克林德纪念牌坊,形制为中国传统的
四柱三间七楼式,宽约4.7丈,高约2丈,东西横跨东单北大街。牌坊的三块坊心
石上,使用德文、拉丁文、汉文3种文字镌刻光绪皇帝的谕旨:"德国公使克林德
驻华以来,办理交涉,朕深倚任。乃光绪二十六年六月,拳匪作乱,该使臣于是月
遇害,朕深悼焉。因于死事地方敕建石坊,以彰令名,并以表朕旌善恶恶之意,凡
我臣民,其惩前毖后,勿忘朕命。"②(图1-2-22)

图1-2-22   外国人使用的以克林德牌坊为场景的明信片③

　　①　邓超超:《"克林德碑"前世今生》,《北京日报》2014年04月29日。
　　②　《遍历中山先生的旧迹(二)》,《台声》2007年第3期;王铭珍:《北京牌楼趣话》,《北京
档案》2007年第9期。
　　③　《克林德牌坊》,http://blog.sina.com.cn/s/blog_a404f6dd01019pwx.html。

2.改建公理坊

1918年11月13日,被胜利激情点燃的北京人,拆毁了象征耻辱的克林德牌坊 (图1-2-23,图1-2-24)。

图1-2-23　北京市民拆毁象征耻辱的克林德牌坊①

图1-2-24　北京市民拆毁象征耻辱的克林德牌坊②

① 邓超超:《"克林德碑"前世今生》,《北京日报》2014年04月29日。
② 邓超超:《"克林德碑"前世今生》,《北京日报》2014年04月29日。

拆毁后堆放在东单北大街的克林德纪念牌坊的散件，被运至中央公园（1928年改称中山公园），重新组装竖立。依照一战胜利后协约国的宣传口号"公理战胜，强权失败"，将牌坊改名为"公理战胜坊"，以此纪念一战的胜利。石牌坊构件拆毁时遭损坏及遗失，移址重建的牌坊比原牌坊少了四个"楼"，只有四柱三间三楼。牌坊正面匾额镌刻"公理战胜"四个汉字及移建年月，背面使用拉丁文和德文刻写（图1-2-25）。

图1-2-25　由克林德牌坊改建的公理战胜牌坊①

陈独秀为北京《每周评论》撰写发刊词，指出："自从德国打了败仗，'公理战胜强权'，这句话几乎成了人人的口头禅。""美国大总统威尔逊屡次的演说，都是光明正大，可算得现在世界上第一个好人。他说的话很多，其中顶要紧的是两主义，第一不许各国拿强权来侵害他们的平等自由，第二不许各国政府拿强权来侵害百姓的平等自由。这两个主义，不正是讲公理不讲强权吗？""只希望以后强权不战胜公理，便是人类万岁！"②

1953年，公理战胜牌坊根据在北京举行的亚洲及太平洋区域和平会议的决定，改名为保卫和平坊，以表达与会国家广大人民反对侵略战争、保卫世界和平的愿望（图1-2-26）。

---

①　程栋等：《图文20世纪中国史》第2卷（1910~1919），广州：广东旅游出版社，1999年，第590页。

②　《每周评论》1918年12月22日，转引自彭明：《中国现代史资料选编》第一册，北京：中国人民大学出版社，1987年，第116页。

图1-2-26　保卫和平坊①

四、神圣劳工，争得尊严

1. 以工代兵的"参战"

中国跻身于战胜国之列并非浪得虚名。中国虽未向一战投入一兵一卒，却有大量的劳工在欧洲战场以工代兵、以铲代枪地"参战"。北京政府同意协约国各方（英法俄）从中国招募青壮劳工，以弥补英国和法国日益严重的兵力和劳力的缺乏（图1-2-27）。

中国的河北、天津、山东、江苏、河南、安徽、浙江、福建、广东、湖北、广西等十多个省、市的劳工，远渡重洋奔赴欧洲，去往英国、法国、比利时、俄罗斯。首批受雇于法国的中国劳工团队在1916年8月来到法国。1917年2月24日，一艘中国劳工赴欧搭乘的邮轮遭到德国潜水艇的袭击，543名中国劳工全部葬身大海。

①　《从"克林德碑"到"保卫和平"——一座牌坊的前世今生》，http://www.bjry.com/news/html/2015/01/201512231671.html。

图1-2-27 一战中国劳工赴欧之前集合受训[1]

协约国招募中国劳工的数量、输出国与输入国的资料都不健全，难以细考。1916年至1920年间，法国政府和英国政府雇佣了14万到15万中国劳工。研究者发现，尽管劳工行列中混有学生、失业的低级公务员及在中国旧科举考试（1905年被废除）体系中获得低等功名的人，但中国劳工的大部分还是来自贫穷的农民家庭，特别是来自山东农村的贫困家庭（图1-2-28）[2]。

中国赴俄一战劳工数量，几种说法相当悬殊。苏联人诺沃格鲁茨基等人的调查认为不下20万。《黑龙江省志·侨务志》载：俄国十月革命爆发时，在俄国做工的华工约有六七十万人。《山东省志·侨务志》载：一战期间在俄国的华工共50万人。[3]

图1-2-28 即将登船赴欧的一战中国劳工，背负着不大的行囊[4]

---

[1] 丁守和：《"五四"图史》，沈阳：辽海出版社，1999年，第75页。

[2] 多米尼克·马亚尔：《第一次世界大战期间在法国的中国劳工》，曲辰译，《国际观察》2009年第2期。

[3] 李占才：《欧战华工血泪史》，《文史天地》2011年第10期。

[4] 张艾弓、窦丰昌：《一场迟到90年的祭奠》，《广州日报》2008年11月12日。

　　约瑟夫·德·瓦利古尔说:"性格温和的华工们,穿着棉袄,腿上系着绑腿,戴着小圆帽和皮耳套,这些外来者的气色非常差。他们的工具引起了大家的好奇和诧异。主要就是些竹竿,竹竿上挂着货物由两个人挑着,米袋、梁木、木板和其他货物在竹竿中间摇晃着……纪律非常的严格。"(图1-2-29~图1-2-31)[1]

图1-2-29　身背肩挑个人生活用品的一战中国劳工[1]

图1-2-30　一战中的中国劳工(一)[2]

---

　　[1]　多米尼克·马亚尔:《第一次世界大战期间在法国的中国劳工》,曲辰译,《国际观察》2009年第2期。
　　[2]　缪易林:《"一战"中的中国劳工》,《羊城晚报》2013年11月25日。
　　[3]　缪易林:《"一战"中的中国劳工》,《羊城晚报》2013年11月25日。

图1-2-31　一战中的中国劳工(二)[1]

　　被称为苦力(coolie)的中国劳工，从原则上讲，不被看作"战斗人员"，不应参与"军事活动"。英军指挥他们"干着清除道路、修筑工事营房、装卸船只、制造枪弹、在野战医院救护伤员，甚至掩埋阵亡士兵和扫雷等又脏又累的工作"。在法军的指挥下，他们的"工作五花八门，或在靠近前线的军工厂工作，或在后方的农场种地，在煤矿挖煤"[2]。特别是在中国向德国宣战后，中国劳工开始在前线挖掘尸体以便日后把他们埋入军人公墓，向前线运送弹药，甚至留在了法军和英军的战壕中修缮掩体，维护机枪阵地(图1-2-32~图1-2-34)。[3]

　　中国劳工的待遇也非常低下。原先承诺中国劳工每天的5法郎薪金，只有前线法国士兵每日10法郎的一半，扣除伙食费、住宿费、置装费和医疗保险费后，还剩2.5法郎。[4]

---

①　缪易林：《"一战"中的中国劳工》，《羊城晚报》2013年11月25日。

②　张艾弓、窦丰昌：《一场迟到90年的祭奠》，《广州日报》2008年11月12日。

③　多米尼克·马亚尔：《第一次世界大战期间在法国的中国劳工》，曲辰译，《国际观察》2009年第2期。

④　张艾弓、窦丰昌：《一场迟到90年的祭奠》，《广州日报》2008年11月12日。

图1-2-32 肩扛炮弹的一战中国劳工①

图1-2-33 伫立于大口径炮弹垛墙间的中国劳工②

_____

① 郑涛:《一战中的中国劳工》,《羊城晚报》2010年7月19日。
② 缪易林:《"一战"中的中国劳工》,《羊城晚报》2013年1月25日。

图1-2-34   在西线修筑铁路的一战中国劳工①

部分一战中国劳工走进了工厂。"从布雷斯特（Brest）到马赛（Marseille），不管是在国有兵工厂中还是在冶金、化工、建筑行业的私营企业中，都有中国劳工的身影。中国劳工有的受雇于重工业企业，例如施奈德（Schneider）公司，有的受雇于汽车公司，例如雷诺（Renault）公司。"（图1-2-35，图1-2-36）②

图1-2-35   一战期间在欧洲工厂劳动的中国劳工③

---

①   缪易林：《"一战"中的中国劳工》，《羊城晚报》2013年11月25日。

②   多米尼克·马亚尔：《第一次世界大战期间在法国的中国劳工》，曲辰译，《国际观察》2009年第2期。

③   肖天亮：《中国为什么要参加一战？》，《参考消息》2014年7月7日，第十三版。

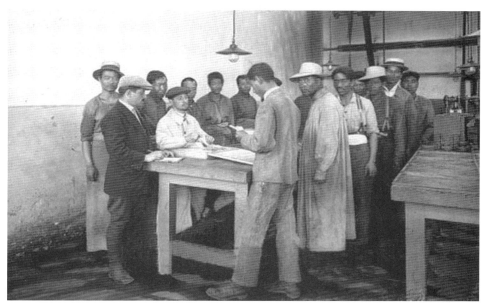

图1-2-36　一战期间在法国WAR.RV-461072厂的中国劳工领取工资[1]

数十万中国劳工,以自己特有的方式襄助协约国获得一战的胜利。协约国联军总司令、法军元帅福熙感慨:"华工是世界一流的工人!"[2]北京大学校长蔡元培亦高呼:"劳工神圣!劳工万岁!"(图1-2-37)

图1-2-37　蔡元培手书"劳工神圣"[3]

① 李远江:《"五四"运动九十年:巴黎和会出卖了中国》,《国家历史》2009年3月。
② 张杰:《铭记那些一战中的中国劳工》,《人民日报》2014年5月29日。
③ 《新青年》第5卷第5号影印本,上海:上海书店,1988年。

发起中国乡村建设运动的晏阳初深有感触地说："（中国参加巴黎和会）不是外交家的辞令换来的，而是被中国人轻视被外国人践踏的苦力争来的。"①

2.一战中国劳工墓地

欧洲战场上的中国劳工，在艰苦的劳作中累死或病死，在德军的轰炸中遇难，死亡或失踪人数以万计。"仅在英国有名有姓的死亡者就达9900人，在俄国的死亡者也在两万人以上。"②

位于法国西北部努瓦耶勒市的"诺莱特"华工墓园，是欧洲最大的华工墓园。842位为一战捐躯的华工在此长眠。③墓碑的正面，用中文和法文刻写着亡者的姓名、籍贯及"虽死犹生"、"勇往直前"、"鞠躬尽瘁"、"流芳百世"、"万世流芳"等文字。一圈低矮的墙垣围绕着的墓地，生长着为数不多的雪松、蕨类植物和绿草（图1-2-38~图1-2-40）。

图1-2-38　法国西北部努瓦耶勒市的"诺莱特"华工墓园④

---

① 李占才：《欧战华工血泪史》，《文史天地》2011年第10期。

② 李占才：《欧战华工血泪史》，《文史天地》2011年第10期。

③ 《走进欧洲最大的华工墓园》，苏州新闻网2013-04-07。

④ 廖先旺：《旅法侨学界清明公祭一战华工》，http://www.sogou.com/link?url=DSOYnZeCC_p9BekECCm2_7X2dg0f8GDSVpnKABtxwHGScYLglvd2y4LR7vTRZ0pZ　－reaVHN88tHY.&query 。

图1-2-39 法国努瓦耶勒市"诺莱特"华工墓园的华工墓碑,2013年4月4日①

图1-2-40 法国努瓦耶勒市"诺莱特"华工墓园的华工墓碑,2013年4月4日②

---

① 高静:《走进欧洲最大的华工墓园》,新华网,http://news.xinhuanet.com/world/2013-04/06。

② 高静:《走进欧洲最大的华工墓园》,新华网,http://news.xinhuanet.com/world/2013-04/06。

　　对一战中国劳工的祭奠和他们应该获得的尊重，姗姗来迟。1925年4月2日，旅法华工总会呈文法国政府，要求给为法国捐躯的华工建立特别墓地、竖立华工纪念碑、抚恤死难家属，未获回音。

　　纪念一战七十周年，法国政府在巴黎里昂火车站附近设立华工纪念铜牌，为健在的两名老华工举行授勋仪式。纪念一战八十周年，法国政府在巴黎13区华人社区博德里古公园立碑，纪念在一战中为法捐躯的中国劳工和战士。纪念一战九十周年，法国政府国务秘书博克尔在为一战华工举行纪念仪式的致辞中说：14万中国劳工在艰苦的条件下，不畏艰难，为法国的自由与独立做了不可磨灭的贡献与牺牲。战后在凡尔赛举行的巴黎和会及其后签署的《凡尔赛条约》，西方列强屈从于日本的压力，将德国战前在山东的一切特权转交给日本，这是不公正的，在损害中国权益的同时，令中国民众极度失望，也对西方在中国的形象造成极大伤害。①纪念一战100周年，在法国巴黎凯旋门举行仪式，隆重纪念第一次世界大战中牺牲在欧洲的中国劳工，中国驻法国大使馆领事部主任李平应法方邀请为无名战士墓长明灯添火并拨旺火焰（图1-2-41）。

图1-2-41　李平应法方邀请为无名战士墓长明灯添火并拨旺火焰　郑斌摄
2014年6月15日②

---

①　张艾弓、窦丰昌：《一场迟到90年的祭奠》，《广州日报》2008年11月12日。
②　郑斌：《"他们的牺牲没有被忘记"：一战百年，法国隆重纪念参战华工》，《国际先驱导报》2014年6月20日。

第二节　1919年中国的内政外交

一、和平会议,列强主宰

1.列强操控和会

1919年1月18日,27个第一次世界大战的战胜国,在法国巴黎凡尔赛宫举行第一次全体会议。为解决人类首次世界大战造成的问题及战后和平问题而召开的此次盛会,因举行城市得名,简称"巴黎和会"(图1-2-42,图1-2-43)。

在这次世界性会议上,美国、英国、法国、日本、意大利等国共同制订了会议的议事规则,分配各自的利益。包括中国在内的一些贫弱国家也受邀到会,但少有发言权,切身利益难以维护。巴黎和会的组织架构,由最高会议、委员会和总会组成。强国完全掌控着整个和会的最高会议,由英、美、法、意、日五强各派2名代表组成(又称"十人会"),每日开会两次,决定全体会议的议题及大政方针;委员会由五强国各出2名代表、其他各国共选5人组成,审议各种专门问题,审议的问题经最高会议议决提交总会表决;总会,各国代表全体出席。美国总统威尔逊、英国首相大卫·劳合·乔治、法国总理克里孟梭,成了巴黎和会的实际主导者。

图1-2-42　巴黎和会会场[①]

---

① 程栋等:《图文20世纪中国史》第2卷(1910~1919),广州:广东旅游出版社,1999年,第597页。

图1-2-43　参加巴黎和会的日本代表团①

2.中国各方关注

按照战时协约，中国在巴黎和会应取得与五大国相同的地位，为此，中国委派北京政府外交总长陆徵祥、广州军政府外交次长王正廷、驻英国公使施肇基、驻美国公使顾维钧、驻比利时公使魏宸组5人为正式代表。操纵和会的五大国，拒不履行承诺，日本也蓄意阻挠，中国仅获得和会的2名正式代表席位。首席代表陆徵祥因病极少到会，顾维钧和王正廷成为中国代表团出席委员会的主要代表（图1-2-44）。

图1-2-44　参加巴黎和会的中国全权代表：王正廷（左上），
顾维钧（右上），陆徵祥（中），魏宸组（左下），施肇基（右下）②

① 《巴黎和会（1919）》，2014年5月5日，http://zh.wikipedia.org/wiki/。
② 中国参加巴黎和会之全权代表，《东方杂志》第16卷第3号，转引自李新、李宗一主编：《中华民国史》第二编《北洋政府统治时期》第二卷（1916~1920），北京：中华书局，1987年，插页。

　　参加巴黎和会的中国代表团,看似组合了中国政治南北两大势力,实为一个缺少高度统一的团队。有些正式代表都不知道北京政府和日本商谈借款(西原借款)的秘密,他们这样去为国争取权益哪有不输之理。北京政府的立场和诉求,与赴会的其他正式代表、全国民众特别是知识分子满腔热忱的期待之间,存在着巨大的反差,而这正是后来那场社会运动骤然而起的内在动因之一。

　　中国代表团向和会提出取消"二十一条"、收回山东权益、归还租借地和租界、关税自主、撤销外国军队巡警、废弃势力范围、裁销外国邮局及电报机关、撤销领事裁判权8项要求,超出了北京政府拟提出问题的范围。中国欲借巴黎和会一举改变半殖民地的窘境,顺应民意民心,符合历史发展潮流的急切愿望,其天真与自负,兼而有之。

　　鉴于巴黎和会与国家命运关系重大,国内各政党和各派势力派出梁启超、张君劢、蒋方震、丁文江(研究系),汪精卫、张静江、徐谦(国民党),叶恭绰(旧交通系)等要员前往巴黎(图1-2-45)。留欧的中国学生和华工密切关注和会的进展,吁请中国代表据理力争、收回国权。政府与民间密切配合,采取一致行动,为中国历史上前所未见。

图1-2-45　梁启超(前排中)与参加巴黎和会的中国代表团合影[①]

---

　　①　欧阳玉玲:《一通揭秘电文,引爆"五四"运动》,《新会侨报》2013年6月13日。

二、山东问题，争执焦点

1.中国正当诉求

　　山东问题因会议形势的发展及国内舆论的推动，成为中国代表在和会上坚持并要求解决的主要内容。1919年1月27日，巴黎和会续开"最高会议"，首次讨论山东问题，中国代表顾维钧、王正廷应邀临时出席（图1-2-46）。日本首席代表牧野伸显声称德国在山东各项权益应无条件让于日本。1月28日下午，中国代表顾维钧进行答辩。美国总统威尔逊询问，双方是否愿将各自所引用的秘密条约公布以便审查，中国代表当即表示同意，日本代表则称须请示政府再作决定。王正廷向巴黎的记者宣称："关于民国七年九月间中日密约，中国代表随时可以在新闻上发表。"2月15日上午，中方按惯例将准备提交和会的密约送往日方，日方以拖延答复企图阻拦。中方遂决定不等日本答复，下午5时由代表团秘书长岳昭燏径直将密约送交和会。随后，中国代表团将《中国要求胶澳租借地、胶济铁路暨德国所有其他项关于山东省权利之直接归还的说帖》及各项密约、条约、外交文书19件提交和会。①

图1-2-46　巴黎和会在法国巴黎凡尔赛宫举行②

---

① 李志敏:《话说民国》,北京:团结出版社,2007年,第527页。
② 《1921的历史现场(四):跌宕起伏的国际环境》,《三联生活周刊》2011年第26期。

4月20日,山东省议会、山东教育协会、山东工业协会等团体发起10余万人请愿大会,要求省长转电北京政府,坚持青岛及山东路矿由巴黎和会公判直接交还中国,并惩办卖国贼,废除非法密约,把中国"从卖国贼卖国的危机中解放出来"[①]。

巴黎和会期间,中国国内各种团体向中国代表团拍发7000多份电报,坚决要求拒签和约。天津总商会恳望中国代表团"力为主张,勿稍退让,必将青岛收回,以保领土"[②]。苏州总商会表示"青岛关系我国存亡,非由和会直接交还,并取消密约,概不承认,商民一致誓为后盾"[③]。

2. 日本侵占山东

2月2日,日本驻华公使小幡酉吉会见北京政府外交次长陈篆,抗议中国出席巴黎会议代表在和会的发言及单方面向各国记者宣布有关山东问题的文件,漠视日本之体面,违反外交之惯例。3月18日,北京政府交通总长曹汝霖向日本驻华公使小幡酉吉透露中国政府参加巴黎和会的议事原则。曹汝霖说:"最初陆徵祥赴欧之际,政府训令在和会提出的方案,只有废除治外法权,义和团赔偿问题、撤退中国领土内的外国军队及关税自主四项。青岛及收回德国在山东的权利问题,最初在和会上提出,代表并未与政府商量,是顾(维钧)、王(正廷)的擅自专断。"陆宗舆奉大总统徐世昌之命,向小幡酉吉解释,"在巴黎和会上陆徵祥未能确守去法国前所定的方针,对顾(维钧)、王(正廷)二人失去节度";徐本人对此事评价为"影响和日本的睦邻关系,深感遗憾和忧虑"[④]。

4月22日,美、英、法通知中国关于山东问题的方案。4月24日,出席和会的中国代表向三国会议提交让步说帖,提出让步4项办法:一、中国同意德国将胶州湾等权利移让五强,以便于五强还付中国;二、现被日本占领的胶州湾,限一年之后交出;三、中国赔偿日本青岛战争之军费,其额由四国会议定之;四、中国开放青岛,并辟外人居留地。[⑤]

4月28日,中国代表向和会提交《中国希望条件说帖》,公开要求修改不平等条约。美国总统威尔逊表示,希望在华占有势力范围的各国"应放弃他们现行的特殊地位,及应以同等地位对待中国",并对中国代表许诺:"一俟建议中的国际

---

① 李志敏:《话说民国》,北京:团结出版社,2007年,第536页。
② 《天津商会档案汇编》(1912~1928)第4册,天津:天津人民出版社,1992年,第4715页。
③ 苏州市档案馆藏苏州商会档案,转引自张宪文等:《中华民国史》(第一卷),南京:南京大学出版社,2006年,第296页。
④ 李志敏:《话说民国》,北京:团结出版社,2007年,第531页。
⑤ 李志敏:《话说民国》,北京:团结出版社,2007年,第537页。

联盟成立后，我们便将一致帮助中国撤除剥夺其正当权利的一切现行不平等处置与束缚，使中华民国变成一完全独立的主权大国。"日本代表表示："日本政府准备放弃其在华的特殊权利，但必须是在其他国家也采取同样步骤时。"[1]（图1-2-47）

图1-2-47   玩弄于股掌之上 《新闻报》1919年2月[2]

5月1日，英国外相贝尔福将4月30日三国首脑会议议决的山东方案正式口头通知中国代表。此方案完全满足了日本的侵略要求，将德国在山东所享有的侵略权益转让于日本（图1-2-48）。

①   李志敏：《话说民国》，北京：团结出版社，2007年，第538页。
②   孔祥宇：《漫画中的历史（四）》，《百年潮》2013年第5期。

图1-2-48 1919年5月1日《申报》刊布4月29日、30日的巴黎和会专电[1]

三、维护国权，拒绝签字

1. 中国外交失败

　　顾维钧是中国代表团内最为强硬的拒约派（图1-2-49）。1919年1月28日，顾维钧没有讲稿，慷慨陈词30多分钟，申述中国收回山东权益之必要，诘问欲将中国山东权益交予日本的企图，会场掌声连连，美国总统威尔逊、英国首相劳合·乔治、英国外交大臣贝尔福纷纷祝贺。他把中国的孔子比作西方的耶稣，认为中国不能失去山东正如西方不能失去耶路撒冷的辩词，广为传播。

图1-2-49 中国出席巴黎和会全权代表顾维钧[2]

---

[1] 《专电》，《申报》1919年5月1日。

[2] 《顾维钧雄辩巴黎和会：山东是中国的耶路撒冷》，2011-07-01中国文化传媒网，http//www.ccdy.cn/lishi/201111/t20111107_193817.htm。

1919年6月27日，顾维钧起草一份声明，指出："今日在签订对德媾和条约之前，中华民国全权代表，因该约第一五六、一五七及一五八款竟使日本继承在山东省之德国权利，不使中国恢复其领土主权，实不公道，兹特以其政府之名义声明，彼等之签字于条约，并不妨碍将来于适当之时机，提请重议山东问题，因对中国不公道之结果，将妨碍远东永久和平之利益也。"[1]顾维钧并致函美国总统威尔逊，表明"如不许保留，则中国断不签约"的立场。[2]

1919年6月28日上午，巴黎和会最高会议拒绝中国代表团的声明。当日下午，中国代表团决定拒绝出席和会签字仪式（图1-2-50）。中国代表团当即备函通知和会，"声明保存我政府对于德约最后决定之权"。[3]同时发表声明："与其承认违背正义公道之第一五六、七、八三条款，莫如不签字。……媾和会议，对于解决山东问题，已不予中国以公道，中国非牺牲其正义公道爱国之义务，不能签字，中国全权愿遏诚布陈，静待世界公论之裁判。"[4]（图1-2-51）

图1-2-50 法国巴黎凡尔赛巴黎和会签字会场[5]

① 《六十年来中国与日本》第7卷，第366页，转引自张宪文等：《中华民国史》（第一卷），南京：南京大学出版社，2006年，第304页。

② 刘彦：《欧战期间中日交涉史》，第232页，转引自张宪文等：《中华民国史》（第一卷），南京：南京大学出版社，2006年，第304页。

③ 《秘笈存录》，第223页，转引自张宪文等：《中华民国史》（第一卷），南京：南京大学出版社，2006年，第305页。

④ 《六十年来中国与日本》第7卷，第366~367页，转引自张宪文等：《中华民国史》（第一卷），南京：南京大学出版社，2006年，第305页。

⑤ 《巴黎和会（1919）》，2014年5月5日，http://zh.wikipedia.org/wiki/。

6月28日顾维钧向住院的陆徵祥总长汇报,和会秘书长拒绝了中国准备拒签声明之事。顾维钧回忆自己当时的心情和感想时说:

> 在清晨五六点钟时分,从圣·克卢德到巴黎,竟用了十五甚或二十分钟。汽车缓缓行驶在黎明的晨曦中,我觉得一切都是那样黯淡——那天色、那树影、那沉寂的街道。我想,这一天必将被视为一个悲惨的日子,留存于中国历史上。同时,我暗自想象着和会闭幕典礼的盛况,想象着当出席和会的代表们看到为中国全权代表留着的两把座椅上一直空荡无人时,将会怎样地惊异、激动。这对我、对代表团全体、对中国都是一个难忘的日子。中国的缺席必将使和会、使法国外交界、甚至使整个世界为之愕然,即便不是为之震动的话。[1]

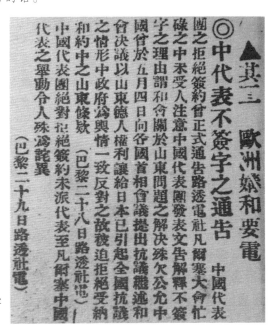

图1-2-51　巴黎和会中国代表不签字通告[2]

2.日本欢呼胜利

日本通过战争抢夺了德国在中国山东的权益,先于1914年举行了张扬武力的占领青岛入城式,后又勒石铭记,制作铭章,妄图流传后世,欢呼其对外扩张的胜利。日本侵占中国山东权益的行为,经西方列强一手操纵的巴黎和会,披上了貌似名正言顺的外衣(图1-2-52~图1-2-55)。

① 中国社会科学院近代史研究室:《顾维钧回忆录(一)》,北京:中华书局,1983年,第209页,转引自彭明:《中国现代史资料选编》第一册,北京:中国人民大学出版社,1987年,第176页。
② 李新、董谦:《图说近代中国》,北京:光明日报出版社,1991年,第344页。

图1-2-52   日军占领青岛举行入城式中的步兵联队，1914年11月①

图1-2-53   德国占领青岛，曾于信号山麓勒石，上刻飞鹰国徽，下叙占领年月
及将领姓名。1914年日军占领青岛，复勒大正三年十一月七日字样于其上②

① 廖代英、杨会国：《中华百年祭（1840～1945）军事图文档案》，重庆：重庆出版社，2006
年，第57页。

② 彭明：《"五四"运动史》，北京：人民出版社，1984年，插页。

图1-2-54 日方的巴黎和会纪念章(正面):"世界战役讲和条约调印纪念","大正八年六月二十八日"[1]

图1-2-55 "五四"运动时期的纪念章[2]

---

① 彭浦:《日本造巴黎和会纪念章》,《保定晚报》2010年9月26日,第三版。

② 中国国家博物馆:《见证辉煌——中国共产党90年文物图集》,上海:上海教育出版社,2011年,第41页。

3.疾呼国人自奋

《申报》总主笔陈景韩(笔名陈冷)发表时评《图穷而匕首见》,疾呼国人自奋,指出：

> 欧洲和会之始,所谓公理之战胜也,所谓密约之废弃也,所谓弱小国之权利也,所谓永久和平之同盟也,今和会之草约已宣示矣,其结果如何？所谓中国之主张者,今犹有丝毫存在者耶？由此可知,求助于人者,终不能有成,自作其孽者,终不能幸免。……若不能自谋、自助而欲望诸人,则终归于空想而已。呜呼,国人其自奋。①

第三节   1919年的"五四"运动

一、北京学生,集会游行

1.急促发出外交警报

国人一直关注巴黎和会的进展。在巴黎的各界人士及时将会议情况通报国内。北京的《晨报》、《每周评论》,上海的《民国日报》、《申报》等报刊,不断报道有关山东问题交涉的即时动态(图1-2-56)。

图1-2-56 《每周评论》关于5月4日游行的报道②

---

① 转引自李新、李宗一：《中华民国史》第二编《北洋政府统治时期》第二卷(1916~1920),北京：中华书局,1987年,第418页。

② 彭明：《"五四"运动史》,北京：人民出版社,1984年,插页。

　　1919年5月1日，上海英文《大陆报》报道巴黎和会做出将德国的山东权益交给日本的决定。

　　中国国民外交协会理事林长民接到梁启超发自巴黎的电报："汪、林两总长转外交协会：对德国事，闻将以青岛直接交日本，因日使力争结果，英、法为所动。吾若认此，不啻加绳自缚。请警告政府及国民，严责各全权，万勿署名，以示决心。"[1]随即撰写《外交警报敬告国民》，公开论述巴黎和会中国外交失败，疾呼："胶州亡矣，山东亡矣，国不国矣！"5月2日《晨报》将林长民该文作为代论发表（图1-2-57，图1-2-58）。

图1-2-57　《晨报》1919年5月2日刊发《外交警报敬告国民》[2]

　　① 欧阳玉玲：《一通揭秘电文，引爆"五四"运动》，《新会侨报》2013年6月13日。

　　② 陈平原、夏晓虹：《触摸历史："五四"人物与现代中国》北京：北京大学出版社，2009年，第271页。

图1-2-58　林长民(1920)①

2.学生会议做出决定

5月2日，北大校长蔡元培（图1-2-59）从北京政府外交委员会委员长汪大燮处得知，政府已密电命出席巴黎和会的中国代表在丧权辱国的"和约"上签字。蔡元培将这个消息告诉了北大学生许德珩、段锡朋等人。

图1-2-59　北京大学校长蔡元培②

①　陈平原、夏晓虹：《触摸历史："五四"人物与现代中国》，北京：北京大学出版社，2009年，第267、272页。

②　刘火雄、萧且行：《民国时教授治校：要我入党，我就不做院长》，《文史参考》2010年第6期。

　　许德珩、段锡朋等当即约集傅斯年、张国焘、罗家伦、康白情等在北大西斋饭厅商量对策,决定5月3日晚在北大法科礼堂召开全体学生会议,并约北京的清华大学、高等师范学校、中国大学、朝阳法学院、工业专门学校、农业专门学校、法政专门学校、医药专门学校、商业专门学校、汇文大学(燕京大学前身)、高等师范附中、铁路管理学校等13个中等以上学校的学生代表参加。

　　5月3日(星期六)晚7时至深夜,在北河沿北大法科礼堂召开的学生大会(图1-2-60),由段锡朋、许德珩、张国焘等人主持,与会者情绪热烈,众人讲演,激愤之情,悲愤之情,相互交织。

图1-2-60　北京大学三院礼堂旧址①

　　第一个讲演的是北大新闻学研究会的导师、《国民》杂志顾问、北京《京报》社长邵飘萍(图1-2-61)。他介绍了中国外交在巴黎和会失败的经过与原因,大声疾呼:"现在民族危机系于一发,如果我们再缄默等待,民族就无从挽救而只有沦亡。北大是最高学府,应当挺身而出,把各校同学发动起来,救亡图存,奋起抗争。"②北大学生丁肇青、谢绍敏、张国焘、许德珩和各校学生代表夏秀峰等相继讲演。北大法科学生谢绍敏,当场咬破中指,血书"还我青岛"四个大字。

---

①　北京大学图书馆、首都博物馆:《纪念李大钊》,北京:文物出版社,1985年。

②　李文绚:《报章血痕——中国新闻史上被残杀的报人》,方汉奇、李彬主编,福州:福建人民出版社,1999年,第66页。

图1-2-61　邵飘萍以"铁肩辣手"自勉①

　　会议形成了联合各界奋起力争阻止签字，将原定5月7日举行的国耻游行提前至5月4日，通电巴黎专使不准签字，通电各省于5月7日一律举行爱国示威游行等决议。在张国焘、邓中夏、许德珩等人联合倡议下，成立北京中等以上学校学生联合会，段锡朋被选为主席，张国焘兼任讲演部部长。5月4日上午，经北大学生联络，各校学生代表在北京法政专门学校召开紧急会议，商议当日集会游行时的演说、传单、向各使馆请愿等事项。

　　3.集会游行冲击曹宅

　　5月4日下午1时后，北京大学等校3 000多名学生，从各方汇集天安门前。穿着长衫和黑色制服的学生们，手里拿着的各色小旗上，大多数使用中文，也有使用英文或法文，书写着标语口号："取消二十一条"，"还我青岛"，"誓死力争"，"保我主权"，"勿作五分钟爱国心"，"争回青岛方罢休"，"宁为玉碎，不为瓦全"，"头可断，青岛不可失"，"中国宣告死刑了"，"诛卖国贼曹汝霖、章宗祥、陆宗舆"，"国民应当判决国贼的命运"②。有的旗帜上画着漫画。一面大白旗竖在金水桥南，上面写着讽刺曹汝霖、章宗祥的对联，那幅震撼人心的北大学生血书"还我青岛"，也悬挂在这里（图1-2-62，图1-2-63）。

_____

　　①　汪胜：《恰同学少年，风华正茂——追寻一代名记邵飘萍》，《今日婺城》2011年7月6日。

　　②　彭明：《"五四"运动史》，北京：人民出版社，1984年，第273页。

图1-2-62　北京学生队伍举着旗帜向天安门进发①

图1-2-63　北京大学学生举着五色旗和校旗游行②

① 丁守和:《"五四"图史》,沈阳:辽海出版社,1999年,第98页。
② 丁守和:《"五四"图史》,沈阳:辽海出版社,1999年,第99页。

傅斯年（图1-2-64）、罗家伦、邓中夏、谭平山、高君宇、成舍我等新潮社的骨干成员，在学生们的天安门集会上激情演讲。北大学生许德珩被推举宣读他自己起草的《北京学界宣言》。一位参加天安门集会的学生说："在开会时我站在一层层的人群中间，又没有扩音器，听不完全那位似是立在方桌上演说者的话音，但大意是了解的，与各校所写的标语上的要义一样。到会的对于大会的开法没有争执，主要是要有什么样的行动，要对卖国的军阀、官僚怎样表示，怎样示威，及至先往日本使馆去的提议宣布以后，大家高叫赞同……"①

胡适认为最能做学问、最有组织才干的学生傅斯年，是北大学生集会的主席、游行队伍的总领队，他率领着本校及其他学校的学生，跟随着校旗，呼喊着口号，走向东交民巷使馆区、曹汝霖宅第（图1-2-65）。

图1-2-64　青年时期的傅斯年②

① 王统照：《回忆北京学生"五四"爱国运动》，转引彭明：《"五四"运动史》，北京：人民出版社，1984年，第274页。
② 陈平原、夏晓虹：《触摸历史："五四"人物与现代中国》，北京：北京大学出版社，2009年，第145页。

图1-2-65 北大学生游行队伍前列头部上方标有圆圈者为傅斯年,1919年5月4日①

　　天安门附近的前门外、东西长安街的市民们,前来围观学生集会、聆听演讲、阅读传单(宣言),对学生们的爱国行动表示同情,有的市民也加入了游行队伍。

　　北京政府教育部次长和步军统领李长泰、警察总监吴炳湘,来到天安门劝止,但未能阻挡学生游行示威的步伐。下午14时30分左右,学生列队走出中华门,受阻于京城"国中之国"的外国使馆区东交民巷的西口(图1-2-66)。

图1-2-66 美国驻中国大使馆②

　　① 陈平原、夏晓虹:《触摸历史:"五四"人物与现代中国》,北京:北京大学出版社,2009年,第150页。
　　② 丁守和:《"五四"图史》,沈阳:辽海出版社,1999年,第73页。

交涉约两小时仍不得进入东交民巷的学生们，心情烦躁，怒火中烧，去找住在东牌楼附近的曹汝霖问罪。大约在下午4时，来到了位于俗称赵家楼（赵家胡同）的曹汝霖宅第（图1-2-67）。

图1-2-67　游行示威的学生冲向曹汝霖的住地赵家楼①

有警察把守的曹宅，大门紧闭。杨振声、匡互生、陈宏勋、牟振飞等学生翻墙而入，打开院门，大队学生奋力涌入。学生们未找到仓促躲避的曹汝霖，扭住当时正在曹宅的章宗祥，施以痛殴，砸碎了曹宅的门窗玻璃、家具器皿、古玩瓷器，连他的乘车也一起砸坏。学生点燃了书房，火势逐渐蔓延。

警察总监吴炳湘、步军统领李长泰，率大批军警赶到时，大队学生已行散去，在现场逮捕了32名学生。被捕的学生被押入户部街的步军统领衙门，囚禁在一间拥挤肮脏的监房里。北大学生易克嶷在押解的路上说"20年后又是一条好汉"。北大学生许德珩（图1-2-68）在监房占诗两首："力雪心头恨，而今作楚囚。被拘三十二，无一怕杀头。痛殴卖国贼，火烧赵家楼。锄奸不惜死，来把中国救。""山东我国土，寸草何能让？工农兵学商，人民四万万。为何寡欺众，散沙无力量；团结今日始，一往无前干。"②留存的北京警察厅审讯记录表明，32名被捕学生面对讯问，没有一人供出参加游行同学的名字，回答自己就是"指使人"。

① 丁守和：《"五四"图史》，沈阳：辽海出版社，1999年，第102页。
② 转引自丁晓平：《"五四"运动画传》，北京：中国青年出版社，2009年，第151页。

图1-2-68　"五四"运动时期的许德珩[1]

北大学生许德珩来自江西,加入过同盟会,民国初年参军随队讨伐袁世凯,
1915年从上海中国公学考入北京大学。入学一个学期,父亲病故,失去经济来
源。得到新任校长蔡元培的帮助,给他找了一份每月10元的翻译差事,才得以继
续学业。许德珩参加了由蔡元培发起的、以培养高尚道德情操为宗旨的进德会,
参加了李大钊发起的少年中国学会,与同学邓中夏、周炳琳、黄日葵、张国焘、段
锡朋等共同发起成立《国民》杂志社,与邓中夏、廖书仓等学生发起组织了北京大
学平民教育演讲团。1919年8月29日,他在信中对曾琦说:"这回运动,好时机,
好事业,未从根本上着手去做,致无多大的印象于社会,甚为咎心。"[2]

由广东文昌入北大的预科生郭钦光,游行示威中与军警发生冲突,用力过度
以致吐血。住院医治,听说同学们遭到镇压的消息,呕血加剧,5月7日悲愤而
亡,年仅24岁。5月18日,北京大学等学校5000余人集会,书写"力争青岛,死重
泰山"等挽联,追悼郭钦光(图1-2-69)。

图1-2-69　上海各界集会追悼北大学生郭钦光,1919年5月31日[3]

---

①　丁守和:《"五四"图史》,沈阳:辽海出版社,1999年,第102页。
②　许进:《许德珩:不以"五四"学生领袖自居　最让陈独秀恼火》,《北京日报》2009年5月8日。
③　上海社会科学院历史研究所:《"五四"运动在上海史料选辑》,上海:上海人民出版
社,1980年,插页。

　　5月31日，上海学生联合会联合工商各界在南市西门公共体育场集会，追悼北京大学学生郭钦光。南下筹备第一届全国学生联合会的许德珩参加了追悼大会，他说："郭君为国而死之目的有二：甲、取消中日合约，收回青岛；乙、惩办卖国贼。设吾人不能继烈士之志并力求达到目的，烈士英灵有知，必且追悼我辈。"①（图1-2-70）

图1-2-70　上海各界集会追悼北大学生郭钦光，1919年5月31日②

二、三罢斗争，声势浩大

　　"五四"运动因北京学生游行示威而起，接踵而来的学生罢课、商人罢市、工人罢工，声势浩大，遍及各地，爱国浪潮汹涌澎湃。

1. 学生罢课上街演讲

　　1919年5月5日，北京专科以上学校学生实行总罢课，并通电全国表示对北京政府逮捕学生的严正抗议（图1-2-71）。

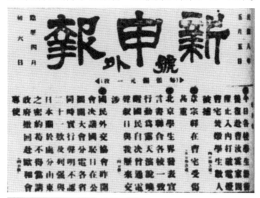

图1-2-71　上海《新申报》号外报道5月4日北京学生游行等快讯③

---

　　①　许进：《许德珩：不以五四学生领袖自居　最让陈独秀恼火》，《北京日报》2009年5月8日。

　　②　程栋等：《图文20世纪中国史》第2卷（1910~1919），广州：广东旅游出版社，1999年，第613页。

　　③　中国国家博物馆：《见证辉煌——中国共产党90年文物图集》上卷，上海：上海世纪出版股份有限公司、上海教育出版社，2011年，第36页。

　　由北京10余所学校校长组成的以蔡元培为首的校长团向当局请愿并联名保释,以及孙中山、林长民等社会显要呼吁,北京政府于5月7日释放全部被捕学生。北京大学、北京高师及社会团体,对获释而归的学生给予了热烈的欢迎,一些被捕获释的学生眼含热泪与老师、同学拥抱(图1-2-72~图1-2-74)。

图1-2-72　北京大学师生与被捕归校学生合影[1]

图1-2-73　北京高师师生欢迎被捕学生获释返校,1919年5月7日[2]

①　陈平原、夏晓虹:《触摸历史:"五四"人物与现代中国》,北京:北京大学出版社,2009年,第46页。
②　陈平原、夏晓虹:《触摸历史:"五四"人物与现代中国》,北京:北京大学出版社,2009年,第186页。

图1-2-74　北京山东学会欢迎5月4日被捕学生返校，前排左起第7人为许德珩

　　1919年5月7日，北京《晨报》将当天报纸的第2张作为"国耻纪念号"出版（图1-2-75）。

图1-2-75　"国耻纪念　国人勿忘"　北京《晨报》1919年5月7日第一版①

　　①　陈平原、夏晓虹：《触摸历史："五四"人物与现代中国》，北京：北京大学出版社，2009年，第158页。

　　国民外交协会原定5月7日在中央公园召开国耻纪念大会,因军警干涉,屡次易地,最后只得在位于西城石虎胡同的本会事务所举行。国民外交协会于当日发表措辞激烈的长篇宣言,斥责以正义人道为标榜的西方列强偏袒日本,巴黎和平会议无正义可言,宣言指出:"青岛何地也?山东何地也?此邹鲁之名邦也,此孔子之圣迹也。以我国之耶路撒冷,为数千年民族信仰之中心,文明吐露之源泉……无端而有德国之豪夺于前,有日本之巧取于后,侵犯我文化之发祥地,弥天大辱,九世深仇,凡有血气,谁能忍此!"[1]

　　5月7日,全国各地纷纷召开"五七"国耻纪念会,演说外交失败情形,列队游行示威、散发传单,主张将山东直接由德国交还中国,声援北京学生爱国行动。上海各团体、学校、商会于西门外公共体育场,举行2万人大会(图1-2-76,图1-2-77),推举江苏省教育会副会长黄炎培为主席,要求北京政府惩办段祺瑞、徐树铮、曹汝霖、陆宗舆,释放学生,收回青岛,废除一切有损国权条约,抵制日货等。

图1-2-76　上海举行国民大会,1919年5月7日[2]

　　① 李新、李宗一:《中华民国史》第二编《北洋政府统治时期》第二卷(1916~1920),北京:中华书局,1987年,第418页。
　　② 上海社会科学院历史研究所:《"五四"运动在上海史料选辑》,上海:上海人民出版社,1980年,插页。

图1-2-77　上海民众举着"不承认签字"等标语在公共体育场集会①

　　5月7日，山东济南各界62个团体3万余人开会，痛斥北京政府"纵容奸邪，坐视蠹国"，一致要求"锄奸废约"，释放被捕学生（图1-2-78）。日本东京中国留学生亦集队向英、法、俄、意各国驻日使馆递交主持公道呼吁书，并要求中国驻日代理公使庄景可允许在公使馆开会，遭到庄景可的坚决拒绝。日本警察出面干涉，逮捕学生14人（被捕学生9日被释放），打伤20余人。②

图1-2-78　山东国耻纪念大会血书"良心救国"③

　　① 上海社会科学院历史研究所：《"五四"运动在上海史料选辑》，上海：上海人民出版社，1980年，插页。
　　② 李志敏：《话说民国》，北京：团结出版社，2007年，第542页。
　　③ 彭明：《"五四"运动史》，北京：人民出版社，1984年，插页。

　　1919年5月19日，北京大学等校第二次宣布总罢课，并组织讲演团上街演讲。

　　6月1日，北京政府下令表彰曹汝霖、陆宗舆、章宗祥，并取缔学生的一切爱国行动，激起学生和群众更大的愤怒；3日，北大等20多所学校的数百名学生上街演讲，北京政府出动军警镇压，逮捕178人；4日，街头出现了更多的学生，他们在人多的地方，从怀中掏出旗帜进行演讲，700多名学生被捕（图1-2-79～图1-2-83）。

图1-2-79　基督教青年会学生上街游行演讲，1919年6月3日①

图1-2-80　被捕学生身上的标语写明是"北京大学学生"，1919年6月4日②

　　①　《真正的"五四"运动：美国人拍摄的1919年北大学生运动》，http://blog.sina.com.cn/s/blog_45638f1a01017pbt.html。
　　②　《真正的"五四"运动：美国人拍摄的1919年北大学生运动》，http://blog.sina.com.cn/s/blog_45638f1a01017pbt.html。

图1-2-81　清华大学学生被逮捕,1919年6月4日①

图1-2-82　被捕的师范学校的学生,在关押处放风②

---

　　①　《真正的"五四"运动:美国人拍摄的1919年北大学生运动》,http://blog.sina.com.
cn/s/blog_45638f1a01017pbt.html。
　　②　中共中央文献研究室科研部等:《瞿秋白(大型文献画册)》,北京:中央文献出版社,
2003年,第41页。

图1-2-83 《晨报》刊载的学生运动景象,1919年6月12日[1]

6月5日,北京上街演讲的学生超过了5 000人(图1-2-84~图1-2-91)。

图1-2-84 北京大学、清华大学学生组成救国十人团在街头讲演[2]

图1-2-85 北京大学讲演队第九组布旗[3]

① 丁守和:《"五四"图史》,沈阳:辽海出版社,1999年,第137页。
② 余玮:《"五四"闯将杨振声》,http://elite.youth.cn/ls/201106/t20110630_1631911_3.htm。
③ 中国国家博物馆:《见证辉煌——中国共产党90年文物图集》上卷,上海:上海世纪出版股份有限公司、上海教育出版社,2011年,第39页。

图1-2-86　北京大学学生讲演团第15组在街头演讲①

图1-2-87　北京《晨报》1919年6月13日图片报道"上海劝业女师范学生之讲演团"②

---

① 　陈平原、夏晓虹：《触摸历史："五四"人物与现代中国》，北京：北京大学出版社，2009年，第52页。

② 　丁守和：《"五四"图史》，沈阳：辽海出版社，1999年，第108页。

图1-2-88　1919年5月26日上海各校学生宣誓总罢课①

图1-2-89　上海学生游行队伍②

① 上海社会科学院历史研究所:《"五四"运动在上海史料选辑》,上海:上海人民出版社,1980年,插页。

② 上海社会科学院历史研究所:《"五四"运动在上海史料选辑》,上海:上海人民出版社,1980年,插页。

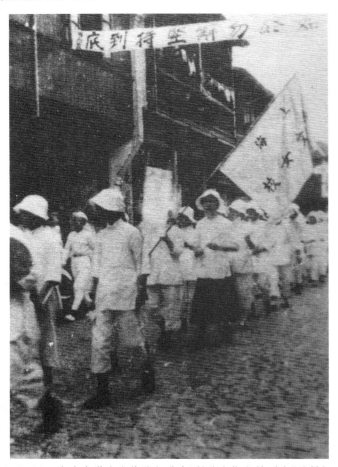

图1-2-90 上海女学生宣传队行进在“始终勿懈坚持到底”的横幅下①

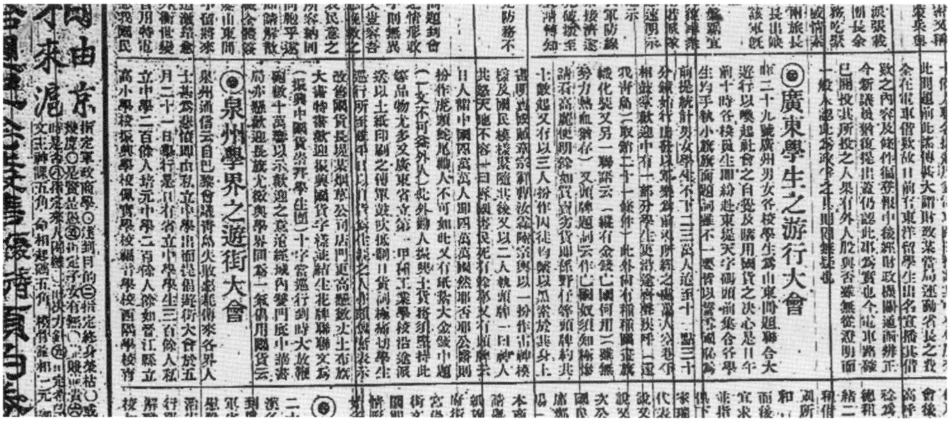

◎廣東學生之游行大會

◎泉州學界之遊街大會

图1-2-91 上海《申报》6月5日报道广东学生游行②

① 李新、董谦:《图说近代中国》,北京:光明日报出版社,1991年,第341页。

② 《广东学生之游行大会》,《申报》1919年6月5日。

　　1919年5月23日,天津15所中等以上学校(北洋大学、直隶法政学校、直隶第一师范、高等工业学校、南开中学、孔德中学、新学书院等)约一万多学生实行罢课,发布罢课宣言书,致电北京政府,提出拒签和约、废除中日密约、惩办曹章陆卖国贼等6项要求(图1-2-92~图1-2-94)。

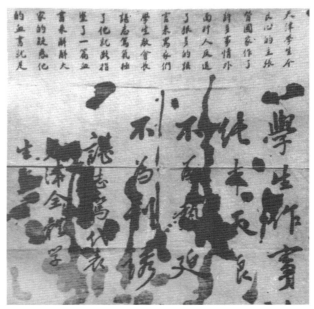

图1-2-92　天津学联会长谌志笃断指血书,以示爱国决心[1]

图1-2-93　天津北洋大学学生举行游行示威[2]

　　① 天津历史博物馆、南开大学历史系《"五四"运动在天津》编辑组:《"五四"运动在上海天津(历史资料选辑)》,天津:天津人民出版社,1979年,插页。
　　② 天津历史博物馆、南开大学历史系《"五四"运动在天津》编辑组:《"五四"运动在上海天津(历史资料选辑)》,天津:天津人民出版社,1979年,插页。

图1-2-94　重庆"川东学生救国团"三千余人游行示威,要求收回青岛,惩办卖国贼①

2.商人罢市,工人罢工

上海商界为声援北京学生,在5月上旬即已举行罢市(图1-2-95)。

图1-2-95　1919年5月9日上海各界罢市、罢课通告②

①　李新、董谦:《图说近代中国》,北京:光明日报出版社,1991年,第343页。
②　上海社会科学院历史研究所:《"五四"运动在上海史料选辑》,上海:上海人民出版社,1980年,插页。

1919年6月4日，上海各报刊出北京政府3日大肆逮捕学生的消息，下午上海学生分组出发，"数十成群"，挨店哭泣，请求罢市（图1-2-96）。

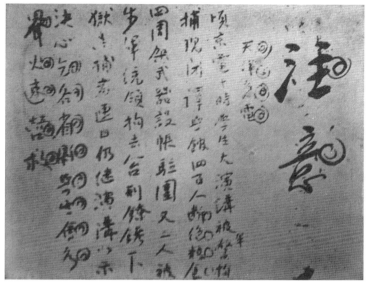

图1-2-96　上海学联散印分发6月4日接到的天津急电：北京学生演讲被拘①

6月5日上午7时以后，上海南北市区各商店全体罢市，停止交易，与学界一致行动。许多商店门前贴有"忍痛停业，冀救被捕学生"、"不诛国贼，誓不开市"等标语（图1-2-97~图1-2-99）。

图1-2-97　上海商界走上街头，号召罢市、罢工，抗议逮捕学生②

① 上海社会科学院历史研究所：《"五四"运动在上海史料选辑》，上海：上海人民出版社，1980年，插页。
② 程栋等：《图文20世纪中国史》第2卷（1910~1919），广州：广东旅游出版社，1999年，第616页。

图1-2-98　上海商人游行示威,左侧旗上写着"闸北米业求救学生"[1]

图1-2-99　上海工人、学生、市民游行示威[2]

① 　上海社会科学院历史研究所:《"五四"运动在上海史料选辑》,上海:上海人民出版社,1980年,插页。
② 　李新、董谦:《图说近代中国》,北京:光明日报出版社,1991年,第342页。

至6月4日12时，上海南北市区的钱庄，以及交通银行、中国银行等12家银行停止营业。上海商务总会、上海商会的正副会董相继辞职（图1-2-100）。

图1-2-100　上海罢市之店面张贴着"不除国贼绝不开市"的标语①

上海《新闻报》6月7日刊载消息，报道上海罢市第二天，停业商界张贴标语与外国巡捕、万国商团开展斗争的情景：②

> 昨日为商界罢市之第二日。各商家门前，咸贴有"不除国贼不开门"之字条。下午一时许，捕房得有北京释放学生之信。于是劝各家将字条揭去，照常营业。各家不肯。于是西捕自行动手，强将字条撕去。于是激起店家决心随撕随贴，其措辞不一：有书"爱国自由，不受干涉"八字者；有书"你会撕，我会贴"六字者；有书"我心已决，越扯越贴"八字者；有书"你扯我贴，越扯越多"者；有书"你愿做亡国奴否"七字者。而"不惩国贼不开门"之字条，则较之更大；即前此门前无字条者，今亦补贴之。于此可见商界之决心，西人无法，只可一笑置之。又闻四马路一带，有商团出令各商家撤去所悬白布之旗，棋盘街口之五洲大药房、中英大药房、中华书局、商务印书馆等店家首当其冲，各家均不为动，商团至则撤去，商团去则又是，终亦无可如何而去。

---

① 上海社会科学院历史研究所：《"五四"运动在上海史料选辑》，上海：上海人民出版社，1980年，插页。

② 《商界不顾工部局威胁继续罢市》，《新闻报》1919年6月7日，彭明主编：《中国现代史资料选编》第一册，北京：中国人民大学出版社，1987年，第148页。

图 1-2-101　上海罢市之南京路景象①

上海的罢市从6月5日开始，持续了6天（图1-2-101）。南京、常州、无锡、扬州、苏州、镇江、嘉兴、厦门、芜湖、济南、天津等地，也相继罢市（图1-2-102）。

图 1-2-102　罢市之布告电文
天津《益世报》②

①　上海社会科学院历史研究所：《"五四"运动在上海史料选辑》，上海：上海人民出版社，1980年，插页。
②　天津历史博物馆、南开大学历史系《"五四"运动在天津》编辑组：《"五四"运动在上海天津（历史资料选辑）》，天津：天津人民出版社，1979年，插页。

上海《申报》在1919年6月9日第8版,连续刊载《南京通信　纪商界罢市情形》(重公)、《罢市声中之下关悲剧　王固磐惨无人理》(图1-2-103)、《南京罢市续志》、《苏州罢市记》、《各地之罢市声》、《宁波罢市志》等6篇报道,报道各地罢市情形(图1-2-104)。

图1-2-103　罢市声中之下关悲剧　上海《申报》6月9日 [①]

上海《申报》报道南京的罢市情形时称:

> 南京商界罢市情形已详昨报。今日(七日)为罢市之第二日,省城内外大小商店仍然闭市。……下午一时,警察厅会议后,决实行紧急戒严,驱散学生。保安队、骑巡队、侦探队、消防队,均全行武装上街,各通衢每三步或五步设一警察岗位,枪头均上刺刀。日本商店门首,则站警察四名。各区署派出所警官长目齐着制服,上街指挥警察。凡过学生或童子军、讲演团、贩卖团均严厉干涉驱散。学生与警察因言语争执致生冲突者十余起。下关学生讲演团高等师范学生某君,被警察用刺刀刺伤,闻伤势颇不轻(一说刺伤二十余人,俟详查)。又暨南学校学生某因争执白布旗书改良政府四字,亦被警察逮捕,解厅拘留。……王警厅长因奉督军省长训令,劝谕各商立即开市。除公函总商会及下关商会切实劝告各业董外,并亲赴三山街、黑鹰街、广东街一带,各大商店逐家叩门,谕令立即开市。各商店均以要求目的未达,据理力争拒绝。并谓罢市乃商人不得已苦衷,如果政府采纳民意,应立罢曹陆章之职,以谢天下。王警长见劝谕无效,复至总商会,会晤苏会长,磋商办法。苏会长云,各

① 《罢市声中之下关悲剧》,《申报》1919年6月9日。

商店齐心一致,屡经苦口劝导,均云非达到要求目的,决不开市。鄙人亦实无法,唯有辞职而已……①

图1-2-104   遭到警察殴打的南京受伤学生在医院治伤合影①

上海工人参加"五四"运动,始于纺纱工人的罢工,逐日扩展到制造、交通等各行业的工人罢工。6月5日上午11时半,上海日资内外棉第三、第四、第五纱厂的工人开始罢工。6日,华界和英美法租界的电车工人、求新机器厂、锐利机器厂、祥生铁厂、锦华丝厂的工人罢工。7日,铁路总机厂、兴发荣机器造船厂、信通织布厂、英商别发印书房的工人和一些手工业工人罢工。8日,日资纱厂15 000名工人大罢工,并举行示威游行。

6月9日,上海2000多名汽车司机全体罢工,迫使汽车行停止营业;5 000名海员大罢工,使上海水上交通陷于瘫痪;日商纱厂码头工人、英商电车公司机械工人及耶松老船坞、瑞荣机器造船厂工人、英美烟厂工人、美商慎昌洋行电器工人等,也相继罢工。10日,沪宁、沪杭和淞沪铁路工人全体罢工。6月5日至11日,上海共有50多个企业的六七万工人罢工,约占全市工人总数的1/3。③

上海各行业工人的罢工,被北京《晨报》记者称之为"破天荒","为工人参与

① 《南京罢市续志》,《申报》1919年6月9日。
② 李新、董谦:《图说近代中国》,北京:光明日报出版社,1991年,第343页。
③ 张宪文等:《中华民国史》(第一卷),南京:南京大学出版社,2006年,第297页。

政治问题之嚆矢"。该记者在北京《晨报》6月12日发表特约通讯《破天荒之工人总同盟罢工》，开门见山地指出：

> 沪上商界罢市之后，政府仓皇将围守北大之军警撤退，而对于惩办卖国贼及外交问题，仍欲以敷衍手段对付国人。因此人心益为激烈。商界罢市损失极大，然以国家存亡所系，亦不得不忍住一时之牺牲，以尽其所应尽之义务。是以商界仍一致坚持政府将以上两项根本问题照办之前，决不开门。此项消息传出之后，工界同胞亦深为愤激，各工厂各团体日来均有秘密会议，多主张同盟罢工，与商界学界取一致行动，以示吾国民中最大多数之商工学三界咸抱同一之宗旨，政府如不采纳吾侪之主张，则是政府自绝于吾国民矣。工界罢工实为我国破天荒之事件，又为工人参与政治问题之嚆矢。足见我国工界业已觉醒，且有相当团结力。此诚最近所最可注意最可特笔之事实也。政界当局对此潮流，若不知因势利导，则不足与言今后之政治矣。记者特将本日（八日）所得工界方面消息汇录于左。①

该记者在特约通讯中，分述上海铁路工人、钢铁工人、印刷工人、纺纱工人、邮电工人、汽车工人、油漆工人、制烟工人、清洁工人、码头工人等各行业工人的罢工情形（图1-2-105，图1-2-106）。

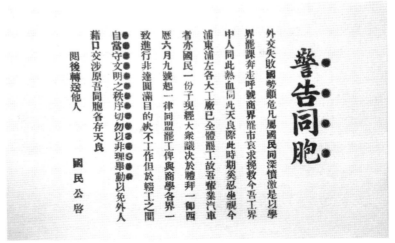

图1-2-105 上海汽车业工人为参加6月9日同盟总罢工印发的"警告同胞"传单②

---

① 丁守和：《"五四"图史》，沈阳：辽海出版社，1999年，第143页。
② 中国国家博物馆：《见证辉煌——中国共产党90年文物图集》上卷，上海：上海世纪出版股份有限公司、上海教育出版社，2011年，第40页。

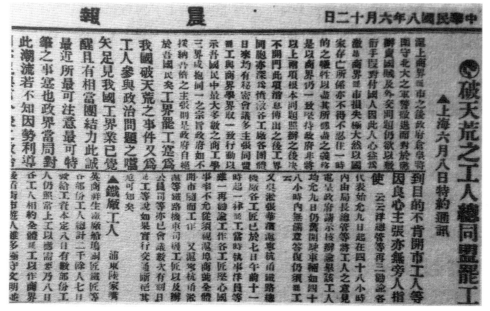

图1-2-106　上海总同盟罢工　北京《晨报》6月12日[1]

上海求新机器厂的工人为使表达政治诉求的宣传设施坚固一些,特地捐款修建一座铁木牌楼,《申报》的报道称:

> 求新机器厂司事工人与商学界一致行动,全体罢工,已志昨报。前日午后,诸工人游行街市,表示热忱。且见街上悬挂白旗横额,风雨飘摇易于损坏,未能垂诸久远,爰特捐集巨资,在机厂街口建造铁木牌楼一座,高六丈,宽五丈,上题四大字曰"毋忘国耻",每字三尺,其顶置大色旗及顺风机,书有"唤醒国民"四字,随风旋转,一息不停,行人过此,莫不触目惊心,诚警醒世人堪垂久之大纪念也。[2]

汉口、济南、唐山、长沙、九江、天津等城市的一些工人也相继进行罢工(图1-2-107~图1-2-114)。

① 中国国家博物馆:《见证辉煌——中国共产党90年文物图集》上卷,上海:上海世纪出版股份有限公司、上海教育出版社,2011年,第40页。
② 《求新机器厂工人建造"毋忘国耻"铁木牌楼,扩大救国宣传》,《申报》1919年6月8日,彭明主编:《中国现代史资料选编》第一册,北京:中国人民大学出版社,1987年,第147页。

图1-2-107 "五四"运动中,上海街头悬挂的旗帜,"同胞协力挽救青岛"[1]

图1-2-108 "五四"时期上海街头悬挂的标语,"宁为救国死,毋作亡国奴","愿我同胞一致力争,海枯石烂此仇不忘"[2]

① 李新、董谦:《图说近代中国》,北京:光明日报出版社,1991年,第342页。
② 李新、董谦:《图说近代中国》,北京:光明日报出版社,1991年,第342页。

图1-2-109　青岛各界举行游行示威①

图1-2-110　无锡群众举行反帝爱国游行②

①　李新、董谦：《图说近代中国》，北京：光明日报出版社，1991年，第343页。
②　李新、董谦：《图说近代中国》，北京：光明日报出版社，1991年，第343页。

图1-2-111　杭州举行反帝爱国国民大会[1]

图1-2-112　宁波各界总示威[2]

[1]　李新、董谦:《图说近代中国》,北京:光明日报出版社,1991年,第343页。
[2]　李新、董谦:《图说近代中国》,北京:光明日报出版社,1991年,第343页。

图1-2-113　扬州召开国民大会①

图1-2-114　济南人民举行爱国游行②

① 李新、董谦:《图说近代中国》,北京:光明日报出版社,1991年,第343页。
② 丁守和:《"五四"图史》,沈阳:辽海出版社,1999年,第124页。

　　陈独秀起草《北京市民宣言》(图1-2-115),提出五项最低要求:对日外交不可抛弃山东经济权利,免除徐树铮、曹汝霖、陆宗舆、章宗祥、段芝贵、王怀庆6人官职,取消步军统领和警备司令机关,北京保安队改由市民组织,市民须有绝对集会言论自由权。《北京市民宣言》配上翻译的英文,印成传单。6月11日,陈独秀在"新世界"(图1-2-116)散发《北京市民宣言》,他被抓捕时,抽了警察一个大耳光。这似乎印证了3天前他在《每周评论》刊文时所说的话:科学研究室和监狱是世界文明发源地,出了研究室就入监狱,出了监狱就入研究室,这才是人生最高尚优美的生活。

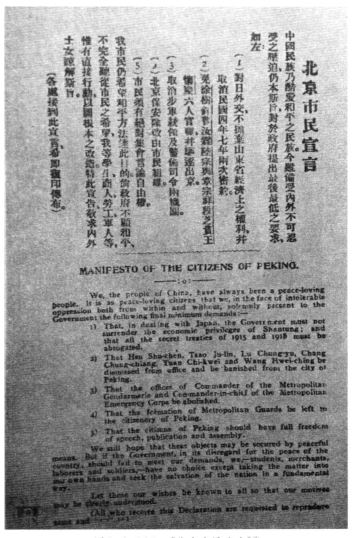

图1-2-115 《北京市民宣言》[①]

---

① 北京大学图书馆、首都博物馆:《纪念李大钊》,北京:文物出版社,1985年。

图1-2-116　北京新世界旧址①

3. 统治当局实施镇压

　　北京政府对于全国群众参加的爱国运动非常抵制。大总统徐世昌于1919年5月6、8、14、25日和6月1日，连续5次发出大总统令，饬令京师警察厅总监、京畿警备总司令、步军统领、军警督察长、京兆尹、京外该管文武长官，剀切晓谕，严密稽查，"借名纠众，扰乱秩序，不服弹压者，着即依法逮捕惩办，勿稍疏弛"；在校学生，"自当专心学业，岂宜干涉政治，扰及公安"，"各校学风，亟应力求整饬"，以遏"乱萌"。北京政府采取宣布京城戒严，实行新闻检查，查封报纸，迫害报人等各种手段，对群众性的爱国运动进行镇压、破坏。1919年5月9日，北京京师警察厅为防止因山东问题再生事端，宣布戒严令：一、戒严时间为午后六时至翌晨六时；二、侦探马步各队及宪兵于戒严时间内一律出勤；三、暂停军警休息（图1-2-117）。②

　　①　北京大学图书馆、首都博物馆：《纪念李大钊》，北京：文物出版社，1985年。
　　②　李志敏：《话说民国》，北京：团结出版社，2007年，第542页。

图1-2-117　荷枪实弹、身背大刀的军警，伫立在北京政府总统府大门（新华门）东西两侧铁栅门前，1919年6月3日[①]

　　北京《晨报》将林长民的文章作为代论刊发，连续刊载国民外交协会的爱国文电及爱国言论，及时披露巴黎和会讯息，积极引导社会舆论，号召民众奋起维护国权。北京政府将《晨报》作为打击的目标。1919年5月24日，北京《晨报》针对官方实施的新闻检查，专门刊发《本报特别广告》，称：

　　　　启者。昨晚八时，京师警察厅派员会同外右四区署员到本报检查发稿。所有各项新闻稿件，须经审核后方准登载。在此监视状态之中，读者诸君极感兴味极欲闻知之言论事实不敢保证其不受限制。本报久承读者奖许，又不敢以敷衍迁就之词充幅致辜盛意。兹特决定：自本日起至解除监视以前，所有本报篇幅概不固定，或照常日出两张或减至一张，或一张半或加至三张四张，一视是日发稿之多少为标准。于消极的

------

　　①　程栋等：《图文20世纪中国史》第2卷（1910～1919），广州：广东旅游出版社，1999年，第615页。

自由范围以内不失本报特色，高明当能曲谅，幸甚幸甚！谨启。[1]

邵飘萍在北京大学"五三晚会"上呼吁北大学生挺身而出，并在自己主办的《京报》内发表不少言辞激烈的文章，这也为其以前交往颇多的段祺瑞所不容。1919 年 8 月，北京政府借口《京报》侮辱政府，派军警包围报馆，欲将他拘捕。匆忙间，邵飘萍跳墙而走，乔装出京，经天津，继 1915 年反对袁世凯被迫东渡日本后再度避居东瀛（图 1-2-118）。

图 1-2-118 "五四"运动时期的邵飘萍（左），京报馆被查封、遭到军警缉捕，邵飘萍乔装抵达天津留影（右）[2]

上海租界当局面对中国日益高涨的爱国热潮，以所谓担忧"恐生意外之变祸"的理由，6 月 8 日分别致电"北京各国公使，转向中国政府诘问，并要求从速解围，以保安宁而维商市"[3]。张贴告示，调动万国商团巡街，发出恫吓。上海租界

---

① 陈平原、夏晓虹：《触摸历史：五四人物与现代中国》，北京：北京大学出版社，2009 年，第 288 页。

② 李文绚：《报章血痕——中国新闻史上被残杀的报人》，福州：福建人民出版社，1999 年，插页；陈平原、夏晓虹：《触摸历史：五四人物与现代中国》，北京：北京大学出版社，2009 年，第 342 页。

③ 《领事团诘问北京政府，要求从速镇压罢市》，原载《新闻报》1919 年 6 月 9 日，彭明：《中国现代史资料选编》第一册，北京：中国人民大学出版社，1987 年，第 157 页。

工部局布告全文如下（图1-2-119~图1-2-121）：

工部局布告

现颇有人凭借抵制日货事，绝不顾及中国或租界居民之幸福，专谋扰乱公安以图私利，有意妨害安分营业之商民。

为此本局须用严厉办法维持界内公安，并保护安分居民，以免扰乱人肆意凶暴。现特警告公众知悉：凡散发煽惑人心之传单及悬挂旗帜，有直接激动扰乱公安者，一概禁止。如果故违本局布告，严行惩办不贷。再各人切勿轻信谣言，盖此种谣言，专为激动恶感，扰乱安宁。且有等已经报告本局之谣言，查出毫无根据。故此种造谣或散播谣言者，一经查出，即行严办。凡在界内街衢成群结队，一概不准。如无合法之事，不得在道路闲游，或附和杂入各扰乱人之中，妨害秩序。所有安分居民，应于晚间在家静坐。倘或不遵本局警告，因而受有损失，本局不任其责。①

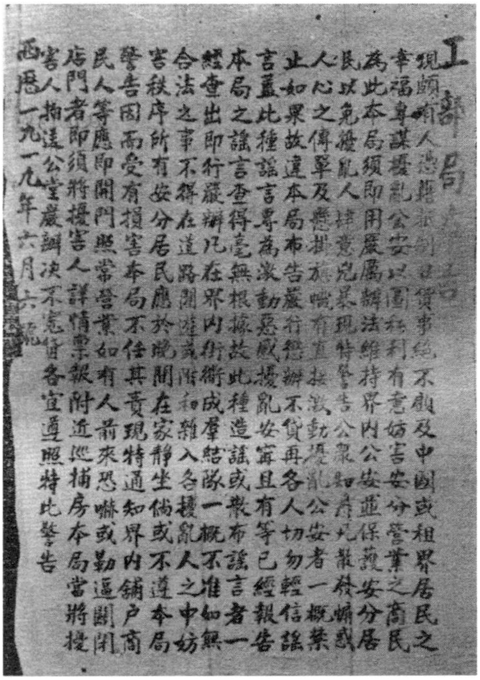
工部局布告
現頗有人憑藉抵制日貨事絕不顧及中國或租界居民之
幸福專謀擾亂公安以圖私利有意妨害安分營業之商民
為此本局須即用嚴厲辦法維持界內公安並保護安分居
民以免擾亂人肆意兇暴現特警告公眾知悉凡散發煽惑
人心之傳單及懸掛旗幟有直接激動擾亂公安者一概禁
止如果故違本局布告嚴行懲辦不貸再各人切勿輕信謠
言蓋此種謠言專為激動惡感擾亂安寧且有等已經報告
本局之謠言查得毫無根據故此種造謠或散布謠言者一
經查出即行嚴辦凡在界內街衢成群結隊一概不准如無
合法之事不得在道路閒遊或附和雜入各擾亂人之中妨
害秩序所有安分居民應於晚間在家靜坐倘或不遵本局
警告因而受有損害本局不任其責現特通知界內鋪戶商
民人等應即開門照常營業如有人前來恐嚇或勒逼關閉
店門者即須將擾害人詳情禀報附近巡捕房本局當將擾
害人拘送公堂嚴辦決不寬貸各宜遵照特此警告
西歷一九一九年六月六號

图1-2-119　上海租界工部局布告，1919年6月6日②

① 《英美公共租界工部局六月六日的布告》，原载《工部局公报》1919年第12卷第653期，转引自彭明：《中国现代史资料选编》第一册，北京：中国人民大学出版社，1987年，第156～157页。

② 上海社会科学院历史研究所：《“五四”运动在上海史料选辑》，上海：上海人民出版社，1980年，插页。

现特通知界内铺户商民人等,应即开门照常营业。如有人前来恐吓或勒逼关闭店门者,即须将扰害人详情禀报附近巡捕房,本局当将扰害人拘送公堂严办,决不宽贷。特此警告。

上海公共租界工部局　总办　麦丹尔　西历一九一九年六月六日

图1-2-120　帝国主义武装"万国商团"镇压群众运动①

图1-2-121　帝国主义武装"万国商团"镇压群众运动②

---

① 上海社会科学院历史研究所:《"五四"运动在上海史料选辑》,上海:上海人民出版社,1980年,插页。

② 上海社会科学院历史研究所:《"五四"运动在上海史料选辑》,上海:上海人民出版社,1980年,插页。

4. 抵制日货，提倡国货

　　与日本侵华结伴而行的日本货，在"五四"运动期间再次受到国人的抵制。反对日货、提倡国货之声，时有所闻，停售、焚毁日货之事，多处发生（图1-2-122~图1-2-129）。

　　1919年5月9日，清华大学学生在校内体育馆举行国耻纪念会，决议通电巴黎和会的中国代表，要求拒绝签字。全体同学庄严宣誓："口血未干，丹诚难泯，言犹在耳，忠岂忘心。中华民国八年五月九日，清华学校学生，从今以后，愿牺牲生命以保护中华民国人民、土地、主权。此誓。"会后，清华学生在大操场焚毁日货。

图1-2-122　清华大学举行国耻纪念大会后，学生们在操场焚烧日货，1919年5月9日[1]

图1-2-123　上海学生联合会张贴在商店门前的告示[2]

---

　　[1]　中国国家博物馆：《见证辉煌——中国共产党90年文物图集》上卷，上海：上海世纪出版股份有限公司、上海教育出版社，2011年，第39页。
　　[2]　陈平原、夏晓虹：《触摸历史："五四"人物与现代中国》，北京：北京大学出版社，2009年，第19页。

　　5月18日，北京大学等学校5000余人举行郭钦光追悼大会，当众焚烧数千件日货。天津散发的传单，在"哭告工商界同胞，咱们都是中国人，别净看学界的热闹啦，咱们也快动起来救国"时，也吁请国人"提倡国货，抵制日货，杀卖国贼"。①

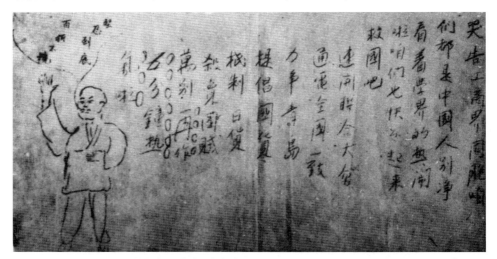

图1-2-124　天津散发的传单：力争青岛，提倡国货……万别再作五分钟热气啦②

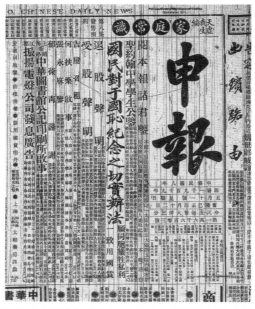

图1-2-125　国民对于国耻纪念之切实办法　愿同胞牺牲私利　一致用国货③

---

　　①　天津历史博物馆、南开大学历史系《"五四"运动在天津》编辑组：《"五四"运动在上海天津（历史资料选辑）》，天津：天津人民出版社，1979年，插页。

　　②　天津历史博物馆、南开大学历史系《"五四"运动在天津》编辑组：《"五四"运动在天津（历史资料选辑）》，天津：天津人民出版社，1979年，插页。

　　③　《申报》1919年5月11日，第一版。

图1-2-126 上海救国十人团在5月17日
（左）和27日《申报》刊发广告，"敬告"贩卖
日货的先施、永安两公司及两公司的回应[1]

图1-2-127 上海店员拆除日货招牌[2]

[1] 上海社会科学院历史研究所：《"五四"运动在上海史料选辑》，上海：上海人民出版社，1980年，插页。

[2] 程栋等：《图文20世纪中国史》第2卷（1910~1919），广州：广东旅游出版社，1999年，第616页。

图1-2-128　"五四"时期的爱国
传单：敬告同胞　毋忘国耻；推广国
产　抵制日货　万众一心　永保疆土①

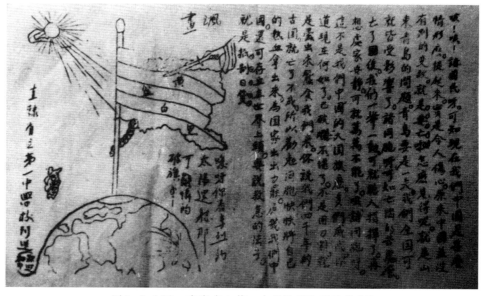

图1-2-129　直隶省立第一中学校刊印发的传单②

---

① 丁守和：《"五四"图史》，沈阳：辽海出版社，1999年，第123页。
② 天津历史博物馆、南开大学历史系《"五四"运动在天津》编辑组：《"五四"运动在天津
（历史资料选辑）》，天津：天津人民出版社，1979年，插页。

直隶(今河北)省立第一中学校刊印发的传单,文图结合,简短的口语表达,直观的图像寓意,通俗易懂地述说着救亡图存的法子就是抵制日货:

咳!咳!诸国民呀,可知道现在我们中国是什么情形?提起来,实是令人伤心。原来中国并没有别的变故,就是"要亡啦!"怎么见得呢?就是山东青岛的问题。青岛要是一失,我们全国可就皆受影响了。诸同胞呀,可知亡国的苦处么?亡了国后,我们一举一动,可就听人指挥了,再想处家安静,可就万万不能了。咳!诸同胞呀,这不是我们中国的大国旗么?多么的威武!知道现在如何了?已破烂不堪了。不是用刀割,就是蠹虫来蠹食我们来。你说我们四千年的古国,就亡了不成?所以劝勉同胞,快快将自己的热血拿出来,为国家出出力罢。我们中国,还可存立在世界上头,要说救急的法子,就是抵制日货。①

三、亲日官员,众矢之的

1. 万夫所指,惩治国贼

交通总长曹汝霖、驻日公使章宗祥、币制局总裁陆宗舆,他们三人与日本的渊源深远,均曾留学日本;步入仕途,参与国事的经历也非常相似。他们都曾奉袁世凯、段祺瑞等政府首脑的委派,直接参与被国人视为丧权辱国的"二十一条"的谈判,多次经手向日本大借款,是公认的亲日官员(图1-2-130)。

图1-2-130　"二十一条"草约签字,中方人员(左起):外交次长曹汝霖、外交总长陆征祥、秘书施复本,日方人员(右起):参赞小幡酉吉、驻华公使日置益、书记官高尾,1915年5月25日②

---

① 天津历史博物馆、南开大学历史系《"五四"运动在天津》编辑组:《"五四"运动在天津(历史资料选辑)》,天津:天津人民出版社,1979年,插页。

② 程栋等:《图文20世纪中国史》第2卷(1910～1919),广州:广东旅游出版社,1999年,第480页。

　　北京高师学生张润之撰写的"挽联"，飘扬在1919年"五四"天安门集会的会场，颇为引人瞩目。"挽联"写道："卖国求荣，早知曹瞒遗种碑无字；倾心媚外，不期章惇余孽死有头。北京学界同挽。卖国贼曹汝霖、章宗祥遗臭万古。"[①]

　　慑于群众爱国运动如火如荼的蓬勃发展，一些政界要员也致电大总统徐世昌，为顾全大局，将曹汝霖、陆宗舆、章宗祥三人免职。6月8日，淞沪护军使卢永祥及沪海道尹沈宝昌联名致电徐世昌："此次沪上风潮始由学生罢课，继由商人罢市，近且将有劳动工人同盟罢工。……现在罢市业经三日，并闻内地南京、宁波等处亦有罢市之说。星星之火，可以燎原，失此不图，将成大乱。……永祥等伏查上海为东南第一商埠，全国视线所集，内地商埠无不视上海为转移。……民心向背，即时局安危，亦不敢壅于上闻。可否查照上海总商会前电所呈，准将三人一并免职，明令宣示，以表示政府委曲求全，力顾大局之意。"[②]

　　罢免曹汝霖、章宗祥、陆宗舆，是"五四"运动参与者提出的基本目标之一。推动追究致使巴黎和会中国外交受挫当事人的责任，是学生罢课、商人罢市、工人罢工的无形舆论力量与有形物质力量交织综合作用的结果。成为众矢之的的曹汝霖、章宗祥、陆宗舆，被国人几乎众口一词地斥为"卖国贼"，势所难免地充当了弱国无外交的政府"替罪羊"（图1-2-131~图1-2-134）。

　　北京《晨报》关于曹汝霖、章宗祥、陆宗舆被北京政府免职令发表经过的报道，可见一斑，报道称：

　　　　曹、陆、章之免职命令，其原文已见于本日"命令栏"。兹闻此项命令之发表，实分为三次，其第一次发表者为免曹令，盖日前已内定者也。乃该令发表之际，即得天津罢市之消息，同时上海各银行又电京行报告上海罢市绵延多日，形势日益重大，政府如不能尽本日将罢免曹、章命令发表，则沪上金融无法维持，危险万状云云。京行得此电报，遂联合向政府声明，并请速定办法。政府无可如何，遂于昨（十日）午后将陆宗舆免职令发布，以为如此，似可餍足商学界之人心，而镇压眼前危险。敦意下午复得上海中国各银行团体及商会来电，略称：政府如能将曹、陆、章三人同时罢免，则彼等可担任向商界极力疏通，劝其于明日开市，如不能完全办到，则商民有所借口，前途将益纠纷，安危所系，只在一日，专候明令云

　　① 参见《"五四"运动与北京高师》，转引自陈平原、夏晓虹：《触摸历史："五四"人物与现代中国》，北京：北京大学出版社，2009年，第27页。
　　② 《护军使、道尹请免曹、陆、章电》，《申报》1919年6月10日，转引自张宪文等：《中华民国史》（第一卷），南京：南京大学出版社，2006年，第297页。

云。京中各银行得此电,复向政府交涉,政府踌躇再三,谓章宗祥并无辞呈,无人批准免职等语。各银行代表谓:安危已在俄顷,政府如尚无决心,彼等实不能负责云云,政府迫于无法,遂答应再将章宗祥免职令发表,但请各银行代表担保命令发表后,本日可以开市云云。同时并将以上三种命令派员带往天津,提示大众,劝其开市。闻昨下午国务院、内务部、农商部、教育部各派专员赴津,即携有此项使命云。[1]

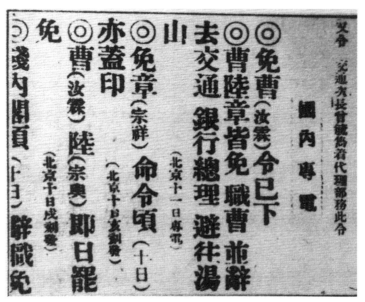

图1-2-131　北京政府罢免曹、陆、章职务的消息　北京《晨报》1919年6月11日[1]

图1-2-132　工、学、商打倒曹、陆、章[2]

①　原载1919年6月11日《晨报》,彭明:《中国现代史资料选编》第一册,北京:中国人民大学出版社,1987年,第163页。

②　李新、董谦:《图说近代中国》,北京:光明日报出版社,1991年,第344页。

③　程栋等:《图文20世纪中国史》第2卷(1910～1919),广州:广东旅游出版社,1999年1月第一版,第617页。

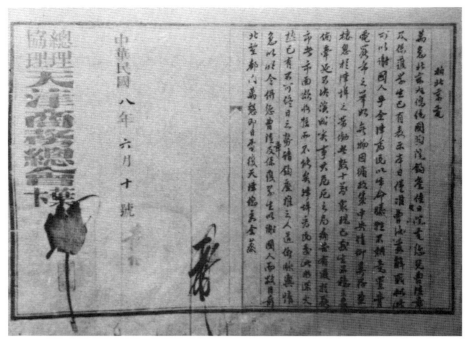

图1-2-133　天津总商会致北京政府电报原稿，1919年6月10日①

图1-2-134　天津学生团庆祝罢免曹、章、陆。领队身披"血书宣誓"四字条幅，1919年6月11日②

　　①　天津历史博物馆、南开大学历史系《"五四"运动在天津》编辑组：《"五四"运动在天津（历史资料选辑）》，天津：天津人民出版社，1979年，插页。
　　②　程栋等：《图文20世纪中国史》第2卷（1910~1919），广州：广东旅游出版社，1999年，第617页。

2. 留日"海归",替人受过

(1) 曹汝霖心有怨气

图1-2-135　曹汝霖,北京政府交通总长、财政总长[1]

曹汝霖(1877~1966),字润田,原籍浙江,生于上海。18岁以第五名的成绩考中秀才,后入汉阳铁路学堂。25岁的曹汝霖东渡日本,先入早稻田大学,后转东京私立法学院,29岁回国。参加清政府为留学生特设的考试,获第二名,被授予进士。31岁那年,西太后钦点其入宫详解日本宪制(图1-2-135)。

1905年,曹汝霖作为袁世凯的助手之一,参与中日两国在北京就东三省条约事宜的谈判。1909年左右,奉外务部特派,前往东三省,实地考察中日签订的《会议东三省事宜正约》及《附约》的执行详情。1913年8月,被大总统袁世凯从顾问擢升为外交部次长。1915年,直接参与"二十一条"的谈判,自称大受煎熬。与外交总长陆徵祥将"二十一条"亲送日本公使馆,自述有递降表之感。1916年后,历任交通总长、财政总长及交通银行总理,并于1917年、1918年四次经手向日本借款(图1-2-136)。

---

[1]　徐梅:《曹章陆是卖国贼吗?》,《南方人物周刊》2009年第19期。

图1-2-136　游行学生标语上写着"杀千刀的曹汝霖还我青岛来"①

1919年5月5日,曹汝霖在辞呈中自述:

　　汝霖本月四日上午奉派入府公燕,午后二时半回抵东城赵家楼私宅,适与驻日公使章宗祥晤谈。忽闻喊声甚厉,由远而近,势如潮涌,渐逼巷口,巡警相顾束手。约十余分钟,突见学生约千余人破门逾墙而进,蜂拥入内,遇物即毁,逢人肆殴。汝霖生父就养京寓,半身不遂,亦被殴击。旋即纵火焚屋,东院房屋为汝霖起居所在,立成灰烬,其余亦悉遭毁损。章公使当火发之际,仓促走避邻居,为群众见执,摔地狂殴,木石交加,头部受伤九处,伤及脑骨,流血不止,立时晕倒,不省人事。……信望未孚,责难交集……恳请罢斥,以谢天下。②

　　曹汝霖被罢免后,发誓作一个"在野"之民,自号"觉庵",先后"隐居"天津、香

------

　　①　程栋等:《图文20世纪中国史》第2卷(1910~1919),广州:广东旅游出版社,1999年,第610页。

　　②　《曹汝霖辞呈》(1919年5月5日),《政府公报》第1173号,1919年5月11日,转引自张宪文等:《中华民国史》(第一卷),南京:南京大学出版社,2006年,第293页。

港和日本、美国等地,病逝于美国底特律。这位"五四"运动中遭国人痛斥的头号"卖国贼",抗战时期身居沦陷区,坚守民族气节。而冲往赵家楼、放火焚烧曹府之一的北大学生梅思平,却在抗战中附逆,出任汪伪政权的组织部长、内政部长、浙江省长等,抗战胜利后被国民政府处决。

　　(2)章宗祥遭到痛殴

图1-2-137　章宗祥,中国驻日公使、司法总长[1]

　　章宗祥(1879~1962),字仲和,浙江吴兴人。东渡扶桑,日本东京帝国大学毕业,后获明治大学法学士学位。1903年回国,获赐进士出身,先后在法译馆、工商部、民政部、宪论编查馆、北京内城巡警厅任职,编纂商法,与董康合译《日本刑法》。1912年袁世凯任总统后,历任总统府秘书与顾问、法制局局长、大理院院长、司法总长兼代农商总长等职。1916年6月,出任驻日公使(图1-2-137,图

　　① 徐梅:《曹章陆卖国 人生转向凄暗》,原载《南方人物周刊》,转引自《侨报》2013年4月10日。

1-2-138）。

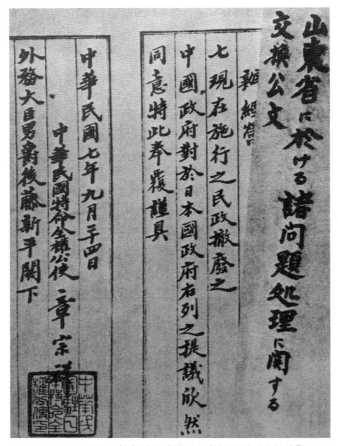

图1-2-138　章宗祥签字的"山东问题换文"文件①

1919年6月，章宗祥被免职，浙江湖州各界民众召开大会，宣布开除章宗祥的乡籍，宣告出族，并决议查封其家产，供地方经费使用。1920年，出任中日"合办"的中华汇业银行总理、1925年任北京通商银行总理。1928年后，寓居青岛。

1931年3月，应汉奸王揖唐之邀，到北平出任"华北政务委员会"咨询委员。抗日战争时期，历任新民印书馆董事长、"中日恳谈会"会长、伪华北临时政府最高顾问、伪华北政务委员会咨询委员、伪电力公司董事长。抗战胜利迁居上海，被短暂囚禁后释放。1949年去台湾，再赴日本、美国。1966年8月死于美国底特律。②

章宗祥遭到学生痛殴，头部挫创、全身扑打伤兼脑震荡，住院疗伤。得知北京政府逮捕肇事学生，他没有提出控告，而是让曾被学生送丧似地把白旗扔进车厢吓哭的太太出面，替他具呈保释被捕学生（图1-2-139）。

①　丁守和：《"五四"图史》，沈阳：辽海出版社，1999年，第81页。
②　李友唐：《"五四"运动中三个亲日派的下场》，《中华儿女》2009年第4期。

图1-2-139 出席巴黎和会前夕,章宗祥与夫人合影①

（3）陆宗舆被除乡籍

图1-2-140 陆宗舆,币制局总裁②

① 廖代英、杨会国:《中华百年祭（1840～1945）:外交图文档案》,重庆:重庆出版社,2006年,第96页。

② 《"五四"运动声讨的三大卖国贼章宗祥、曹汝霖和陆宗舆人生结局》,http://news.52fuqing.com/newsshow-686675.html。

　　陆宗舆（1876~1941），浙江海宁人，字润生。幼年从张謇读书，1899 年自费赴日留学，攻读政经科，毕业于日本政治家摇篮早稻田大学，1902 年归国。1905 年冬，以二等参赞之职随载泽出国考察宪政。1907 年调任奉天洋务局总办兼管东三省盐务。1911 年秋任交通银行协理、印铸局局长。中华民国成立后，任袁世凯大总统府财政顾问。1913 年 12 月被任命为驻日全权公使。1915 年初由袁世凯派遣，与陆徵祥、曹汝霖一起参与对日谈判，签订"二十一条"，并赴日本东京与日本换文批准该条约。1917 年 8 月，任刚在京成立的中日合办中华汇业银行总理，多次经手向日本借款。后任币制局总裁、察哈尔龙烟铁矿（今属河北）公司督办。1928 年，客寓天津。1940 年，汪精卫成立伪国民政府，被聘为行政院顾问。1941 年 6 月 1 日病死日本（图 1-2-140）。[1]

　　未受学生当面冲击的陆宗舆没有想到的是，义愤填膺的家乡父老开除了他的乡籍。浙江海宁现代史上的第一次大规模的政治运动，即开除陆宗舆的乡籍，并勒石竖碑，斥责"卖国贼"。1919 年 5 月 9 日，海宁县立乙种商业学校师生集会，声援北京"五四"爱国学生运动。5 月 13 日，海宁县各界召开万人国民大会，公决不承认陆宗舆为海宁人，以为卖国贼，并通电全国。6 月 11 日，海宁县商会、农会、教育会发出公开信，斥责北洋军阀政府"不顾民意，辱士养奸"，召开公民大会，决议竖勒石碑声讨卖国贼。三块刻有"卖国贼陆宗舆"六个字的石碑，分别立于盐官镇的邑庙前、北门外和观潮胜地海塘边的镇梅塔旁。

　　乡籍是一个人的祖居地或出生地，表明此人对地域的隶属关系。对一贯重视乡籍的乡人来说，开除乡籍，是对其有极大愤慨，不耻与此人同乡的表示。对被开除者来说，无疑是奇耻大辱。陆宗舆得知被开除乡籍并勒石立碑后，即重金贿赂海宁县知事以图毁碑。乡人得知此事，又以县教育会牵头，群起而阻之，县知事耽于民意，不敢强行胡为。8 月 16 日，北洋政府内务部行文县知事销毁石碑，民众得知，再以县教育会牵头，联合商会、农会，以县民众的名义致电内务部，斥为包庇卖国贼。直至大总统徐世昌下令强行拆毁此三块碑石。[2]1985 年，海宁惠力寺清理场地，在西墙脚掘出一块"卖国贼陆宗舆"石碑，妥为保存。

---

　　① 李友唐：《"五四"运动中三个亲日派的下场》，《中华儿女》2009 年第 4 期。
　　② 朱子南：《朱宇苍：从一个人看中国 20 世纪初的转型》，海宁市图书馆馆刊《水仙阁》2013 年第 3 期。

第四节 新文化运动

一、尊孔批孔,文化论战

1.欲立孔教为国教

袁世凯1915年复辟帝制,自己当上了洪宪皇帝。张勋1917年复辟,清朝末代皇帝溥仪又坐回了龙椅。袁世凯、张勋倒行逆施的共同之处在于都抬出了孔子。

袁世凯先于1912年9月发布了《崇孔伦常文》,又于1913年6月、11月两次下达《尊孔祀孔令》。1914年9月,袁世凯在京城,各省将军和巡按使在本省,举行中华民国成立后的首次大规模祭孔。9月28日6时半,袁世凯抵达孔庙,换穿绣有四团花的十二章大礼服,围褶紫缎裙,戴上平天冠,由侍从官引导行礼,俎豆馨香,三跪九叩,从容始终,绝无倦怠(图1-2-141~图1-2-143)。

图1-2-141 1914年9月28日,袁世凯率文武百官在孔庙行跪拜祭孔礼[①]

---

① 程栋等:《图文20世纪中国史》第2卷(1910~1919),广州:广东旅游出版社,1999年,第463页。

图1-2-142　祭孔时的袁世凯①

图1-2-143　袁世凯祭孔时的乐队②

---

① 上海市历史博物馆:《20世纪初的中国印象——一位美国摄影师的纪录》,上海:上海古籍出版社,2001年,第130页。

② 上海市历史博物馆:《20世纪初的中国印象——一位美国摄影师的纪录》,上海:上海古籍出版社,2001年,第130页。

　　1914年12月20日,袁世凯正式宣布恢复前清的祭天制度。12月23日清晨,新华门至天坛沿路黄土垫道,袁世凯乘坐汽车抵达天坛,更换衣冠,行鞠躬礼(图1-2-144)。

图1-2-144　袁世凯到天坛祭天[①]

　　袁世凯竭力提倡封建道德,尊孔读经,鼓吹复古。一些中国文人和外国人也为之鼓噪,宣扬共和制不合"国情",应发扬国粹。孔教会、孔道会、宗圣会、孔社之类尊孔团体,纷纷呼吁。

　　康有为(图1-2-145)在戊戌变法前撰写《孔子改制考》,首立"孔子创教"说。1916年9月20日,他在上海《时报》发表《致总统总理书》,要求将孔教定为大教,编入宪法,恢复祭孔跪拜礼节,保留府县学宫及祭田,设置奉祀官(不得以其他职事假赁侵占),同时致电内务部,重申祭孔"照行拜跪"。

　　①　程栋等:《图文20世纪中国史》第2卷(1910～1919),广州:广东旅游出版社,1999年,第463页。

图1-2-145　1917年复辟时的"文圣人"康有为①

　　1916年12月27日和1917年1月8日，宪法审议会两次开会讨论以孔教为国教的问题。赞成将孔教定为国教者认为，中国数千年来所以能维持，有赖于孔子之教，孔子之道是中国一切政化礼俗的准绳，虽无国教之名，却有国教之实。反对者指出：孔子之道并非宗教，孔子提倡尊君之说，成为推行专制的工具；定孔教为国教，势必使之对其有服从的义务，与信教自由的主旨根本抵触。最终，将孔教定为国教未获2/3之多数。

　　2.高呼"打孔家店"

　　北京政府教育部1912年1月和5月，两次通令废止读经。易白沙在《新青年》发表《孔子评议》，认为孔子早已被汉武帝利用而成为傀儡，孔子的学说利弊互存，弊在"孔子尊君权，漫无限制，易演成独夫专制"，"孔子讲学，不许问难，易演成思想专制"，"孔子少绝对主张，易为人所借口"，"孔子但重作官，不重谋食，易入民贼牢笼"（图1-2-146）。②

　　①　陈平原、夏晓虹：《触摸历史："五四"人物与现代中国》，北京：北京大学出版社，2009年，第299页。

　　②　易白沙：《孔子评议（上）》，《青年杂志》第1卷第6号影印本，上海：上海书店，1988年。

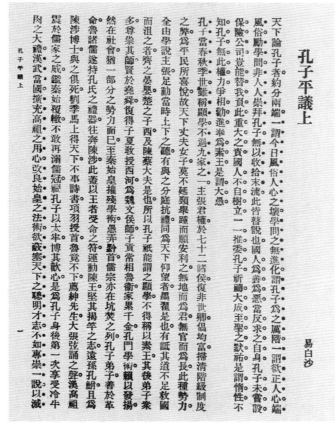

图1-2-146　易白沙在《新青年》发表《孔子评议》①

陈独秀连续发表文章《驳康有为致总统总理书》、《宪法与孔教》、《孔子之道与现代生活》、《复辟与尊孔》、《袁世凯复活》、《再论孔教问题》（图1-2-147，图1-2-148），指出：旧道德与民主政治势不两立，尊孔必然导致复辟；定孔教为国教，违背了思想自由和信仰自由的原则；孔子的思想不适应现代生活，孔教与独立、平等、自由绝对不可并容，"欲建设西洋式之新国家，组织西洋式新社会，以求适今世之生存，则根本问题，不可不首先输入西洋式社会国家之基础，所谓平等人权之新信仰。对于此新社会、新国家、新信仰不可相容之孔教，不可不有彻底之觉悟，猛勇之决心，否则不塞不流，不止不行"②。陈独秀并不全盘否定孔子，他说得很明白："我们反对孔教，并不是反对孔子个人，也不是说他在古代社会毫无价值。"③

① 《新青年》第1卷第6号影印本，上海：上海书店，1988年。
② 陈独秀：《宪法与孔教》，《新青年》第2卷3号影印本，上海：上海书店，1988年。
③ 柳士同：《重温"打倒孔家店"》，《书屋》2009年第3期。

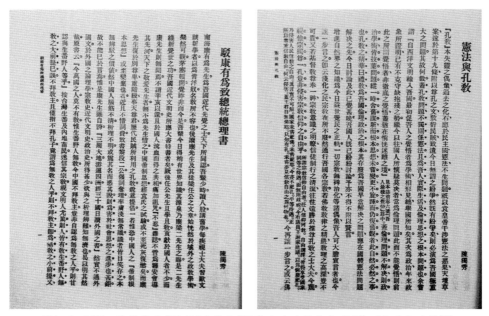

图1-2-147　陈独秀在《新青年》发表《驳康有为致总统总理书》、《宪法与孔教》①

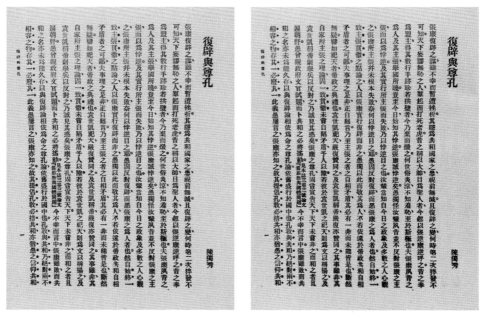

图1-2-148　陈独秀在《新青年》发表《孔子之道与现代生活》、《复辟与尊孔》②

尖锐泼辣的四川人吴虞，在《新青年》第2卷第6号发表文章《家族制度为专制主义之根据论》（图1-2-149），将儒家的伦理学说与政治专制制度、家族制度

①　《新青年》第2卷第2号、3号、4号影印本，上海：上海书店，1988年。
②　《新青年》第2卷第4号、第3卷6号影印本，上海：上海书店，1988年。

相联系,认为:"儒家以孝悌二字为二千年来专制政治家族制度联结之根干,贯彻始终而不可动摇,使宗法社会牵制军国社会,不克完全发达。其流毒诚不减于洪水猛兽。"主张以"和字代之"儒家孝悌:"既无分别之见,尤合平等之规。虽蒙离经叛道炎讥,所不恤矣。"①然而并不以打孔家店者自居的吴虞却被胡适误在《吴虞文录序》中赞扬为"'四川省只手打孔家店'的老英雄"②。

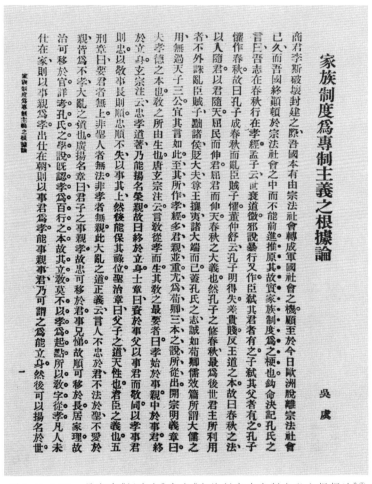

图1-2-149　吴虞在《新青年》发表《家族制度为专制主义之根据论》③

对于封建的"节烈",胡适在《每周评论》上发表白话诗《我的儿子》及文章《再论"我的儿子"》,希望自己的儿子,以后成为一个堂堂的人,而不赞成儿子把孝顺

①　吴虞:《家族制度为专制主义之根据论》,《新青年》第2卷第6号影印本,上海:上海书店,1988年。
②　刘济生:《打倒孔家店与打倒秦家店孰轻孰重》,《炎黄春秋》2004年第4期。
③　《新青年》第2卷第6号影印本,上海:上海书店,1988年。

父母列为一种信条。鲁迅在《新青年》上发表杂文《我们现在怎样做父亲》、《我之节烈观》，对神圣不可侵犯的父权提出批评，主张父亲对于孩子，应尽力地理解、指导和解放，抨击"女子死了丈夫，便守着，或者死掉"的封建节烈观，质疑已然成为"社会公意"的"饿死事小，失节事大"之类的"古训"。

　　启蒙思想的新文化运动，是中国人进行的观念形态革命，打碎了长期束缚国人思想的精神枷锁，进行了全新的自我重塑，推动了社会的进步。

二、一份杂志，一所大学

1.《新青年》杂志风行

　　以深刻"改造国民性"为宗旨，陈独秀创办了《新青年》。这份刊物原名《青年杂志》，1915年9月15日创刊于上海，1916年9月改名《新青年》。杂志创刊号的封面除使用中文标署刊名，另用法文"La Jeunesse"副署"青年"（图1-2-150）。

图1-2-150　《青年杂志》第1卷第1号，《新青年》第2卷第1号[1]

　　陈独秀发表《敬告青年》（图1-2-151），指出中国青年应是自主的而非奴隶的，进步的而非保守的，进取的而非退隐的，世界的而非锁国的，实利的而非虚文的，科学的而非想象的，"国人而欲脱蒙昧时代，羞为浅化之民也，则急起直追，当以科学与人权并重"[2]。

---

[1]　《新青年》影印本，上海：上海书店，1988年。
[2]　陈独秀：《敬告青年》，《青年杂志》1915年9月15日第1卷第1号。

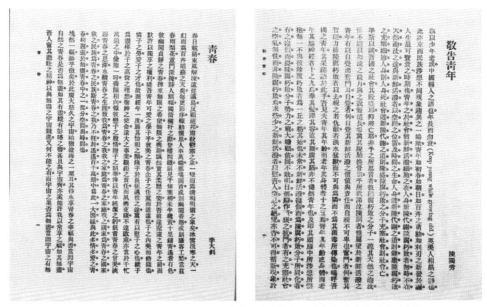

图1-2-151 陈独秀、李大钊在《新青年》发表《敬告青年》、《青春》①

李大钊赞扬《青春》，号召青年"冲破过去历史之网罗，破坏陈腐学说之囹圄"，共同"新造民族之生命，挽回民族之青春"，"前进而勿顾后，背黑暗而向光明，为世界进文明，为人类造幸福，以青春之我，创建青春之家庭，青春之国家，青春之民族，青春之人类，青春之地球，青春之宇宙"②。

1917年初，陈独秀应蔡元培之邀，担任北京大学文科学长，《新青年》随迁北京出版。北大图书馆主任李大钊，北大教授刘半农（图1-2-152）、胡适、沈尹默（图1-2-153）、周作人，北大编译委员高一涵（中国大学教授），教育部佥事鲁迅（图1-2-154），参加杂志编辑部工作。1919年1月，《新青年》从第6卷1号起，由陈独秀、钱玄同（图1-2-155）、高一涵、胡适、李大钊、沈尹默轮流编辑各号。

图1-2-152 刘半农，北大法科预科教授，《新青年》北京时期编辑③

---

① 《青年杂志》第1卷第1号、《新青年》第2卷第1号影印本，上海：上海书店，1988年。
② 李大钊：《青春》，《新青年》1916年9月1日第2卷第1号。
③ 萧超然：《北京大学与"五四"运动》，北京：北京大学出版社，1995年，插页。

图1-2-153　沈尹默,北大教授,《新青年》北京时期编辑①

图1-2-154　鲁迅,教育部佥事,《新青年》北京时期编辑②

---

①　张耀杰:《"五四"运动中的沈尹默与胡适北大旧事几件史实考证》,《北京青年报》2014年5月23日。

②　北京大学图书馆、首都博物馆:《纪念李大钊》,北京:文物出版社,1985年。

图 1-2-155 钱玄同,北京师大教授,
《新青年》北京时期编辑[1]

《新青年》高举科学与民主的旗帜,反对封建文化和封建礼教,提倡新文学反对旧文学,倡导百家争鸣,施行自由讨论,成为汹涌澎湃的新思潮的最为强劲的"总发动机"(王汎森,台湾"中央研究院"院士、历史语言研究所所长),是个名副其实的"思想炸弹"(周策纵,美国威斯康星大学教授)。

2.兼容并包的北大

北京大学创办于1898年,原为清政府设立的京师大学堂,校址位于北京景山东街的马神庙和嘉公主府(图1-2-156)。1912年改现名后,扩大招生规模,增建新式校舍(图1-2-157,图1-2-158)。

图 1-2-156 京师大学堂旧址,马神庙和嘉公主府(今北京景山东街)[2]

① 北京大学图书馆、首都博物馆:《纪念李大钊》,北京:文物出版社,1985年。
② 《历史上的今天:"五四"运动爆发》,南海网 http://www.hinews.cn,2005-05-04。

图1-2-157　北京大学(一院,红楼)①

图1-2-158　京师大学堂分科大学理科教学楼遗址②

---

①　陈平原、夏晓虹:《触摸历史:"五四"人物与现代中国》,北京:北京大学出版社,2009年,插页。

②　李向群:《京师大学堂分科大学旧址历史　校史钩沉》,《北京大学校报》2007年3月20日,第四版。

　　蔡元培扭转了北京大学的校风和学风。北大曾被戏称为"官僚养成所"，学生多为官僚、富家子弟，带着仆人的"学生老爷们"不欲求知而为做官。1912年身为教育总长的时候，蔡元培即在北大开学典礼演说，提出"大学为研究高尚学问之地"。就任北大校长后，他明确要求学生"砥砺德行"，"敬爱师长"，抱定求学宗旨，"入法科者，非为做官；入商科者，非为致富"（图1-2-159~图1-2-162）。[①]

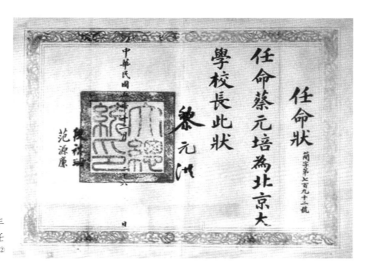

图1-2-159　1916年12月26日，蔡元培担任北京大学校长的任命状[②]

图1-2-160　北大图书馆，马神庙[③]

---

① 《蔡元培任北大校长前后》，《中国档案报》2013年1月14日，第三版。
② 《蔡元培任北大校长前后》，《中国档案报》2013年1月14日，第三版。
③ 北京大学图书馆、首都博物馆：《纪念李大钊》，北京：文物出版社，1985年，图45。

图1-2-161　北大图书馆,沙滩红楼一楼①

图1-2-162　李大钊办公室,北大图书馆沙滩红楼一楼②

---

①　北京大学图书馆、首都博物馆:《纪念李大钊》,北京:文物出版社,1985年,图46。
②　北京大学图书馆、首都博物馆:《纪念李大钊》,北京:文物出版社,1985年,图47。

　　1919年二三月间,举人林纾(图1-2-163)在上海《新申报》"蠡叟丛谈"发表小说《荆生》和《妖梦》,影射陈独秀等《新青年》同人,希冀政治势力干预新文化运动。《荆生》中诋毁前贤的皖人田必美(陈独秀)、自美新归的狄莫(胡适)、浙人金心异(钱玄同),被伟丈夫荆生痛打。《妖梦》中白话学堂的教务长田恒(陈独秀)、副教务长秦二世(胡适)诋毁伦常,赞扬白话,校长元绪(蔡元培)对此点首赞赏,一个能啖月亮的妖魔向他们扑去。

图1-2-163　林纾[1]

　　1919年3月18日,林纾在《公言报》发表《致蔡鹤卿太史书》,指责北京大学的改革是"覆孔孟,铲伦常","尽废古书,行用土语为文字"。斥白话文为"都下引车卖浆之徒,所操之语"[2]。"近来尤有所谓新道德者,斥父母为自感情欲,于己无恩。此语曾一见之随园文中。仆方以为拟于不伦,斥衰枚为狂谬,不图竟有用为讲学者……今全国父老以子弟托公,愿公留意,以守常为是。"[3]

　　蔡元培撰文《答林君琴南函》,于反驳之中提出办学的两大主张:"对于学说,仿世界各大学通例,循'思想自由'原则,取兼容并包主义。""对于教员,以学诣为主。在校讲授,以无背于第一种之主张为界限。其在校外之言动,悉听自由。本校从不过问,亦不能代负责任……夫人才至为难得,若求全责备,则学校殆难成立。"[4]

　　① 张耀杰:《90年前的影射小说之争》,《南方都市报》2009年1月20日。
　　② 林纾:《致蔡鹤卿书》,薛绥之、张俊才:《林纾研究资料》,福州:福建人民出版社,1983年,第88页。
　　③ 转引朱洪:《努力人生:胡适在北大》,《读书文摘》2007年第12期。
　　④ 转引朱洪:《努力人生:胡适在北大》,《读书文摘》2007年第12期。

三、文学革命，白话倡行

1. 文学革命的兴起

文学革命及白话文运动"不仅是中国文学载体的革命、文学形式的解放，而且是中国文化基本范式、中国人的思维习惯乃至日常生活习惯的根本革命"[①]。

在美国留学的胡适（图1-2-164），在《新青年》发表文章《文学改良刍议》（图1-2-165），将两年来的思考，概括为8点意见：须言之有物，不摹仿古人，须讲求文法，不作无病之呻吟，务去滥调套语，不用典，不讲对仗，不避俗字俗语。[②]

图1-2-164　胡适

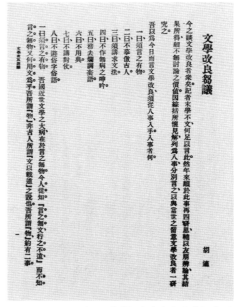

图1-2-165　胡适在《新青年》发表《文学改良刍议》[③]

---

① 丁守和：《五四图史》，沈阳：辽海出版社，1999年，第61页。
② 胡适：《文学改良刍议》，《新青年》第2卷第5号影印本，上海：上海书店，1988年。
③ 《新青年》第2卷第5号影印本，上海：上海书店，1988年。

　　国学大师章太炎的门人钱玄同,对胡适的提议给予了不无偏激的响应。他在
《新青年》"通信"栏刊文,主张作文废除用典、废除律诗,指出:"顷见五号《新青
年》胡适之先生《文学刍议》,极为佩服。其斥骈文不通之句,及主张白话体文学
说最精辟……具此识力,而言改良文艺,其结果必佳良无疑。惟选学妖孽、桐城
谬种,见此又不知若何咒骂。"[1]

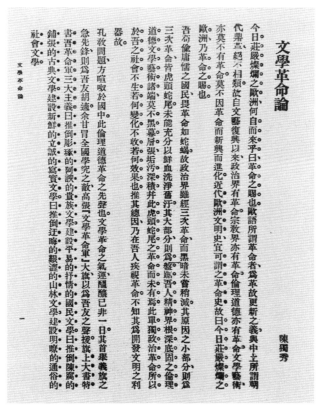

图1-2-166　陈独秀在《新青年》发表《文学革命论》[2]

　　陈独秀随即在《新青年》发表《文学革命论》(图1-2-166),提出文学革命三
项主张:推倒雕琢、阿谀的贵族文学,建设平易、抒情的国民文学;推倒陈腐、铺张
的古典文学,建设新鲜、立诚的写实文学;推倒迂晦、艰涩的山林文学,建设明了、
通俗的社会文学。他指出:"今欲革新政治,势不得不革新盘踞于运用此政治者
精神界之文学。"[3]

---

　　① 钱玄同:《对文学改良刍议和大学文科中国文学门课程表的反应》,《新青年》第2卷第
6号影印本,上海:上海书店,1988年。
　　② 《新青年》第2卷第5号影印本,上海:上海书店,1988年。
　　③ 《新青年》第2卷第6号影印本,上海:上海书店,1988年。

一年后,胡适在《新青年》发表《建设的文学革命论》,提出以相辅相成的"国语的文学"、"文学的国语"为文学革命的主旨,强调:"我们所提倡的文学革命,只是要替中国创造一种国语的文学。有了国语的文学,方才可有文学的国语。有了文学的国语,我们的国语才可算得真正国语。"①

文学革命的研讨与建设难以截然区分,许多文学革命的倡导者尝试使用白话作文赋诗,一批成果联袂而出。鲁迅在《新青年》发表的第一篇文章,即他写的第一篇白话小说《狂人日记》(图1-2-167)。

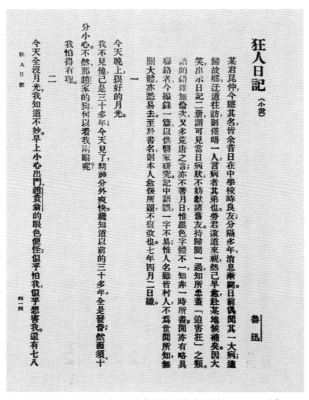

图1-2-167　鲁迅在《新青年》发表《狂人日记》②

胡适、刘半农、鲁迅、沈尹默、周作人、朱自清、康白情、陈独秀、李大钊、刘大白、傅斯年、罗家伦等,都有白话新诗问世,胡适的诗集《尝试集》名重一时。《新青年》、《每周评论》的"随感录"专栏,刊登了陈独秀、刘半农、钱玄同、鲁迅、周作人撰写的许多作品。以"随感录"为名出现的散文新样式,不同于传统散文,有着鲜明的时代气息。诗歌、散文、短篇小说、故事和戏剧等都有了新的方向,文学批评和文学理论亦有了明显的进步。

① 胡适:《建设的文学革命论》,《新青年》第4卷第4号,1918年4月15日。
② 《新青年》第4卷第5号影印本,上海:上海书店,1988年。

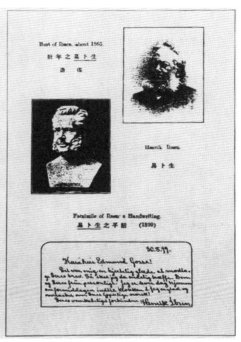

图1-2-168 《新青年》第4卷第6号为"易卜生号"①

《新青年》先后出版"易卜生专号"（图1-2-168）、中国传统话剧和戏剧改革专号。

一出由著名教授在《新青年》出演的"双簧"，吸引青年读者的注意力丝毫也不逊色于文学革命中的文学作品。自号"疑古玄同"的钱玄同，化名王敬轩，假扮顽固派，以4000多字读者来信，列数《新青年》和文学革命的罪状，谩骂毁诋。做过编剧的刘半农，以革命者的身份复信，写了万余言的《复王敬轩书》，针锋相对，逐一批驳，阐述文学革命的必要、重要和反对它的荒谬。《新青年》统名《文学革命之反响》，同时发表这两封信，引起轰动（图1-2-169）。被鲁迅称作打了一个大仗的这出"双簧"，出了旧文人的丑，极大地张扬了文学革命的大旗。

① 丁守和：《"五四"图史》，沈阳：辽海出版社，1999年，第63页。

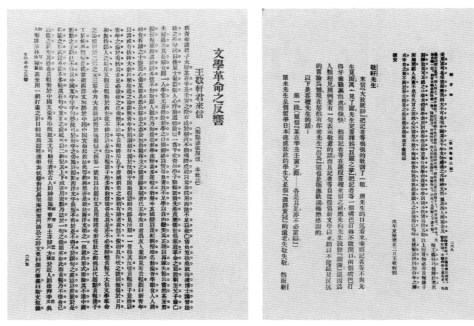

图1-2-169　《新青年》发表《王敬轩君来信》及复信①

至于现代小说的创作，当推鲁迅。他于1918年5月在《新青年》上发表的白话文小说《狂人日记》不仅向世人表明他的文学成就，而且为新文学的创作提供了成功的范例，充分表现了新文学的生命力。

2.白话取代文言

《新青年》提倡白话文，身体力行白话文。《新青年》的创刊号全部使用文言，从第1卷第2号开始，译载外国文学作品时即部分使用白话，此后白话逐渐增多，文言逐渐减少。

刘半农、钱玄同等人视白话文为文学正宗。钱玄同说："现在我们认定白话是文学的正宗：正是要用质朴的文章，去铲除阶级制度里的野蛮款式；正是要用老实的文章，去表明文章是直写自己脑筋里的思想，或直叙外面的事物，并没有什么一定的格式。对于那些腐臭的旧文学，应该极端驱除，淘汰净尽，才能使新基础稳固。"②1918年1月出版的《新青年》第7卷第1号，完全使用白话刊行，并使用新式标点符号（图1-2-170，图1-2-171）。

---

① 《新青年》第4卷第3号影印本，上海：上海书店，1988年。
② 钱玄同：《尝试集序》，《新青年》第4卷第2号（1918年2月15日）影印本，上海：上海书店，1988年，第141页。

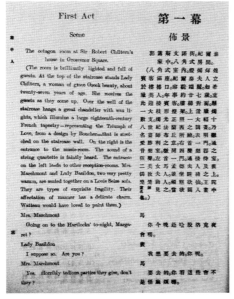

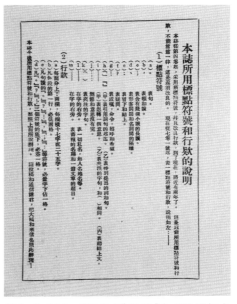

图1-2-170 《新青年》使用横版式刊载薛琪瑛译喜剧《意中人》[1]

图1-2-171 《新青年》刊载《本志所用标点符号和行款的说明》[2]

　　《尝试集》是胡适的白话诗集（图1-2-172，图1-2-173），另附录1916年7月他去美国之前的文言诗，钱玄同作序。胡适解释此诗集定名"尝试"的缘由："'自古成功在尝试！'……莫想小试便成功，那有这样容易事！有时试到千百回，始知前功尽抛弃。即便如此已无愧，即此失败便足记。告人'此路不通行'，可使脚力莫枉费。我生求师二十年，今得'尝试'两个字。作诗做事要如此，虽未能到颇有志。作'尝试'歌颂吾师，愿大家都来尝试！"胡适在白话上的言行一致，获得了钱玄同赞扬："'知'了就'行'，以身作则，做社会的先导。"

　　《新青年》倡行白话示范的效应已速显现。继学生报刊之后，其他报刊和文学作品，纷纷使用白话。1919年10月，全国教育联合会决议，要求北京政府正式提倡白话文。1920年1月，教育部训令，小学一二年级国语从当年秋季开始用白话取代古文；3月，教育部要求小学各年级一律废除文言教科书。

　　从晚清开始的白话文运动，历经新文化运动的洗礼，令知识分子从狭小天地逾越而出，书面语言与口头语言日趋接近，知识的传播、教育的普及变得轻松了许多。

---

① 《新青年》第1卷第2号影印本，上海：上海书店，1988年。
② 《新青年》第7卷第1号影印本，上海：上海书店，1988年。

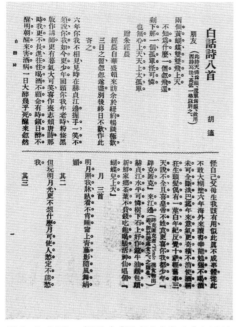 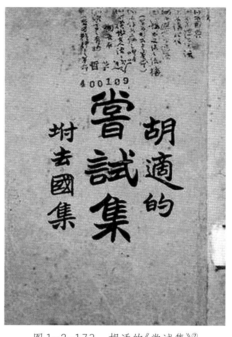

图1-2-172　胡适在《新青年》发表《白话诗八首》①　　　　图1-2-173　胡适的《尝试集》②

结　语

　　"五四"运动及新文化运动使得中国在推翻封建帝制之后,在文化及思想方面也开始走向新的道路。在这一时期,中国遭到帝国主义列强的侵略、瓜分,在国际会议上得不到公正的对待,虽有一些出卖国家之人,但更应看到的是,当时的中国有大批爱国志士,在国家危难之际愿意牺牲。在五四运动中,我们看到了大批的知识分子、学生,在社会变革中扛起了大旗,各地各行业的人们也响应这次运动的号召。新文化运动则是在提倡白话文的大潮中,将新知识、新理念、新思想带给了国人。没有"五四"新文化运动,中国在政治、文化上的进步也就无法达成。我们可以看到,有关这一时期这些运动的图像资料,包括运动的导火线、运动的关键节点、运动的瞬间等,有很多都被比较完好地保存了下来,并且成了见证这一时期的经典照片,有些还被写入了教科书。这不仅是对历史的纪录,同时也是对我国新闻图像史的纪录。重新审视这些新闻图像,我们可以看到很多历史的细节,也可以发现了解历史的新角度。不管从哪个角度来说,这些图像都值得我们珍惜。

①　《新青年》第2卷第6号影印本,上海:上海书店,1988年。
②　《胡适新诗集〈尝试集〉》,http://wapbaike.baidu.com/view/844502.htm。

第三章

1921年图像新闻概述

——中国共产党成立

　　1921年是中国历史值得大书特书的一年，也是人类历史需要特别铭刻的一年，中国共产党在这一年诞生了，中国广大的劳苦大众从此有了自己的组织。中国社会的发展历史已经证明中国共产党对于中国社会发展的重要性，中华民族在苦难中坚强崛起的事实进一步说明中华民族的自强自立只有中国共产党人才能够做得到。1921年是中华民族奋力呐喊的一年，是中国历史天空上最耀眼的一年。

第一节　马克思主义的传播与共产主义运动

一、马克思主义在中国的传播

1.李大钊、李汉俊的研究介绍

　　李大钊是中国马克思主义的先驱。1917年俄国十月革命胜利，他发表文章《布尔什维主义的胜利》和《庶民的胜利》，热情赞扬俄国革命。1919年5月4日马克思诞辰101周年纪念日，李大钊帮助《晨报》副刊开辟"马克思主义研究"专栏，陆续刊载马克思的《劳动与资本》(《雇佣劳动与资本》)和介绍马克思主义的译文。同年9月，李大钊编辑的《新青年》6卷5号，刊发《马克思学说》(顾兆熊)、《马克思学说批评》(凌霜)、《马克思研究》(陈启修和渊泉)、《马克思传略》(刘秉麟)。李大钊在同一号《新青年》上发表的《我的马克思主义观》(图1-3-1)，系统介绍马克思主义基本观点，重点论述生产力决定生产关系、经济基础决定上层建筑、阶级斗争推动社会历史发展以及无产阶级的历史使命和无产阶级国际主义等概念，并阐释了这些论述所包含的唯物史观和科学社会主义基本原理。

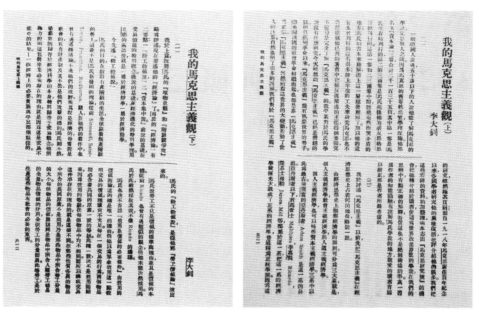

图1-3-1　李大钊在《新青年》发表《我的马克思主义观》①

　　李汉俊通晓日、德、英、法四国语言，他从日本带回各种英、德、日文的马克思主义外文书刊，从事翻译和介绍。据不完全统计，从1919年到1921年，李汉俊在上海一地，以李漱石、李人杰、汉俊、汗、海镜、海晶、先进、厂晶等笔名，分别在《新青年》、《星期评论》、《民国日报》副刊《觉悟》和《共产党》等报刊上发表《怎么样进化》（中心内容就是宣传马克思主义的唯物史观）、《金钱和劳动》、《太平洋会议及我们应取的态度》、《浑朴的社会主义者的特别的劳动运动意见》、《自由批评与社会问题》、《冤哉枉也！——抨击张东荪先生的人们》等90余篇译文和文章，宣传马克思主义。李汉俊称颂马克思主义是"我们择方向时候的指南针"，"只要有了这个指南针，我们就可以随爵施设，应机修正，不至于死守盲撞了"②。

　　2.马克思主义研究会

　　李大钊同邓中夏等多次商议后，于1920年3月在北京大学组织成立马克思学说研究会（图1-3-2）。邓中夏、高君宇、何孟雄、朱务善、罗章龙、张国焘是最初的参加者。不久，瞿秋白也参加了这个研究会。③研究会拟定章程，组织讨论会和讲演会，收集、借阅和编译图书。

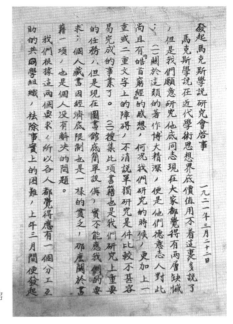

图1-3-2　北京大学马克思学说研究会发起启事(影印件第1页)[1]

　　北京大学把位于马神庙西口北二院内西头的两间房子,拨作马克思学说研究会的会址。在李大钊的帮助下,会员们逐渐搜集了一批马克思主义书籍。存放这些非常难得的书籍之处,被称作"亢慕义斋"(英文Communism——共产主义的音译)。盖有"亢慕义斋"图章的一些书籍,现仍保存在北大图书馆(图1-3-3)。

图1-3-3　北京大学"亢慕义斋"旧址[2]

────────────

①　黄明军:《发起"马克思学说研究会启事"原稿惊现常德》,http://www.crt.com.cn/news2007/News/tgjx/1062114415885GH276KADFGIC0J22KI.html。
②　《李大钊传》编写组:《李大钊传》,北京:人民出版社1979年,第85页。

3.翻译《共产党宣言》

马克思、恩格斯1848年为共产主义同盟起草的纲领《共产党宣言》，阐述科学共产主义理论，提出战斗口号："全世界无产者，联合起来！"马克思和《共产党宣言》传入中国始于19世纪末，由只言片语到章节段落再到全文翻译，这期间外国人和中国人虽然意图不一，但都为其在中国的传播产生了客观的促进和宣扬作用。

1899年3月，英国传教士李提摩太（图1-3-4）在上海《万国公报》（第121期）（图1-3-5）发表《大同学》第一章《今世景象》，他写道："其以百工领袖著名者，英人马克思也。马克思之言曰：纠股办事之人，其权笼罩五洲，突过于君相之范围一国。吾侪若不早为之所，任其蔓延日广，诚恐遍地球之财币，必将尽入其手。然万一到此时势，当即系富豪权尽之时。何也……"[1]

图1-3-4　英国传教士李提摩太夫妇[2]

图1-3-5　《万国公报》1899年第2期封面[3]

---

① 王列平：《20世纪初〈共产党宣言〉在中国的传播》，《文史精华》2007年第6期。
② 王列平：《20世纪初〈共产党宣言〉在中国的传播》，《文史精华》2007年第6期。
③ 《马克思主义传播在中国》，http://roll.sohu.com/20110627/n311732580.shtml。

　　1902年,梁启超在《新民丛报》上发表《进化论革命者颉德之学说》,称马克思(译"麦喀士")是"社会主义之泰斗"。他在《二十世纪之巨灵拖拉斯》(1903)、《杂谈某报》(1905)等文中都提到马克思,认为"社会主义为将来世界最高尚最美妙之主义"。①

　　1903年,上海广益书局出版赵必振翻译的日本福井准造的论著《近世社会主义》(图1-3-6),此书以较多的篇幅介绍包括马克思主义在内的欧洲各种社会主义流派,4次提到《共产党宣言》,称是"一大雄篇",详细介绍马克思撰写《共产党宣言》的缘由,并简介《共产党宣言》、《资本论》等著作的写作过程及主要内容,引录《共产党宣言》的最后一段话:"同盟者望无隐蔽其意见及目的,宣布吾人之公言,以贯彻吾人之目的。唯向现社会之组织,而加一大改革,去治者之阶级,因此共产的革命而自警。然吾人之劳动者,于脱其束缚之外,不敢别有他望,不过结合全世界之劳动者,而成一新社会耳。"②

图1-3-6　日本福井准造的《近世社会主义》③

　　①　陈家新:《〈共产党宣言〉在中国的翻译和版本研究》,《中国国家博物馆馆刊》2012年第8期。

　　②　陈家新:《〈共产党宣言〉在中国的翻译和版本研究》,《中国国家博物馆馆刊》2012年第8期。

　　③　《马克思主义传播在中国》,http://roll.sohu.com/20110627/n311732580.shtml。

　　同盟会机关刊物《民报》于1905年11月刊发资产阶级革命派朱执信摘译的《共产党宣言》的主要内容；1906年9月刊发资产阶级革命派叶夏声的文章《无政府党与革命党之说明》，介绍《共产党宣言》，把共产党宣言十大纲领简单地解释为：一、禁私有财产，而以一切地租充公共事业之用；二、课极端之累进税；三、不认相续权（不认承继财产之事）；四、复收移外国及反叛者之财产；五、由国民银行及独占事业集信用于国家；六、交通机关归之国有；七、为公众而增加国民工场中生产机械，且开垦土地，时加改良；八、强制为平等之劳动，设立实业军；九、结合农工业使之联属，因以泯邑野之界；十、设立无学费之公立小学校，禁青年之执役，使教育生产事业为一致。[①]

　　1919年4月6日，李大钊、陈独秀创办的北京《每周评论》第16号，以《共产党的宣言》为标题，刊发成舍我摘译的《共产党宣言》第二章最后部分，将劳工革命的目的解释为：把无产阶级高举起来，放在统治的地位，并把一切生产状态完全革新。[②]

　　《共产党宣言》德文版1848年首先在英国伦敦付梓出版，首印仅500册。英文版、法文版、俄文版、意大利文版、波兰文版等版本的《共产党宣言》接踵而出。40年后，《共产党宣言》有了日文版。72年后，《共产党宣言》中文全译本由上海社会主义研究社出版，首版印行1 000册。

　　29岁的陈望道（图1-3-7）接到上海《民国日报》邵力子的来信，得知上海《星期评论》的戴季陶请他翻译《共产党宣言》。他回到僻静的老家浙江义乌分水塘村（图1-3-8），在一间柴房，以戴季陶提供的日文版《共产党宣言》和李大钊从北大图书馆借出的英文版《共产党宣言》为底本，在忽明忽暗的油灯下，废寝忘食地翻译《共产党宣言》的全文。陈独秀对陈望道翻译、李汉俊校阅的《共产党宣言》中文译稿非常满意（图1-3-9）。

图1-3-7　陈望道[③]

　　①　陈家新：《〈共产党宣言〉在中国的翻译和版本研究》，《中国国家博物馆馆刊》2012年第8期。

　　②　陈家新：《〈共产党宣言〉在中国的翻译和版本研究》，《中国国家博物馆馆刊》2012年第8期。

　　③　《陈望道柴屋译〈宣言〉》，《光明日报》2011年6月15日。

图1-3-8 陈望道翻译《共产党宣言》的浙江义乌分水塘村[1]

图1-3-9 马克思撰写《共产党宣言》时经常光顾的比利时布鲁塞尔大广场的白天鹅咖啡馆[2]

---

[1] 《陈望道柴屋译〈宣言〉》,《光明日报》2011年6月15日。

[2] 黄显功:《〈共产党宣言〉:"红色中华第一书"》,《光明日报》2011年6月15日。

　　陈望道翻译的这部中文全译本《共产党宣言》（图1-3-10），长17.8厘米、宽12.3厘米、厚1.6厘米，56页，竖版，用3号铅字刊印。水红色的封面上，印有马克思半身坐像照片，书名上方标有"社会主义研究小丛书《共产党宣言》书影第一种"，书名下方标有"马格斯安格尔斯合著"、"陈望道译"。书末版权页印着："一千九百二十年八月出版；印刷及发行者：社会主义研究社；定价：大洋一角。"[1]

图1-3-10　《共产党宣言》中译本第一版封面[2]

　　《共产党宣言》中文全译本第一版，由于排版校对出现瑕疵，封面书名的"产"与"党"两个字，颠倒了前后的排序。1920年9月，《共产党宣言》加印1 000册时，封面书名的错误得以改正（图1-3-11）。

图1-3-11　《共产党宣言》封面书名错误改正后的版本[①]

　　应读者一再要求,陈望道中译本《共产党宣言》到1926年5月已重印17版。1925年春,在济南工作的中共党员刘子久带着第一版中文全译本的《共产党宣言》,回到家乡山东广饶刘集村,秘密发展党员,成立中共刘集支部。大革命失败后,刘集支部的党员将这本《共产党宣言》藏在粮囤底下,封入灶筒和屋顶的脊瓦内,用泥坯密封在屋山墙的雀眼里,历经艰辛地秘密保存。《共产党宣言》中文全译本第一版的这一珍本,作为国家一级文物,现收藏于山东广饶县博物馆。

　　《共产党宣言》陈望道中译本(社会主义研究社1920年版)出版至1949年,其间《共产党宣言》又有6个中文版本问世:华岗译本(上海华兴书局1930年版),成仿吾、徐冰译本(延安解放社1938年版),陈瘦石译本(商务印书馆1943年版),博古译本(延安解放社1943年版),乔冠华译本(中国出版社1948年版),莫斯科译本(苏联外国文书籍出版局1948年版)。新中国成立后,《共产党宣言》又先后出版了9个中文版本(图1-3-12)。

　　————————————
　　①　中国国家博物馆:《见证辉煌——中国共产党90年文物图集》上卷,上海:上海世纪出版股份有限公司、上海教育出版社,2011年,第49页。

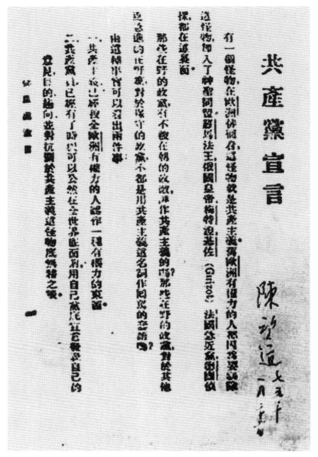

图1-3-12　陈望道1975年签名的《共产党宣言》①

二、成立共产国际，开展全球运动

1.列宁领导创建共产国际

第一次世界大战加速了世界社会主义运动的渐进与激进的分化。与西欧社会主义运动的日趋改良主义相反，1917年俄国十月革命胜利，建立了全世界第一个共产党执政的国家。

共产国际又名"第三国际"，1919年3月建立于俄国莫斯科，是继国际工人协会（1864年第一国际）、工人国际（1889年第二国际）之后，又一个世界社会主义运动的领导机构。列宁在此前一年的俄共（布）七大上，道出了他领导创建共产国际的用意："从全世界历史范围来看，如果我国革命始终孤立无援，如果其他国家不发生革命运动，那么毫无疑问，我国革命的最后胜利是没有希望的。"（图1-

---

① 鲍珍玲：《〈共产党宣言〉中文首译者陈望道》，《中国档案报》2011年6月6日。

3-13)①

图1-3-13　共产国际第三次代表大会在克里姆林宫安
德烈厅举行,列宁发表演说,1921年6月①

　　共产国际帮助各国工人阶级先进分子组成马列主义政党,支持第一个社会主义国家苏联,支援东方各国被压迫民族的解放运动,进行反对国际法西斯主义的斗争。1943年,为适应世界反法西斯战争的发展和各国斗争情况的复杂性,共产国际宣告解散。

2.维经斯基来华开展活动

　　1920年春,经共产国际批准,由俄共(布)远东局海参崴(今符拉迪沃斯托克)分局委派,能说流利英语的维经斯基(化名吴廷康)(图1-3-14)带着翻译杨明斋(山东平度人)和两名助手季托夫、谢列布里亚科夫(朝鲜著名的活动家金万谦)前来中国,了解"五四"运动后的中国情况,考察能否建立共产党的组织。

---

① 徐元宫:《中共诞生初期共产国际的经费支持》,《同舟共进》2011年第4期。
② 《〈建党伟业〉俄罗斯实地取景　生动再现领袖列宁》,凤凰娱乐网2010年12月14日。

图1-3-14 维经斯基[1]

在陌生的社会环境，书籍往往会成为彼此沟通的媒介。向李大钊提供英文版《共产主义ABC》等马克思主义读物的北大俄文系俄籍教员柏伟烈，成了维经斯基会见李大钊的引荐人。

李大钊在北大红楼图书馆会见维经斯基（图1-3-15），多次邀集座谈后，介绍维经斯基赴上海会见陈独秀。

图1-3-15 李大钊在北大红楼会见维经斯基的地方[2]

---

① 刘宋斌：《共产国际与中国革命》，《光明日报》2011年6月28日。
② 北京大学图书馆、首都博物馆：《纪念李大钊》，北京：文物出版社，1985年，图126。

维经斯基向正在着手筹备建党的李大钊、陈独秀等人，介绍了十月革命后的俄国情况、苏俄对华政策及国际社会主义运动的经验。他根据苏俄革命的经验及他来华的见闻，认为中国已经具备建立共产党的条件，组织中国共产党，加入共产国际是中国革命的当务之急。

维经斯基的到来，对于感叹中国社会主义运动的基础薄弱、连《资本论》都无中文译本的陈独秀来说，恰逢其时。陈独秀与维经斯基创建了组织，根据共产国际远东局的建议，着力拓展宣传工作。

1920年5月，维经斯基等在上海筹建了设有中国、朝鲜、日本三科的共产国际东亚书记处，在学生、工人中成立组织，在军队中开展宣传，对中国的工会建设施加影响，组织出版工作。同年8月17日，维经斯基密电汇报工作进展：

> 在上海成立了革命局，由5人组成（4名中国革命者和我），下设三个部，即出版部、宣传报道部和组织部。
>
> 出版部现在有自己的印刷厂，印刷一些小册子。几乎从海参崴寄来的所有材料（书籍除外）都已译载在报刊上。《共产党宣言》已印好。现在有15本小册子和一些传单等着付印。顺便说一下：《共产党员是些什么人？》、《论俄国共产主义青年运动》、《士兵须知》（由此间一位中国革命者撰写）等已经印好。
>
> 宣传报道部成立了俄华通讯社，现在该社为中国31家报纸提供消息，因为北京成立了分社，我们希望扩大它的活动范围。我们通讯社发出的材料都经一位同志之手，主要是从俄国远东报纸以及《每日先驱报》、《曼彻斯特卫报》、《民族》周刊、《新共和》周刊、《纽约呼声报》、《苏俄通讯》和我们一伙人提供的文章中翻译过来的东西。苏俄日报上的文章，如《十月革命带来了什么？》也被全文刊用了。
>
> 组织部忙于在学生中间做宣传工作，并派遣他们去同工人和士兵建立联系。在这方面暂时还没有取得多大成绩，但这里已经有几个我们着手培养的发起组。
>
> ……
>
> 星期日，即8月22日，我们出版部将出版中文报纸《工人的话》创刊号。它是周报，印刷2000份，1分钱一份，由我们出版部印刷厂承印。①

---

① 中共中央党史研究室第一研究部：《联共（布）、共产国际与中国国民革命运动》（1），北京：北京图书馆出版社，1997年，第31~32页。

第二节　中国共产党早期组织的成立

一、以上海为中心成立中国共产党早期组织

　　1919年9月初，上海《民国日报》副刊《觉悟》刊发李汉俊翻译的日本社会主义活动家山川均妻子山川菊荣的文章《世界思潮之方向》，他说："译完了，我还有几句话要说……人家叫我做民党，叫革命党，我应该在这一点有切实的打算。"①邵力子1920年1月在上海《民国日报》发表文章《劳动团体与政党》，主张"劳动团体应当自己起来做一个大政党"。同年2月，李大钊送陈独秀秘密离京，在经津赴沪的骡车上，二人相约各自在南北建党。同年7月，蔡和森（图1-3-16）在法国旅法新民学会（图1-3-17）的会员会议上主张组织共产党，8月13日他致信毛泽东，建议："先要组织党——共产党。因为它是革命运动的发动者、宣传者、先锋队、作战部。"②

图1-3-16　蔡和森，1919年前往法国勤工俭学，接受共产主义③

①　李莹：《李汉俊在中国共产党创建进程中的独特贡献》，《世纪桥》2011年第22期。
②　唐滔：《"中国共产党"名称之由来》，《解放军报》1981年10月28日。
③　黄纯芳、史宣：《中共早期重要理论家蔡和森》，《湖南日报》2011年3月18日。

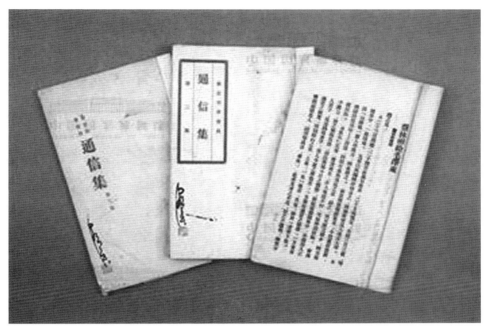

图1-3-17　新民学会会员通信集①

　　俄国共产党于1898年3月创建,名为俄国社会民主工党,1918年3月改称共产党。1919年,共产国际第一次代表大会邀请的39个政党、团体和派别中,称社会党和工人党的占大多数。中国的社会主义者商议建党,对党的名称有"社会党"与"共产党"两种不同看法。李大钊回复陈独秀的征询,主张定名共产党,得到了陈独秀的完全赞成。

　　中国共产党早期组织的名称并不统一。上海的共产党早期组织称"共产党",北京、山东的共产党早期组织称"共产党小组"(后改为支部),湖北、广东的共产党早期组织称"共产党支部"。中共一大文件正式使用的称谓是"中国共产党"。一大会议之后,随着党员数量的增长,中共的组织体系逐渐形成与完善,委员会(中央与地方)、支部、小组等不同层级的组织称谓逐步稳定。

　　1.上海的共产党早期组织

　　1920年8月,在上海法租界渔阳里2号《新青年》编辑部成立了中国第一个早期共产党组织"共产党"(图1-3-18),陈独秀为书记。8月22日,上海的共产党早期组织成立社会主义青年团,俞秀松任书记。同年12月,陈独秀离沪赴穗,李汉俊、李达先后代理书记。

---

　　①　《毛泽东汇编的〈新民学会会员通信集〉》,http://www.chnmuseum.cn/(X(1)S(asmpumqexibd1gqqbpinjg55))/Default.asp。

图1-3-18　环龙路渔阳里(今南昌路100弄)2号，上海的共产党早期组织在此成立①

　　1920年11月，上海的共产党早期组织拟定《中国共产党宣言》，通过写信联系、派人指导或具体组织等方式，推动各地共产党早期组织的建立。

　　2.北京的共产党早期组织

　　1920年10月，在北京大学图书馆李大钊的办公室，正式成立了北京的共产党早期组织"共产党小组"。成员中一度有黄凌霜、陈德荣、张伯根、华林、王竞林等无政府主义者。11月，北京的共产党早期组织组建社会主义青年团，高尚德为书记。1920年底，北京党小组举行会议，决定正式成立中国共产党北京支部，李大钊被推举为书记，张国焘负责组织，罗章龙负责宣传。②

　　①　中国共产党上海市黄浦区委员会党史研究室：《〈新青年〉编辑部旧址》，2010年6月21日，http://dsyjs.lwdw.sh.cn/lwdsyjs/lnfoDetail/?lnfolD=05f9440c－d861－48d3－9893－ef38f2c40327&CategoryNum=002001。

　　②　李维民：《中国共产党的成立年份及早期组织》，《炎黄春秋》2009年第2期。

3.其他的共产党早期组织

1920年秋,在武昌抚院街董必武、张国恩的寓所,成立了武汉的共产党早期组织"共产党支部"。11月7日,武汉的共产党早期组织在武昌、汉口成立了社会主义青年团。

长沙的共产党早期组织的建立,以毛泽东、何叔衡为核心,以新民学会、文化书社、俄罗斯研究会等团体的成员为基础(图1-3-19)。

图1-3-19　湖南长沙文化书社旧址①

济南共产党早期组织以济南马克思学说研究会、励新学会的活动为基础,于1920年冬成立(图1-3-20)。

---

① 程栋等主编:《图文20世纪中国史》第3卷(1920~1929),广州:广东旅游出版社,1999年,第665页。

图1-3-20 济南马克思研究会的旧址，济南市全胜街30号[①]

1920年底，广州的共产党早期组织"共产党支部"成立。因7个成员都是无政府主义者，所以又于1921年春重新组建。先由陈独秀，后由谭平山任书记，陈公博负责组织工作，谭植棠负责宣传工作。[②]

在日本、法国等地，也成立了中国共产党的早期组织。

二、中国共产党早期组织的活动

各地的共产党早期组织在创建期间，出版刊物宣传马克思主义，办校办班培养骨干，领导成立工会，开展工人运动。

1. 出版《共产党》月刊

《共产党》月刊于1920年11月7日（苏联十月革命胜利三周年纪念日）在上海创刊，由上海的共产党早期组织创办，李达任主编。16开本，每期约50页，发行5 000册。1921年7月停刊，出版6期（图1-3-21）。陈独秀在创刊号的《短言》中指出"资本主义在欧美已经由发达而倾于崩破了"，俄罗斯正是代之而起的社会主义的"最大的最新的试验场"，"我们只有用阶级战争的手段，打倒一切资本阶级，从他们手里抢夺来政权；并且用劳动专政的制度……建设劳动者的国家"。[③]

① 程栋等：《图文20世纪中国史》第3卷（1920~1929），广州：广东旅游出版社，1999年，第674页。

② 李维民：《中国共产党的成立年份及早期组织》，《炎黄春秋》2009年第2期。

③ 《短言》，《共产党》月刊第1号，转引中共中央党校党史教研室选编：《中共党史参考资料》（一），北京：人民出版社，1979年，第228~229页。

图1-3-21 《共产党》月刊创刊号[①]

　　《共产党》月刊设"短言"、"世界消息"、"国内消息"、"中国劳动界消息"等栏目,刊登《俄国共产党的历史》、《列宁的历史》、《国家与革命》(第一章)、《第三国际党大会的缘起》、《加入共产国际大会的条件》、《列宁的著作一览表》、《美国共产党党纲》等,介绍共产党建设、国际共产主义运动的知识;发表《社会革命的商榷》、《无政府主义之解剖》、《我们为什么主张共产主义?》、《我们要怎么样干社会主义革命》等文章,论述中国革命的道路;发表《告中国的农民》、《告劳兵农》、《告劳动》等文章及《中国劳动组合书记部宣言》、《劳动周刊》发刊词,介绍上海的共产党早期组织领导发起的上海烟草公司工人大罢工的经过及成功经验,揭示资本和土地的剥削压迫,启发工农的阶级觉悟,引导他们用革命手段组织劳动阶级的政权。

　　① 代烽、陈鸿亮:《最早的党刊和党的宣言》,《解放军报》2011年5月8日。

2. 改组《新青年》杂志

《新青年》从1920年9月1日第8卷第1期起（图1-3-22），返回上海出版，成为上海共产党早期组织的机关刊物。陈独秀主编，上海的共产党早期组织成员参加编辑工作。第8卷第1期《新青年》封面选用新的装饰图，以地球为背景的两只手紧握在一起，寓意中国人民与十月革命后的苏维埃俄罗斯紧紧团结和全世界无产阶级团结起来。陈独秀在这一期《新青年》上发表文章《谈政治》，主张"用革命的手段建设劳动阶级（生产阶级）的国家，创造那禁止对内外一切掠夺的政治法律，为现代社会第一需要"①。

图1-3-22　《新青年》1920年9月1日第8卷第1号②

---

① 李志敏：《话说民国》，北京：团结出版社，2007年，第613页。
② 《新青年》第8卷第1号影印本，上海：上海书店，1988年。

　　重回上海的《新青年》，虽然摆脱了杂志编辑部内部的纷扰，却又遭受到外部的政治压力。在向读者解释杂志不能按期出版时，编辑说："本志八卷六号排印将完的时候，所有稿件尽被辣手抓去，而且不准在上海印刷；本社既须找寻原稿重编一道，又须将印刷地点改在广东，所以出版便不能如期了。"①

　　也许是回应自己所遭受的政治压迫，《新青年》第9卷第1号封面改用新插图，插图的解说词是"革命党自狱中庆祝革命之声"（图1-3-23，图1-3-24）。②

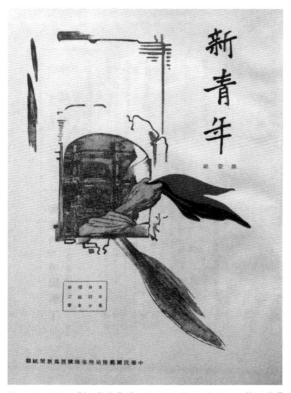

图1-3-23　《新青年》季刊1923年6月15日第1期③

　　《新青年》不为日益恶劣的出版环境所屈服，向读者宣告："本志自与读者诸君相见以来，与种种磨难战，死而复苏者数次；去年以来又以政治的经济的两重压迫，未能继续出版，同人对于爱读者诸君，极为抱歉。兹复重整旗鼓为最后之奋斗，并以节省人力财力及精审内容计，改为季刊，数量上虽云锐减，质量上誓当猛增，补充此愆期之过。其定阅而未寄满者，一概按册补齐，以酬雅意。"④

①　记者：《编辑室杂记》，《新青年》第9卷第1号影印本，上海：上海书店，1988年。
②　《新青年》第1期影印本（季刊），上海：上海书店，1988年。
③　《新青年》第1期影印本（季刊），上海：上海书店，1988年。
④　《本志启事》，《新青年》第1期影印本（季刊），上海：上海书店，1988年。

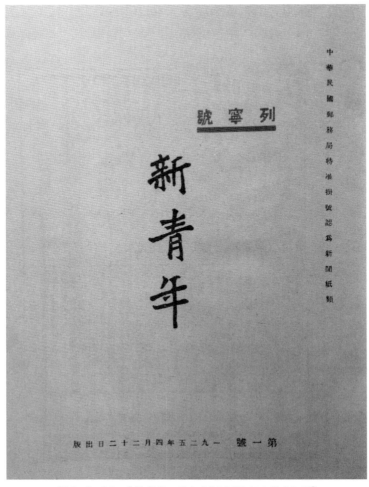

图1-3-24 《新青年·列宁号》1925年4月22日①

3.创办"劳动"三兄弟

《劳动界》（图1-3-25），由上海的共产党早期组织创刊于1920年8月15日。32开本，周刊，新青年社发行。1921年1月23日停刊，共出版24期。陈独秀、李汉俊编辑。李汉俊在发刊词中指出："我们印这个报，就是要教我们中国工人晓得他们应该晓得他们的事情。我们中国工人晓得他们应该晓得他们的事情，或者将来要苦得比现在好一点。"②杂志设有"演说"、"本埠劳动界"、"国内劳动界"、"国外劳动界"、"时事"、"调查"、"读者投稿"、"通信"、"小说"、"诗歌"、"闲谈"、"趣闻"等栏目，报道国内外各地工人生活、成立工会、罢工斗争等消息和经验教训。陈独

---

① 《新青年》第1号影印本（季刊），上海：上海书店，1988年。

② 汉俊：《为什么要印这个报？》，《劳动界》第一册，转引自中共中央党校党史教研室选编：《中共党史参考资料》（一），北京：人民出版社，1979年，第188页。

秀、李汉俊、戴季陶、沈玄庐、袁振英、陈望道、李达、邵力子等撰稿。《劳动界》重视联系工人群众,第2册刊登启事《本报欢迎工人投稿》,从第3期至第19期,刊登工人来稿约30篇。1920年9月26日出版的第7期《劳动界》,发表署名海军船工李中的文章《一个工人的宣言》,指出"工人运动是比黄河水还厉害还迅速的一种潮流","将来的社会,要使他变个工人的社会,将来的中国,要使他变个工人的中国"[①]。维经斯基用化名"吴廷康"为1920年11月7日出版的《劳动界》撰文《中国的劳动者与劳农议会的俄国》,指出:"俄国劳苦农民不惜牺牲一切,备尝痛苦,创造了解放劳工农民受苦的实行制度,立下了拯救贫人的法则",号召:"有勇敢有精神的俄国劳工农民啊!快快地帮助你们在水火之中的劳工农民伙友罢!"[②]北京政府认为《劳动界》"煽惑劳工,主张过激",密令"缉拿惩办"编纂者。

图1-3-25 《劳动界》1920年8月15日第1期[③]

---

① 李志敏:《话说民国》,北京:团结出版社,2007年,第615页。

② 程栋等:《图文20世纪中国史》第3卷(1920~1929),广州:广东旅游出版社,1999年,第669页。

③ 中国国家博物馆:《见证辉煌——中国共产党90年文物图集》上卷,上海:上海教育出版社,2011年,第50页。

《劳动音》（图 1-3-26），由北京的共产党早期组织创刊于 1920 年 11 月 7 日。刊期、开本、版式，均同于《劳动界》。初创由无政府主义者黄凌霜、陈德荣编辑，后由邓中夏、罗章龙编辑。邓中夏以"心美"为笔名撰写发刊词《我们为什么出版这个劳动音呢？》，指出"我们出版这个《劳动音》，来提倡那神圣的'劳动主义'"，"排斥那种不劳动而食的一班人"，"阐明真理增进一般劳动同胞的智识，研究些方法，以指导一般劳动同胞的进行，是解决这不公平的事情，改良社会的组织"。希望"劳动同胞""明白我们国内的劳动真相，来设法帮助我们解决，共促文化的进步，世界的和平，人类的幸福，那就是我们出版这《劳动音》的本意"①。刊载《几十分钟内死工人五六百》、《矿局年利八倍于资本，然而工人一命只值六十元》等消息，报道同年 10 月唐山煤矿发生的瓦斯爆炸惨案，揭露中国工人遭受残酷的剥削压迫。主要在北京长辛店、南口工人聚集地发行，销行 2000 份。出版 5 期后被查禁。改名《仁声》出版 3 期，因经费困难而停刊。

图 1-3-26　《劳动音》1920 年 11 月 7 日第 1 期②

---

①　心美：《我们为什么出版这个〈劳动音〉呢？》，转引自中共中央党校党史教研室选编《中共党史参考资料》（一），北京：人民出版社，1979 年，第 231~232 页。

②　中国国家博物馆：《见证辉煌——中国共产党 90 年文物图集》上卷，上海：上海教育出版社，2011 年，第 50 页。

《劳动者》(图1-3-27),由广州的共产党早期组织创刊于1920年10月。周刊,先后由广州天民报馆、群报馆经售,印行两三千份。署名"我亦工人"的作者指出:格外苦恼的中国工人,组织团结起来,设立言论机关,"印书出报,也许是许多办法当中的一件办法。这是我们出版的唯一原因"[1]。刊载介绍广州机器工人、鞋业工人劳动繁重所得微薄的调查报告,报道湖南、上海、唐山等地建立工会和开展罢工斗争的消息,并译载《劳动歌》,即《国际歌》。这是《国际歌》首次与中国读者见面。

图1-3-27 《劳动者》1920年10月3日第1号[2]

4.成立上海机器工会

领导成立工会,将自发的工人斗争逐步转为有组织的工人运动。由江南造船所(后改为江南造船厂)锻工李中、杨树浦电灯厂(今杨树浦发电厂)钳工陈文焕联合发起,在上海的共产党早期组织的帮助、支持下,经过两个多月的筹备,上海

---

① 我亦工人:《劳动音呵!》,《劳动者》第一号,转引自中共中央党校党史教研室选编《中共党史参考资料》(一),北京:人民出版社,1979年,第223页。
② 中国国家博物馆:《见证辉煌——中国共产党90年文物图集》上卷,上海:上海教育出版社,2011年,第50页。

机器工会于1920年11月21日成立,会员370多人,出版刊物《机器工人》。江南造船所、杨树浦电灯厂、厚生铁厂、东洋纱厂、恒丰纱厂的会员、各工会代表及来宾近千人,出席在白克路(今凤阳路)207号上海公学举行的成立大会,孙中山、陈独秀等社会知名人士到会祝贺,孙中山发表了长达2个小时的演讲。中共成立后,上海机器工会的一些优秀工人加入共产党,组建了基层支部(图1-3-28)。

图1-3-28　加入上海机器工会的工人[①]

5.成立长辛店劳动补习学校

1920年冬,李大钊领导的北京共产党早期组织,为宣传马克思主义,培养工人运动骨干,以"提倡平民教育"为名,在长辛店筹建劳动补习学校(图1-3-29)。以北大学生会和平民教育讲演团的捐款作开办费,以当地的夜班通俗学校为基础,租了三间房子,置办了一批桌凳。1921年元月在长辛店祠堂口胡同路南

①　程栋等:《图文20世纪中国史》第3卷(1920~1929),广州:广东旅游出版社,1999年,第669页。

一号院开学。白天教工人子弟学习普通小学课程,晚上教工人学习高小课程。张国焘、邓中夏、罗章龙等轮流担任教员,李大钊也曾来校讲课。在教授工人学习文化知识的同时,深入浅出地宣传马克思主义和无产阶级革命斗争理论。1921年5月1日,长辛店的铁路工人召开庆祝"五一"国际劳动节大会,成立工会。中国共产党成立后,几名工人骨干加入共产党。

图1-3-29　长辛店劳动补习学校旧址[①]

1920年12月,上海的共产党早期组织改组成立了印刷工会。在北京、长沙、武汉、广州的共产党早期组织,也领导产业工人,相继成立工会。中国的工人运动由此进入新的发展阶段。

6. 成立上海外国语学社

上海的共产党早期组织1920年在渔阳里6号办起了外国语学社(图1-3-30)。杨明斋和维经斯基夫人库兹涅佐娃教俄语,袁振英、沈雁冰教英语,李汉俊教法语,李达教日语。

---

① 彭明:《"五四"运动史》,北京:人民出版社,1984年,插页。

图1-3-30　上海外国语学社旧址①

　　外国语学社的学员,多则五六十人,少则二三十人。教学内容,除了外语,李汉俊译《马克思〈资本论〉入门》、陈望道译《共产党宣言》是必读书,还阅读《新青年》杂志和上海《时事新报》副刊《学灯》、《民国日报》副刊《觉悟》。学员按地域分组,少数学员借宿校舍二楼厢房,半天上课,半天自修或做工,每周一次报告会或演讲会。1921年春,刘少奇、任弼时、萧劲光、罗亦农、任作民、何今亮、许之桢、曹靖华等20多名外国语学社的学员,被选送至莫斯科东方劳动者共产主义大学中国班学习。

　　①　程栋等:《图文20世纪中国史》第3卷(1920~1929),广州:广东旅游出版社,1999年,第665页。

第三节 中国共产党第一次全国代表大会

一、中共一大会址

1.上海望志路106号

国际化大都市的上海,不仅有着拔地而起、气势恢宏的西式建筑,也有着古色古香、秀气精致的中式建筑。不断西扩的上海法租界悠闲宁静,比公共租界少了些嘈杂喧嚣。以上海法国公董局总工程师名字命名的望志路和以法国远东舰队司令名字命名的贝勒路一带,在1920年以前,有菜地、庵堂、小手工业工场和一些平房。1943年,望志路、贝勒路分别改名兴业路和黄陂南路。

1920年夏,一位陈姓老太太出资在望志路与贝勒路相交的一侧建造了一排五幢房子(图1-3-31)。虽是用于出租,但时髦的石库门房子修建得朴实典雅。每幢房子,一楼一底,独门出入,黑门黄环,米色石框,"外墙由青砖与红砖相交砌成,其间还镶嵌着白色粉线,门楣上有红色的意为幸福吉庆的堆塑,乌黑的木门上配有一对椒图(龙的儿子)图案的铜环,门框四周均由坚实的条石围成"[1]。

图1-3-31 中共一大会议旧址,上海望志路(今兴业路)[2]

---

① 管志华:《上海:红旅展现新魅力》,《人民日报(海外版)》2007年9月15日。
② 乔欣:《在红色遗址上的缅怀》,《中国文化报》2011年6月29日。

李汉俊的哥哥李书城，在日本留学时追随孙中山，是同盟会的老会员，曾任北京政府陆军总长。李书城租住望志路 106、108 号（今兴业路 76、78 号），李汉俊从日本带回英、德、日文的马克思主义书刊，从事翻译和撰写工作，与长他十岁的胞兄同寓。中共一大开会期间，李书城在长沙参加反对湖北督军王占元的斗争。1949 年，李书城应毛泽东之邀，参加第一届全国政协会议，出席中华人民共和国开国大典，出任新中国第一任农业部长。[①]

望志路 106 号楼下 18 平方米的长方形厅堂，是中共一大的会场。代表们坐在长方形餐桌周围的圆凳上、方椅上，开了 6 次会。张国焘主持会议，毛泽东、周佛海做记录，讨论党的纲领和决议，时有争论。争论相当激烈的问题之一，是共产党员能否做官。当时共产国际代表的看法，具有主导性的作用。

第六次会议进行到晚上 8 点多钟，身着长衫的上海法租界巡捕房政治探长程子卿突然闯入，推说找人，眼睛四下扫看在座的人，又说找错了地方，匆忙离去。除了李汉俊、陈公博，代表们立即中断会议，收捡文件分头离开。

过了十几分钟，法国巡捕带人来到李汉俊的家，进行搜查。巡捕们查到了一些介绍和宣传社会主义的书籍，却未注意到一张薄纸上竟然是涂改得很乱的共产党大纲草案。心情紧张的陈公博，从刚刚打开的长城牌卷烟罐中，一支接一支地抽烟。面对讯问，李汉俊沉着应答，未露破绽，支走了法国巡捕。

陈公博在《十日旅行中的春申浦》中，详细记述了法国巡捕搜查中共一大会场的情形：

> ……不想马上便来了一个法国总巡，两个法国侦探，两个中国侦探，一个法兵，三个翻译，那个法兵更是全副武装，两个中国侦探，也是睁眉怒目，要马上拿人的样子。那个总巡先问我们，为什么开会？我们答他不是开会，只是寻常的叙谈。他更问我们那两个教授是哪一国人？我答他说是英人。那个总巡很是狐疑，即下命令，严密搜检，于是翻箱搜箧，骚扰了足足两个钟头。他们更把我和我朋友隔开，施行他侦查的职务。那个法侦探首先问我懂英语不懂？我说略懂。他问我从那里来？我说是由广州来。他问我懂北京话不懂？我说了懂。那个侦探更问我在什么时候来中国……他实在误认我是日本人，误认那两个教授是俄国的共产党，所以才来搜检。是时他们也搜查完了。但最是凑巧的，刚刚我的朋友李先生是很好研究学问的专家，家里藏书很是不少，也有外国的文

① 苗体君：《中共"一大"代表李汉俊研究中的四大历史谜团》，《党史博采》2011 年第 4 期。

学科学,也有中国的经史子集;但这几位外国先生仅认得英文的马克斯经济各书,而不认得中国孔孟的经典,他搜查之后,微笑着对着我们说:"看你们的藏书可以确认你们是社会主义者;但我以为社会主义或者将来对于中国很有利益,但今日教育尚未普及,鼓吹社会主义,就未免发生危险……"一直等他走了,然后我才和我的朋友告别。自此之后便有一两个人在我背后跟踪……[1]

　　几经辗转,李书城原来租住的房子,办起了万象源酱园店、恒昌福面坊,房屋的内在结构和外部面貌都有了改变。一楼一底改为两上两下,天井改为厢房,砌高了外墙墙壁,清水墙变成了混水墙(图1-3-32,图1-3-33)。

图1-3-32　上海兴业路76、78号[1]

①　陈公博:《十日旅行中的春申浦》,《新青年》1921年第9卷第3号。
②　陈平原、夏晓虹:《触摸历史:"五四"人物与现代中国》,北京:北京大学出版社,2009年,第166页。

图1-3-33 改作恒昌福面坊的中共一大会议旧址①

　　1951年,中共上海市委将中共一大会议旧址作为纪念馆(图1-3-34)。1958年房屋旧址按照原状修复,一大代表包惠僧和一大召开时的女房主薛文淑(李书城夫人)被请到现场,根据他们的详尽回忆,尽可能地使会场布置接近原貌。

图1-3-34 中共一大会场,上海兴业路76号厅堂②

　　1956年春节,董必武走进阔别30多年的这间厅堂,感慨万千,借用《庄子》内篇"人间世"的一句话,挥毫题词:"作始也简,将毕也钜。"(图1-3-35)

---

　　① 颜维琦、曹继军:《这里,开天辟地》,《光明日报》2011年6月20日。

　　② 乌杰:《回眸世纪潮——中国共产党"一大"到"十五大"珍典纪实》上卷,北京:国家行政学院出版社,1998年,插页。

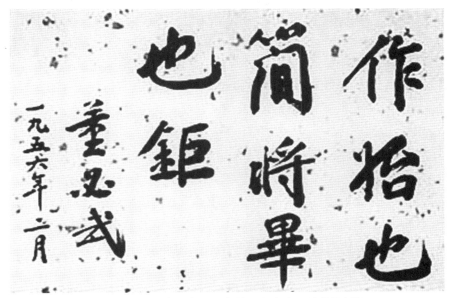

图1-3-35　董必武重回中共一大会议旧址的题词[①]

中共一大会址纪念馆1952年7月1日开放,游人络绎不绝。2011年上半年,游客已达27万,接近往常全年的数量(图1-3-36)。

图1-3-36　游客参观中共一大会议旧址,2011年5月15日[②]

① 欧阳浩:《"作始也简,将毕也钜"——访中共一大会址纪念馆馆长倪兴祥》,《解放军报》2011年5月8日。

② 俞凯:《一大会址参观火爆:今年已有27万人次,接近往常全年》,《东方早报》2011年6月23日。

2.上海私立博文女校

与外国教会办女校培养西方文明的"淑女"不同，蔡元培等人主持的女校注意国学、体育。南洋女子师范旨在振兴女子教育和培养女教师。北大教授黄季刚的侄女黄绍兰开办博文女校（图1-3-37），灌输爱国思想，许多学生积极投入"五四"运动。章太炎撰写《附识》介绍博文女校校长黄绍兰："余弟子也，其通明国故，兼善文辞，在今世士大夫中所不多见，勤心校事，久而不倦，观其学则之缜密，则知其成绩之优矣。女子求学，当知所以。"①

大多数的中共一大代表，吃住在距李书城宅第约10分钟路程的上海博文女校。负责一大会务的李达夫人王会悟，是上海女界联谊会理事、《妇女声》杂志社编辑，她与章太炎唯一的女弟子黄绍兰相识，以北京大学暑期旅游团的名义，替外地来沪的一大代表们包租了博文女校的几间宿舍。

博文女校是一座三楼三底的建筑。师生暑假离校，一名厨役看守空荡的校舍。毛泽东、何叔衡、董必武、陈潭秋、王尽美、邓恩铭、包惠僧、刘仁静、周佛海，陆续入住。鼾声响亮的毛泽东住小间，睡在两条长凳架起的床板上，其他的代表则是三两人一间，各铺一张席子，睡地铺，吃包伙。听不懂临时房客南腔北调的厨役，每天做饭，照看门户。

图1-3-37　中共一大部分代表的住所，上海白尔路389号博文女校②

---

① 《一件被人忽略的珍贵建党史料》，《现代快报》2011年10月18日。
② 张宪文等：《中华民国史》第一卷，南京：南京大学出版社，2006年，插图8页。

位于上海法租界白尔路389号(今太仓路127号)的博文女校,1959年被上海市政府列为上海市文物保护单位(图1-3-38)。

图1-3-38　中共一大部分代表的住所(上海白尔路389号博文女校)现状①

出身豪门的陈公博携新婚之妻李励庄来沪,入住上海饭店三甲之一的大东旅馆。法国巡捕的意外搅局,他已然心惊,所住旅馆当晚发生的一起凶杀案,让他再受惊吓。其他代表转场嘉兴南湖续会,陈公博则携夫人游玩杭州。

3.浙江嘉兴南湖游船

中共一大最后一次会议被迫暂停,出于安全考虑,决定改变开会地点。李达夫人王会悟(图1-3-39)提议,到离上海较近的她的家乡浙江嘉兴继续开会,那里的南湖环境幽雅,游人不多。

---

① 吴客:《博文女校:中共一大附会场还是代表们食宿地?》,解放网2014-06-25,http://www.jfdaily.com./history/new/201406/t20140625-485155.html。

图1-3-39 王会悟,1920年加入上海社会主义青年团①

　　嘉兴在五代时期设置秀州,明朝时辖7县,商品经济日渐繁荣,棉布丝绸行销南北,是浙西大府和江东都会(图1-3-40)。

图1-3-40 浙江嘉兴古称秀州 施塔福摄②

　　① 《图说"七一"建党历史细节》,新华网2014年7月2日,http://news.xinhuanet.com/photo/2014-07/02c126699387.htm。

　　② 上海市历史博物馆:《20世纪初的中国影像——一位美国摄影师的记录》,上海:上海古籍出版社,2001年,第290页。

　　嘉兴地处太湖流域,水乡泽国,南湖因位于嘉兴城南而得名,"轻烟拂渚,微风欲来",是与南京玄武湖、杭州西湖并称的江南三大名湖之一。透过沪杭铁路的火车窗户,可以远眺南湖风光(图1-3-41,图1-3-42)。

图1-3-41　浙江嘉兴南湖名胜烟雨楼,1914年前后[1]

图1-3-42　浙江嘉兴南湖烟雨楼、画舫[2]

　　王会悟先于多数代表乘火车到达嘉兴,到鸳湖旅社租了供代表们歇脚的房间,用5块大洋托旅社代租一艘中等的画舫,用3块大洋订了一桌合餐。续会代

① 《图说"七一"建党历史细节》,http://news.xinhuanet.com/photo/2014-07/02c 126699387.htm。

② 张宪文等:《中华民国史》第一卷,南京:南京大学出版社,2006年,插图8页。

表们由王会悟引导,在嘉兴东门狮子汇渡口登船摆渡,换乘南湖的画舫(图1-3-43,图1-3-44),并按照她的吩咐,带了麻将牌上船,以打麻将掩护开会。为避人耳目,共产国际的两位代表没有前往嘉兴。

嘉兴南湖的画舫,船头宽平,雕梁画栋,陈设讲究,是一种较为华丽的游船。游人或立船头,或坐船舱,漫游观景,品茗餐叙,舒适惬意。一大代表们在南湖的画舫中讨论通过了《中国共产党的第一个纲领》和《中国共产党的第一个决议》。

嘉兴南湖画舫于抗战时期绝迹。1959年仿制了一艘,作为中共一大南湖会址的纪念船,泊于南湖烟雨楼前。

图1-3-43　浙江嘉兴南湖画舫①

图1-3-44　浙江嘉兴南湖画舫内景②

① 乌杰:《回眸世纪潮——中国共产党"一大"到"十五大"珍典纪实》上卷,北京:国家行政学院出版社,1998年,插页。
② 《巨星升起的地方》,《中国建设报》2001年7月3日。

　　1963年12月,董必武应邀为中共一大南湖会址书写楹联:"烟雨楼台,革命萌生,此间曾著星星火;风云世界,逢春蛰起,到处皆闻殷殷雷。"1964年,他重游嘉兴南湖,欣然赋诗《清明节车过嘉兴烟雨楼》:"革命声传画舫中,诞生共党庆工农。重来正值清明节,烟雨迷濛访旧踪。"(图1-3-45)

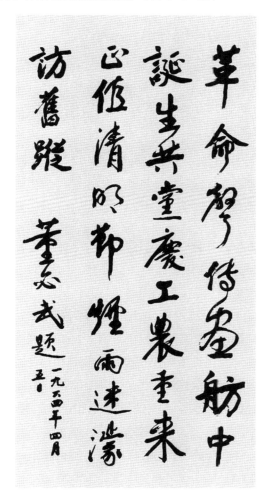

图1-3-45　董必武重游嘉兴南湖题诗墨迹,1964年4月5日[①]

二、中共一大代表

1.十三位中国代表

　　中共一大会址纪念馆设立后的近三十年,一直是有选择地陈列毛泽东、何叔衡、董必武、陈潭秋、王尽美、邓恩铭、李达等7位代表的照片,因此参观者不能了解一大13位代表的全貌。1986年7月1日,中共一大会址纪念馆首次陈列一大所有代表的照片。

---

　　①　《董必武:遵从马列无不胜　深信前途会伐柯》,《嘉兴日报》2011年4月5日。

作为共产主义在中国第一批信仰者的 13 位代表，有 3 人（张国焘、刘仁静、周佛海）是北京大学的学生，有 4 人（李汉俊、李达、董必武、周佛海）赴东瀛留学。有 9 人出自两湖，其中湖南 4 人，湖北 5 人。清末民初，国衰世乱，政治运动接踵而至，催生这方水土才俊。有 7 人出身农家，毛泽东、何叔衡、李达、陈潭秋、包惠僧、王尽美、邓恩铭都是农家子弟。有 11 人或师范毕业，或曾为人师。中华民国建立后，提倡教育救国，师范教育免费，贫困青年出入师范，既可安生，又展鹏程。13 人之中有 9 人未及而立之年，年长者 45 岁，年幼者 19 岁，平均年龄 28 岁。有 7 人卒于中华民国，王尽美 1925 年病逝，李汉俊 1927 年被枪杀，邓恩铭 1931 年被枪杀，何叔衡 1935 年牺牲，陈潭秋 1943 年被杀害，陈公博 1946 年被枪毙，周佛海 1948 年病死狱中。

中国的 13 位青年知识分子，基于同一理想齐聚沪上，会商国是，而起身离去之时，人生轨迹却直曲不一。信仰坚定者，为国捐躯；信仰动摇者，脱离组织，后又重新归队；信仰改变者，沦为汉奸，叛变投降。

（1）张国焘

张国焘（1897~1979），江西萍乡人。1916 年入北京大学预科。1919 年参加国民杂志社，"五四"运动期间任北大学生会干事、讲演部长、北京学生联合会主席。1920 年秋参加北京的共产党早期组织。1921 年出席中共一大，当选为中央局委员；任中国劳动组合书记部主任，主编《劳动周刊》。1922 年赴莫斯科出席远东各国共产党及民族革命团体第一次代表大会。1923 年参与领导京汉铁路工人大罢工。1924 年当选为国民党中央执行委员会修补委员。1925 年 1 月被选为中共第四届中央执行委员会委员，兼任中央军事部部长。历任中共二大、五大、六大中央委员、中央政治局委员、中共湖北省委书记、临时中央常务委员会委员。1930 年任中共驻共产国际代表。1931 年回国，任鄂豫皖中央政府副主席。1935 年 6 月，红一、四方面军会合后，任红军总政委。1935 年 10 月至 1936 年 6 月，反对中共中央北上抗日方针，自封为"中共中央"、"中央政府"、"中央军委"主席，要开除毛泽东、周恩来、张闻天、博古（秦邦宪）的党籍并下令通缉，同时免职查办叶剑英、杨尚昆。1937 年 3 月，中共中央召开政治局扩大会议，通过《关于张国焘同志错误的决定》，张国焘写检查《我的错误》。1938 年 4 月 18 日，身为陕甘宁边区政府副主席的张国焘，乘祭黄帝陵之机，投靠国民党，声明脱党，被中共中央开除党籍。同年 10 月，张国焘在重庆任国民党特务组织设立的特种政治问题研究室主任，建议举办针对中共的特种政治工作人员训练班并任副主任，建议被批准后施行。1948 年抵台湾，次年冬移居香港。1966 年赴美国。1979 年 12 月 3 日，在加拿大多伦多的养老院病死。

（2）刘仁静

刘仁静（1902~1987），湖北应城人。1914年入武昌博文书院。1916年考入武昌中华大学附中，后参加恽代英创办的互助社。1918年7月考入北京大学物理系，先在北大理科读了两年预科，转入哲学系，又转入英语系。参加"五四"运动被捕获释，加入少年中国学会。1920年参加社会主义青年团和北京的共产党早期组织。1921年出席中共一大。1922年与邓中夏等创办社会主义青年团机关刊物《先驱》，同年9月赴苏参加共产国际第四届代表大会，代替陈独秀使用英语代表中共发言，受到托洛茨基的单独接见。1923年7月接替张太雷任团中央书记。1924年主编北京《政治生活》。1926年入莫斯科列宁学院，研读并收集托洛茨基的论著，成为托洛茨基的信徒。学习期满绕道欧洲回国，擅自拜访在土耳其流亡的托洛茨基，与之长谈。回国后自行脱党被除名。参加十月社，编辑《十月》杂志，自称是"中国托（洛茨基）派天字第一号人物"。1935年被国民党逮捕，押送苏州反省院。1937年4月被释放，历任三民主义青年团宣传处科员、第十战区战干四团俄文、政治教官、中华民国政府国防部训导所教官。1944年编辑西安《正报》。1946年编辑上海《前线日报》、《时事新报》。新中国成立后，以刘亦宇的名字在北京师范大学任教。1952年任人民出版社编辑、特约翻译。1967年关入秦城监狱，1973年出狱，至1979年初被"监护"生活。1986年任国务院参事。中共成立60周年，唯一健在的中共一大代表刘仁静接受新华社记者专访，他说："共产党对我仁至义尽，不管我犯了多大错误，还是没有抛弃我，给了我生活上的出路。"[1]1987年8月5日因车祸在北京去世，骨灰安放在八宝山革命公墓。

（3）李汉俊

李汉俊（1890~1927），湖北潜江人。12岁受人资助赴日留学，1915年7月考入东京帝国大学土木工学科。受日本著名的马克思主义经济学者河上肇的影响，阅读大量的马克思主义书籍，接受马克思主义。回国后，参加《星期评论》编辑部工作，加入上海马克思主义研究会，是上海的共产党早期组织的首批成员。主编《劳动界》周刊。日本著名文学家芥川龙之介1921年4月在上海会晤通晓日、德、英、法四国语言的李汉俊后，记述道：李汉俊是"身材不高之青年，发稍长，长脸，血色不足，目带才气。手小。态度颇诚恳，同时又让人感到神经敏锐。第一印象不坏，恰如触摸细且强韧的钟表发条"。"就其善于使对方明白费解的道理来讲，其日语也许在我之上。"[2]李汉俊出席了中共一大，但因中央集权与地方分权问题，与陈独秀等产生分歧，未出席中共二大，随即退党。在未到会的情况下，

①　胡学亮：《三位中共一大代表的别样人生》，《纵横》2011年第7期。
②　苗体君、窦春芳：《李汉俊与马克思主义在中国的传播》，《党史纵览》2008年第2期。

仍被中共三大选为中央修补执行委员。1924年，因自动退党被除名。他说："我不能做一个共产党人，做一个共产主义者，亦属心安理得。"①历任武昌高等师范学校教授、汉口市政督办公署总工程师、北京政府外交部秘书、武汉大学教授、国民党湖北省党部委员、湖北省政府委员兼教育厅长。动员冯玉祥发动1924年的北京政变，协助毛泽东在武汉主办中央农民运动讲习所，利用湖北省教育厅长的身份保护了一大批革命志士。1927年，中共湖北省委一致同意恢复李汉俊的党籍，但由于张国焘等人的反对未能实现。1927年12月17日17时被桂系军阀胡宗铎逮捕，未经审讯，21时即被押往汉口单洞门附近刑场执行枪决，刑场贴出的告示称他是"共党首要分子"。1953年8月12日，中华人民共和国主席毛泽东签发0011号"革命牺牲工作人员家属光荣纪念证"，称："李汉俊同志在革命斗争中光荣牺牲，丰功伟绩永垂不朽。"②

（4）李达

李达（1890~1966），湖南零陵人。1909年中学毕业，考入北京优级师范学校。以第二名的成绩考取湖南留日官费生。肺病休养3年，1917年再次赴日，考入日本第一高等学校（后改称东京帝国大学）理科，立志"实业救国"、"科学救国"。"五四"运动爆发，担任留日学生总会干事，发动留日学生集会，到中国驻日公使馆示威，向日本内阁致函抗议。1920年夏回国，拜访陈独秀，成为上海的共产党早期组织的首批成员，主编《共产党》月刊。1921年上半年代理上海的共产党早期组织书记，筹备和出席中共一大，当选为中央局委员；同年9月，根据中央局决定，组织创建人民出版社。应毛泽东的邀请担任长沙湖南自修大学校长。因国共合作等问题与陈独秀产生激烈争论，于1923年秋离党。北伐军攻克武汉后，任国民革命军总政治部编审委员会主席、中央军事政治学校代理政治总教官。随后，在武昌、上海、北京、湖南、广西等地大学任教，撰写《社会学大纲》、《经济学大纲》等著作。新中国成立后，历任湖南大学校长、武汉大学校长、中国哲学会会长、中国科学院社会科学部学部委员、全国人大常委会委员。"文革"初期遭受冲击，1966年8月24日病逝于武汉。1980年11月，中共中央书记处批准中共湖北省委的决定，恢复李达的党籍。1996年9月12日，经中共中央组织部批准，李达的骨灰由武汉九峰山迁葬北京八宝山革命公墓。③

（5）毛泽东

毛泽东（1893~1976），湖南湘潭人。1911年在长沙参加辛亥革命后的新军。

---

① 孟昭庚：《一大代表李汉俊缘何脱党》，《文史博览》2011年第8期。
② 田子渝：《刻骨铭心的记忆》，《百年潮》2011年第7期。
③ 苗体君、窦春芳：《李达与中共"一大"》，《党史纵横》2008年第2期。

1913年入湖南第四师范学校（次年合并于第一师范学校）。1918年聚集同道创办新民学会；同年秋抵京，经李大钊介绍，任北京大学图书馆助理员。1919年7月主编长沙《湘江评论》。1920年7月任湖南第一师范附小主事，发起并筹办文化书社，组织俄罗斯研究会，成立社会主义青年团。出席中共一大。历任中共湘区委员会书记、中国劳动组合书记部湖南分部主任、湖南省工团联合会总干事。1924年出席中共三大，当选为中央执行委员，会后任中央局秘书；同年出席国民党第一次全国人大代表大会，当选为国民党中央候补执行委员，代理国民党中宣部部长，主编《政治周报》。1926年秋，任中共中央农民运动委员会主任、全国农民协会总干事。1927年参加中共"八七"会议，当选为中央政治局候补委员，领导湘赣边界秋收起义，进军井冈山，创建革命根据地。1928年4月，任工农革命军第四军党代表。1930年任红军第一方面军总政治委员。1931年当选为中华苏维埃共和国临时中央政府主席。1933年补选为中央政治局委员。1935年与周恩来、王稼祥组成三人军事领导小组。长征到达陕北后，当选为中央革命军事委员会主席。1943年3月，被选为中共中央政治局主席和中央书记处主席。1945年中共七大至1973年中共十大，均为中共中央主席和中央军事委员会主席。1954年当选为中华人民共和国主席、全国政治协商会议名誉主席。毛泽东酷爱读书，终身学习，长期自学英语；开旧诗新风，震动山城，遍传神州。1976年9月9日病逝于北京。

美国记者埃德加·斯诺1936年在陕北与毛泽东多次长谈，在《外国记者西北印象记》一书中，他对当时的毛泽东做出了评价：

> 不要以为毛泽东是中国的救世主，这是瞎话。永远不会有任何的一个中国的救世主。但是不可否认的，你在他身上能感觉到一种确定命运的力量。那不是某种过激和润滑的东西，而是一种坚强的基本活力。在这个人身上，有一个特点，滋长到不可测摸的程度，那就是他综合地体现了千百万中国人特别是农民的迫切要求。这些农民是贫穷困苦的，营养不足，被人剥削，目不识丁，可是他们温柔和善，宽宏大量，勇猛惊人，而且现在是很有反抗精神的人类。他们在中国人民中占大多数。假如这些要求和推动他们前进的运动是振兴中国的动力的话，那么，在这种深刻庄重的意义下，毛泽东确实有成为中国伟人的可能。[1]

（6）何叔衡

何叔衡（1877~1935），湖南宁乡人。断断续续读了8年私塾，26岁中秀才，愤

---

① 武际良：《斯诺心目中的毛泽东》，《百年潮》2013年第12期。

于衙门黑暗腐朽,拒不赴县衙任职,继续种地教书。辛亥革命爆发,率先剪去辫子,动员男人剪辫、女人放脚。1912年入湖南第一师范讲习科。1914年在长沙楚怡小学和第一师范附小任教。1918年参加发起新民学会。积极投入"五四"运动,被选为新民学会执行委员长。1920年任湖南通俗教育馆馆长,接办《湖南通俗报》,参与创办文化书社、俄罗斯研究会。出席中共一大后,建立中共湘区委员会,参与创办湖南自修大学。北伐军占领长沙,任《民报》馆长,参加惩治土豪劣绅的特别法庭工作。参与国共合作时期的国民党湖南省党部的改组。1928年7月赴莫斯科学习。1930年7月回国,在上海参加共产国际救济总会和全国互济会的工作。1931年后,历任中华苏维埃共和国临时中央政府执行委员、工农监察部主席、最高法院院长、内务人民委员、最高临时法庭主席。遭到"左"倾错误打击,撤销全部职务,受到中央苏区中央局机关刊物《斗争》点名批判。红军长征后,在中央根据地坚持游击战争。1935年2月23日,从江西转移福建途中遭敌袭击,在福建长汀水口镇附近壮烈牺牲。谢觉哉哀诗《感旧》悼念同为中共五老之一的何叔衡:"叔衡才调质且华,独辟蹊径无纤瑕。临危一剑不返顾,衣冠何日葬梅花。"①

(7)董必武

董必武(1886~1975),湖北黄安人。18岁中秀才。武昌首义爆发,割掉辫子,从家乡赶到汉口,参加阳夏保卫战。1913年,反对袁世凯的"二次革命"失败后,流亡东京,入私立日本大学学习法律。1914年加入孙中山领导的中华革命党。1918年参加鄂西靖国军。1920年与人创办武汉中学,建立马克思主义学说研究会。同年秋,与陈潭秋、包惠僧创建武汉的共产党早期组织。出席中共一大后,任武汉地方委员会书记。国共首次合作期间,主持湖北国民党省党部工作,被选为国民党中央候补执行委员。大革命失败后,遭到国民党中央、武汉警备司令部及黄安县政府的重金悬赏通缉,化装成水手从武汉乘船到上海经日本前往苏联。由莫斯科中山大学保送列宁学院英文班进修,校方欲留他任教。1932年回国,历任中央党校教务长、中央党务委员会书记、最高法院院长。长征抵达陕北后,任中央党校校长、陕甘宁边区政府代理主席。第二次国共合作期间,历任中共中央长江局、南方局书记和中共驻重庆代表。1945年代表中国解放区参加旧金山联合国制宪会议。中国代表团代理团长顾维钧说:"(年事稍长的董必武)是个读过古书的人,为人和蔼可亲,但颇机敏……他似乎比李璜更善辞令","通晓国际事务,这使我顿感惊奇"②。

---

① 姜铁军:《中国共产党的创始人之一何叔衡》,《解放军报》2006年8月4日。

② 杨瑞广:《董必武出席联合国制宪会议始末》,《红岩春秋》2006年第3期。

1938年中共六届六中全会上董必武被选为中共中央委员,中共七大至十大均当选为中共中央委员、政治局委员。1948年任中共华北局书记、华北人民政府主席。新中国成立后,历任中央财经委员会主任、政务院副总理、最高人民法院院长、全国政协副主席、中央监察委员会书记、全国人大常委会副委员长、中华人民共和国副主席和代理主席。1956年出席中共八大　明确提出"依法办事是进一步加强法制的中心环节","依法办事有两方面的意义:其一,必须有法可依……其二,有法必依。"①1975年沉疴不起,赋诗《九十初度》总结一生"遵从马列无不胜,深信前途会伐柯",②同年4月2日病逝于北京。

（8）陈潭秋

陈潭秋（1896~1943）,湖北黄冈人。铭记家训"穷不废读",1912年考入湖北省立第一中学,1914年到武昌中华大学补习,1916年考入湖北高等师范学院（武汉大学前身）英语部。1919年秋毕业,任湖北人民通讯社记者,兼任武汉中学英语教员。"五四"运动中带领同学游行示威。1920年与董必武、包惠僧共同发起成立武汉的共产党早期组织。出席中共一大。参与领导1923年京汉铁路大罢工。1924年后,历任中共武汉地委书记、河北和江西省委组织部长、中央组织部秘书、江苏省委秘书长、中央驻顺直（河北）省委代表、满州和福建省委书记、中华苏维埃工农民主政府粮食人民委员。中央红军长征后,留任中共苏区中央分局委员兼组织部长,坚持游击战争。1935年8月赴莫斯科参加共产国际第七次代表大会,后入莫斯科列宁学院研究班学习,参加中共驻共产国际代表团工作。1939年回国,任中共中央驻新疆代表和八路军驻新疆办事处负责人。1942年被军阀盛世才逮捕,酷刑逼迫其"脱党",坚拒不屈。1943年9月27日在迪化（今乌鲁木齐）被秘密杀害。

（9）王尽美

王尽美（1898~1925）,山东莒县人。原名仓囤,私塾先生改名王瑞俊,中国共产党宣告成立,他取"尽善尽美"之意再次改名"尽美"。8岁作为地主儿子的陪读进私塾,这个佃户的遗腹子才有了读书认字的机会。他在离乡求学时赋诗抒怀:"沉浮谁主问苍茫,古往今来一战场。潍水泥沙挟入海,铮铮乔有看沧桑。"③1918年入山东省立第一师范学校。积极投入"五四"运动,与邓恩铭共同组织励新学会,主编《半月》杂志。1920年在济南发起马克思学说研究会,创建济南的共产党早期组织。出席中共一大。1922年,赴莫斯科出席远东各国共产党及民族革命

①　唐湘雨、姚顺东:《董必武新民主主义宪政思想研究》,《学术论坛》2007年第9期。
②　孟红:《董必武的革命人生路》,《文史月刊》2008年第5期。
③　黄卫东:《王尽美珍贵遗照浮世记》,《党史纵横》2012年第1期。

团体第一次代表大会，与邓中夏等共同负责中国劳动组合书记部工作，兼任济南分部主任，参与制订《劳动法大纲》，先后领导山海关、秦皇岛等地的罢工斗争，是开滦五矿总同盟罢工指挥部成员之一。1924年出席在广州召开的中国国民党第一次全国代表大会，任国民党山东省党部委员；12月，去北京参加李大钊组织的国民会议运动讲演大会，受到孙中山接见，并被委以国民会议特派宣传员。1925年2月，抱病组织青岛国民会议促成会，参与领导胶济铁路工人大罢工。1925年8月19日因肺病逝于青岛。病重期间，他请中共青岛支部的负责同志笔录口授的遗嘱："全体同志要好好工作，为无产阶级和全人类的解放和共产主义的彻底实现而奋斗到底。"①

（10）邓恩铭

邓恩铭（1901~1931），贵州荔波人，水族。1913年入贵州荔波县桂花书院高等小学。1917年考入济南山东省立第一中学。积极参加"五四"运动，被选为学生自治会负责人。与王尽美共同发起励新学会，在济南发起马克思学说研究会，创建济南的共产党早期组织。出席中共一大。1922年1月，赴莫斯科出席远东各国共产党及民族革命团体第一次代表大会。1923年任中共青岛直属支部书记。1925年领导胶济铁路、日本纱厂大罢工。两度被捕，经保释出狱。1927年任中共山东省委书记兼青岛市委书记。1928年12月，因叛徒告密第三次被捕，两次越狱失败。1931年4月5日，与21位共产党员一起在济南纬八路侯家大院刑场英勇就义。在给母亲的决别家书中，邓恩铭写道："卅一年华转瞬间，壮志未酬奈何天。不惜惟我身先死，后继频频慰九泉。"②

（11）包惠僧

包惠僧（1894~1979），湖北黄冈人。1917年毕业于湖北省立第一师范学校，任教武昌，后被录用为只拿稿费没有工资的外勤记者。1919年赴京，在北京大学旁听，参加"五四"运动。受陈独秀委派，出席中共一大。历任中共北京区委委员兼秘书、中共武汉支部书记、中国劳动组合书记部长江支部主任。国共首次合作期间，历任国民革命军铁甲车总队政治教官、黄埔军校政治部主任、国民革命军教导师党代表兼政治部主任、黄埔军校高级政治训练班主任政治教官、武汉新闻检查委员会主席、中央政治学校筹备主任、独立第14师党代表兼政治部主任。大革命失败，共产党人被大量捕杀，自称"消极脱党"。主编《现代中国》。1931年后，历任中华民国武汉行营参议、陆海空委员会编审室主任兼第四处副处长、内政部参事、内政部户政司司长、内政部土地人口统计局局长。1948年底，申请遣

① 黄卫东：《中共一大代表王尽美》，《党史纵横》2011年第7期。
② 张小灵：《中共一大唯一的少数民族代表邓恩铭》，《党史纵横》2011年第7期。

散,携带家眷避居澳门。新中国成立后,入华北大学政治研究院学习,历任内务部研究员、参事、国务院参事。1957年,用"栖梧老人"笔名发表回忆文章,意为自己栖身于新中国这棵茂盛梧桐树上的一只小鸟。

包惠僧敬佩陈独秀,二人1919年首次晤面武汉,相见恨晚;1921年初又见于广州,谈建党,谈学问,谈为人处世,畅谈两月,形同师生。包惠僧说:"他(陈独秀)比我大15岁,我很敬重他,我们都喜欢彼此的性格。我是读书人,他好比是书箱子,在学问上我受他不少影响,他俨然是我的老师,每次谈话都如同他给我上课。"后因与张国焘发生冲突,被陈独秀厉言斥骂流泪,二人断绝来往。1942年,包惠僧由重庆前往四川江津县鹤山坪,看望贫病交加的陈独秀。受到"文革"冲击,惶恐于骤起狂飙,将装裱成册保存多年的陈独秀给他的100多封亲笔信,付之一炬。[①]1979年7月2日,因腹主动脉瘤破裂大量失血离世。

(12)陈公博

陈公博(1890~1946),广东南海人。1905年,跟随父亲造反。当时已是提督的父亲参加反清活动被捕,逃往香港,任报馆校对。1907年入北京大学哲学系。1920年主办广州《群报》。1921年,任广州高等师范学校、法科专门学校教授,宣传员养成所所长;出席中共一大。1922年,支持陈炯明反对孙中山,受到留党察看处分,声明退党,扬言另外组党。1923年春被中共开除,同年入美国哥伦比亚大学攻读硕士学位。1925年4月,留学归国抵广州,国民党左派领袖廖仲恺与他面谈并介绍加入国民党。经汪精卫提携,历任国民党中央党部书记、广州国民政府军事委员会政治训练部主任、广东省农工厅长、中央农民部长兼广东大学校长。1926年1月,国民党二大当选为国民党中央执行委员。后历任北伐军总司令部政治训练部长、湖北省财政委员会主席及江汉关监督、国民党中央常委兼工人部长、民众训练部长、中华民国政府实业部长。主编上海《革命评论》,设立大陆大学。1936年2月,汪精卫辞职行政院长,他也随即辞去一切官职。抗日战争期间,跟随汪精卫降日。1940年后,历任伪中央政治委员会委员、立法院长、军事委员会政治训练部部长、上海市长。1944年3月,汪精卫赴日治病,代行伪南京政府主席之职,主持伪最高国防会议、中央政治委员会会议、军事委员会常务会议。11月,接替死于日本的汪精卫,任伪国民政府代主席。1945年8月16日,主持召开伪中央政治委员会紧急会议,通过伪南京政府解散宣言,秘密逃往日本,后被押解回国。1946年4月12日,江苏高等法院宣判:"陈公博通谋敌国,图谋反抗本国,处死刑。剥夺公权终身。全部财产,除酌留家属必需之生活费外,没收。"[②]

---

① 郭玉振:《陈独秀与包惠僧患难见真情》,《文史天地》2007年第8期。

② 熊辉:《陈公博的三面人生》,《党史博览》2004年第6期。

（13）周佛海

周佛海（1897~1948），湖南沅陵人。1917年赴日本求学，毕业于京都帝国大学经济系。1920年暑假回国，参加上海的共产党早期组织。出席中共一大。1921年11月，再度赴日就读，实际上与中共组织脱离关系，不再从事中共的任何工作。1924年脱离共产党，加入国民党，历任广东大学、武昌大学、上海大厦大学教授、中央军事政治学校武汉分校秘书长兼政治部主任。1927年以后，编辑上海《新生活》月刊，历任中华民国政府训练总监部政治训练处处长、总司令部政治部主任、江苏省政府委员兼教育厅长、国民党中央执行委员、中央党部民众训练部长、蒋介石侍从室副主任兼第五组组长、国民党宣传部副部长、代理部长。1938年，跟随汪精卫降日，历任伪国民党中央执行委员、南京政府警政部长、军事委员会副委员长、行政院副院长兼财政部长、中央储备银行总裁、上海市长。抗战后期，暗中联系蒋介石，输送情报。抗日战争胜利后，被国民党军事委员会任命为上海行动总队指挥。全国民众强烈要求"快速严惩汉奸"，周佛海先被软禁在重庆，后移交南京监狱，先被判处死刑，后减为无期徒刑。1948年2月28日，因心脏病发作死于南京老虎桥监狱。

2. 两位外国代表

（1）马林

图1-3-46　马林，共产国际代表①

马林（1883~1942），原名亨德立克斯·斯内夫利特，荷兰人（图1-3-46）。1902年加入荷兰社会民主党。1914年在荷兰殖民地爪哇创立印度尼西亚社会

---

① 《图说"七一"建党历史细节》，新华网2014年7月2日，http://news.xinhuanet.com/photo/2014-07/02c 126699387.htm。

民主党。1918年,被荷属当局驱逐出境。1920年7月,出席共产国际第二次代表大会,担任以列宁为首的民族与殖民地问题委员会秘书,参与制定《关于民族与殖民地问题的决议》,当选为共产国际执行委员会委员和民族殖民地问题委员会书记。同年8月被指派为共产国际驻中国代表。1921年6月,到达上海。因被欧洲各国情报、外交部门视为危险分子,他以记者身份来华,其行踪受到上海租界和荷兰驻华大使馆情报人员的监视。

马林多次约谈李达、李汉俊,建议及早成立中国共产党,召开全国代表大会,并作为共产国际的代表出席中共一大。毛泽东称赞他是一个"精力旺盛和富有说服力的人"[1]。1921年12月,在中共党员张太雷陪同下去桂林,三次会见孙中山,提出许多重要建议,推动国共两党首次合作。

1924年初,马林因与共产国际东方部意见不合向共产国际辞职,由莫斯科回到其祖国参加荷兰共产党的工作。1927年,因斯大林在共产国际以及俄共开展反对托洛茨基反对派的斗争,马林宣布退出荷兰共产党。1929年,马林在荷兰建立革命社会党,并以该党代表身份参加荷兰国会。1940年,纳粹德国侵占荷兰,其领导成立马克思–列宁–卢森堡阵线,投身于反法西斯斗争,秘密编辑发行《斯巴达克》报,鼓励荷兰人民奋起反抗。

1942年3月6日,马林被德国占领当局逮捕,4月14日被枪决。他在给女儿、女婿的遗嘱中骄傲地写道:"孩子们,我无疑真诚地愿为我的理想献身。谁知骤然间死神将至,不可逆转。但我心中坦然——多年来我始终是一个忠诚的战士。告发我的人和法官们无不承认我死得光明磊落,这使我非常感动,因为人们都已十分了解我至死不渝,矢信矢忠,殚精竭虑,高举我信仰的旗帜,奋斗到最后一息……"[2]

① 李向阳、李林:《不能忘却的记忆——影响中国革命的共产国际代表们的最后命运》,《军事史林》2011年第7期。

② 梁淑样、刘道慧:《日出东方——中国共产党第一次全国代表大会》,沈阳:万卷出版公司,2008年。

（2）尼克尔斯基

图1-3-47　尼克尔斯基,共产国际代表[②]

尼克尔斯基(1889~1938),原名伊曼斯基·符拉季米尔·阿勃拉莫维奇(图1-3-47)。1919年,被征召进入高尔察克军队。他所在警卫连发动暴动,参加游击队。在战斗中脚被冻伤,康复后调入远东共和国人民革命军司令部侦察处。1921年加入俄共(布),参加共产国际机关工作。同年6月被共产国际远东书记处派往中国,了解中国共产党筹备情况,并出席旅华朝鲜马克思主义者在上海召开的代表大会。到达上海后,与稍后抵达的马林保持密切的联系。在出席中共一大之后,出席远东各国共产党和民族革命团体代表大会。其长期在苏联情报部门任职,数次到中国东北和上海等地活动。尼克尔斯基1938年2月23日被捕,罪名是托洛茨基派和日本间谍,被关进劳改营,不久被处决。1956年11月平反昭雪。[②]

3.两位应到而未到的中国"代表"

陈独秀、李大钊南北遥相呼应,积极筹备建立中国共产党,是应该出席中共一大却又没有到会的"代表"。陈独秀虽说没有到会,但让包惠僧带去了他的"培植党员"、"民权主义指导"、"纪纲"、"慎重进行征服群众政权问题"4点意见。[③]"南陈北李"缺席中共一大的原因,据说是事务繁忙。身在广州的陈独秀,担任广东政府教育委员会委员长,兼任大学预科校长,正在争取一笔款子修建校舍。一

---

① 《图说"七一"建党历史细节》, http://news.xinhuanet.com/photo/2014-07/02c 126699387.htm。

② 乌杰主编:《回眸世纪潮:中国共产党"一大"到"十五大"珍典纪实》,北京:国家行政学院出版社,1998年,第95页。

③ 吴珏:《为什么是他们?》,《畅谈》2011年第12期。

身数职的李大钊,除在北大担任图书馆主任、教授,还兼任北京国立大专院校职员代表联席会议主席,正肩负着实际的斗争任务,率领北京国立大专院校教职员开展索薪斗争。也许在他俩看来,共产党的组织实体(上海、北京等的共产党早期组织)已经在去年成立了,这次的会议只是一个程序性的组织形式,自己出席与否并不重要。

(1)陈独秀

陈独秀(1879~1942),安徽怀宁(今属安庆)人。1896年中秀才。1901年因宣传反清遭通缉,逃亡日本,自费入东京高等师范学习(早稻田大学的前身),不久进成城学校(日本士官学校)预科学习。1903年因进行革命活动被日本政府遣返回国。曾协助章士钊主编上海《国民日报》。1904年在安徽创办《安徽俗话报》。1905年组织反清秘密组织岳王会,任总会长。1907年,再度赴日,入早稻田大学。1909年在浙江陆军学堂任教。1912年任安徽省都督府秘书长。1913年因反对袁世凯,入狱。1914年前往日本,协助章士钊创办《甲寅》杂志。1915年夏回国,9月在上海创刊《新青年》。1917年初受聘担任北京大学文科学长。1918年12月与李大钊等创办《每周评论》。1920年初,在共产国际帮助下,成立上海的共产党早期组织。1921年出席中共一大,当选为中央局书记。在中共二大、三大上被选为中央执行委员会委员长,在中共四、六、五大上被选为中央执行委员会总书记。1927年7月中旬,离开中央领导岗位。1929年11月15日,因在中东路问题上发表给中共中央的公开信而被开除出党。

时隔一月,陈独秀与人在上海成立托洛茨基派组织"无产者",任书记。1931年5月,主持召开中国各托派小组织的"统一大会",被选为"中国共产党左派反对派"总书记。1932年10月,在上海被国民党政府逮捕,关押在南京老虎桥模范监狱。1934年,被南京政府最高法院以"危害民国罪"判处有期徒刑8年。在狱中进行绝食等斗争,住进单间囚室,得到允许看经史子集方面的书籍,研究中国文字(图1-3-48)。

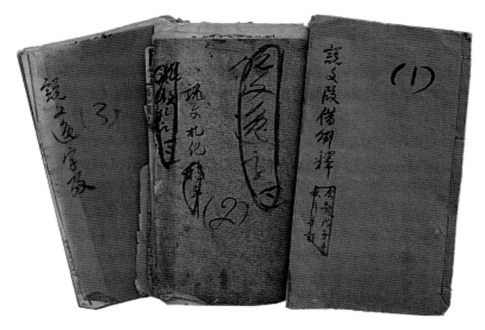

图1-3-48　陈独秀手书完稿《甲戌随笔》，1934年[1]

陈独秀于1937年8月出狱，辗转抵达四川江津（今重庆江津）。继续著述，撰写《中国古代语言有复声母论》、《连语类编》等，拟定《以右旁之声分部》著述计划。1942年5月27日病逝。

（2）李大钊

李大钊（1889~1927），河北乐亭人。1907年考入天津北洋法政专门学校，1913年毕业后入日本东京早稻田大学。1916年回国，主编北京《晨钟报》。1917年编辑北京《甲寅》日刊。1918年1月，接替章士钊担任北京大学图书馆主任。1920年初，被聘为北京大学史学系和经济系教授。1920年3月，在北京大学组织中国第一个马克思学说研究会；同年秋，领导建立北京的共产党早期组织和北京社会主义青年团，积极推动建立全国范围的共产党组织。中共成立后，代表中央指导北方地区工作。中共三大、四大当选为中央委员。多次往返于北京、上海、广州之间，同孙中山商谈国共合作。1924年1月，作为大会主席团五位成员之一，出席国共合作的国民党第一次全国代表大会，参加大会宣言的起草等工作，当选为国民党中央执委会委员。1926年3月，在极端危险和困难的情况下，领导并亲自参加北京民众反对日、英帝国主义和军阀张作霖、吴佩孚的斗争。

李大钊敬佩明朝大臣杨继盛弹劾权相严嵩的无畏，赞赏他临刑前的狱壁绝笔"铁肩担道义，辣手著文章"。他主持北京《晨钟报》，把"铁肩担道义"作为警语刊

────────

[1]　方继孝：《〈甲戌随笔〉与陈独秀晚年著述》，《光明日报》2011年6月25日，第六版。

于社论专栏。他应好友杨子惠之邀题写对联,将这一铿锵有力诗句中的"辣手"改为"妙手"而挥笔。此诗此联,实为李大钊的述志心声和一生写照(图1-3-49)。

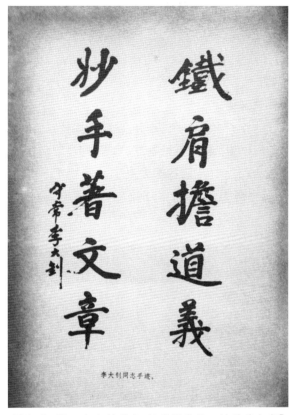

图1-3-49 李大钊手迹:铁肩担道义 妙手著文章[1]

1927年4月6日,奉系军阀张作霖在北京逮捕李六钊等80余人。被捕者虽备受酷刑,始终大义凛然,坚贞不屈。4月28日,李大钊、谭祖尧、邓文辉、谢伯俞、莫同荣、姚彦、张伯华、李银莲、杨景山、范洪劫、谢承常、路友于、英华、张挹兰、阎振三、李昆、吴平地、陶永立、郑培明、方伯务等20位共产党员和革命者,被绞杀于西交民巷京师看守所。受刑前,李大钊说:"不能因为反动派今天绞死了我,就绞死了伟大的共产主义,共产主义在中国必然得到光辉的胜利。"[2]

李大钊是在中国播撒马克思主义"火种"的人,是中国共产党的最主要的创始人。毛泽东在陕北窑洞与美国记者埃德加·斯诺长谈时说:我在李大钊手下担任国立北京大学图书馆助理员的时候,曾经迅速地朝着马克思主义的方向发展,他是我真正的老师。李大钊看重的北大理科生张国焘,由埋头功课急速转向认

---

① 《李大钊传》编写组:《李大钊传》,北京:人民出版社,1979年,插页。
② 尤国珍、张然:《铁肩担道义妙手著文章》,《京华时报》2011年5月18日。

识马克思主义,参加"五四"运动,主持中共一大会议,他自称是"李先生的主要配角"[1]。北大学生刘仁静因拮据欠交学费将要停学,李大钊和另一位老师向校方写字据担保才使他继续就读。刘仁静说:"至少在我的心目中,李大钊与其说是我们的组织领导人,不如说是我们的思想领路人。"[2]

三、中共一大文件

1. 中共一大文件俄文版

中共一大通过了一个纲领和一个决议。这两份重要文件,在会议结束之后没有公布,在几十年的时间里,遍寻不见其踪。1937年,董必武在陕北接受美国女记者采访时说,这次会议的所有记载都丢失了。20世纪50年代,在苏共应中共要求交还的一大会议文件中,只有俄文译稿及英文译稿,没有中文原件(图1-3-50)。

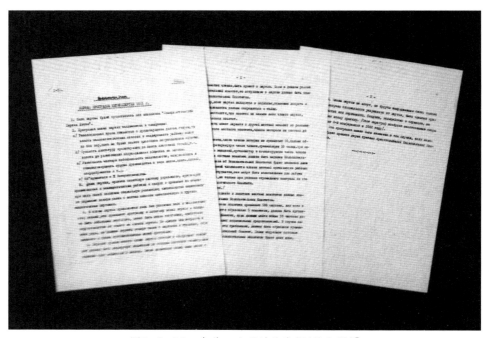

图1-3-50 中共一大通过的党纲(俄文版)[3]

① 王娟娟、王文跃:《李大钊对毛泽东等"一大"代表的影响(上)》,《老年世界》2011年第13期。

② 王娟娟、王文跃:《李大钊对毛泽东等"一大"代表的影响(下)》,《老年世界》2011年第14期。

③ 中国国家博物馆编:《见证辉煌——中国共产党90年文物图集》上卷,上海:上海世纪出版股份有限公司、上海教育出版社,2011年,第54页。

2. 中共一大文件英文版

具有戏剧性的是，中共一大文件在40年后竟然出现在大洋彼岸的美国。1960年，哥伦比亚大学出版著作《共产主义运动在中国》，其中收入的该校36年前毕业的硕士研究生陈公博的学位论文附录了中共一大文件。然而，中美两国的严重对立，却遮挡了寻找中共一大文件人的视线。1972年，北京中国革命博物馆党史陈列部的工作人员，通过阅读日本《东洋文化》杂志，才得知此事。

陈公博出席一大会议后返回广州，与中共的关系不断恶化，直至公开宣布退党。这位与中国共产党彻底决裂的人，经日本赴美留学，在哥伦比亚大学读研究生。他由哲学改而研究经济，刻意研究马克思、列宁的政治和经济学理论，选定《中国的共产主义运动》作为题目，攻读硕士学位。

1924年1月，陈公博完成了硕士学位论文《中国的共产主义运动》。这篇使用英文打字机打印的论文附录文献中收录了中国共产党早期的6份文件，其中的2份就是遍寻难觅的中共一大会议文件《中国共产党的第一个纲领》和《中国共产党的第一个决议》，另4份是中共二大会议的文件。

陈公博硕士学位论文《中国的共产主义运动》附录的这2份中共一大的文件，美国学者对它进行了认真的考察鉴定，中国学者又将它与苏联移交的俄文版中共一大文件，逐字逐句地严密比对，除个别字句稍有不同，意思完全一致。

中国共产党的第一个党纲，至今仍然未见原始中文版，有待继续寻找。

结　语

中国共产党的成立使得中国革命走向了新的进程，这个无产阶级政党在当时的中国举步维艰，但是却顽强地生存了下来，并最终带领中国人民取得了胜利。在这一时期的新闻图像中，有不少是当时早期中国共产党人的肖像照片，或者是这些革命先驱的会议及活动照片，他们在与国外势力、国民党的斗智斗勇中展现了顽强的意志和智慧。另一部分新闻图像来自于有关马克思主义和中国共产党的宣传刊物。中国共产党的成立与马克思主义在中国的传播分不开，早期的先进分子不畏牺牲，将马克思主义带到了中国。在中国共产党初创期间，出版了大量有关马克思主义的书籍、刊物，出版印刷的发展对马克思主义在中国的传播以及中国共产党的成立起到了巨大作用。在这一时期，更多被留下来的史实资料不是照片，而是出版物，这意味着这些史料中包含的新闻图像，不仅具有实录中国共产党成立所经历磨难的记录性，同时，在这些图像中我们还可以看到思想的脉络，这些图像是马克思主义中国化的思想结晶及遗产之见证。

第四章
历史遗珠的《世界画报》

提及近代中国的《世界画报》，首先映入人们脑海中的多半会是 1907 年由张静江、吴稚晖、李石曾等人在巴黎创办的《世界》[①]画报。尤其在 2005 年，甘肃博乐拍卖公司将后者的一册画报拍卖底价定为 10 万元人民币，既开创了中国期刊史上的最高拍卖价，也赚足了眼球。相比较而言，与之同名的由北京世界日报社出版、跨越 11 个年头的《世界画报》却鲜为人知，长期以来该画报一直鲜有提及，更缺少研究。

第一节 《世界画报》图像新闻研究综述

《世界画报》1925 年 4 月 1 日在北京创刊（图 1–4–1）[②]。原作为《世界日报》的摄影附刊，系日报的一个版，至同年 10 月 1 日，《世界画报》开始每周日单独出版，4 开一张，共 4 版。画报用胶版纸铅印，主要以铜锌版制图（在此以前曾有短暂时期，仿照上海的《点石斋画报》，用石印在日报内附出画报 1 版）。《世界画报》创刊时，报社社址已经从原先成舍我私人公寓内转至宣武门内石驸马大街甲 90 号。这所房屋原是袁世凯族人袁乃宽的产业，庭院相当宽敞。至此，《世界画报》开始了其独立刊物的漫漫之路。

谈《世界画报》，首先要介绍此画报的创始人——中国近代著名报人成舍我先

---

① 《世界》画报创刊于 1907 年 11 月，仅出两期，存世稀罕，是中国最早的摄影画报。每期刊载照片 100 幅左右，配有文字说明及其他专文。该刊由中国留法学生以"世界社"名义在法国巴黎编印出版。

② 北京曾在 1928 年 6 月到 1949 年 9 月被取消国都的身份。在这段时间，其名称先在 1928 年 6 月被改为"北平"；"七七"事变后，于 1937 年 10 月又改回北京；抗战结束后，于 1945 年 8 月再改称北平。1949 年 9 月，中共又将北平改回北京，以之为首都。见孙洪权、赵家骧《1928 年起北京（北平）名称变更时间》，北京市档案馆编《档案与北京史国际学术讨论会论文集》上册，北京：中国档案出版社，2003 年，第 308~313 页。

生(图1-4-2)以及他的三个"世界"报系。

图1-4-1 《世界画报》第23期封面
《民国画报汇编——北京卷——世界画报1》,第3页

图1-4-2 成舍我

一、成舍我与三个"世界"报系

成舍我（1898~1991），本名成平，"舍我"为其笔名，出生于南京下关，祖籍湖南湘乡。自15岁向安庆《民岩报》投稿开启新闻工作生涯，直至辞世前在台北创办《台湾立报》，成舍我致力于新闻行业长达75年，参与创办媒体、刊物近20家，直接创办达12家，是近代中国新闻史上创办报纸最多的报人，也是集政治家与教育家于一身的知名学人，在中国新闻史上有极大影响和很高声誉。

1924年4月，成舍我揣着身上仅有的200元大洋，独立创办了《世界晚报》；1925年2月创办《世界日报》，10月创办《世界画报》。短短一年半时间，"晚"、"日"、"画"三个"世界"诞生，成为中国第一个较有规模的报系，成舍我也成了中国报业史上第一位独立主办三份报纸的报人，被后人称为"中国最早尝试报团化经营的报人"（方汉奇、李矗编：《中国新闻学之最》）。

《世界晚报》、《世界日报》、《世界画报》三报各具特色，相互补益，俱荣俱损。"世界"报系报龄长达17年（抗战八年停刊，不计在内），在北京报业史上占有相当重要的位置，在整个中国报业史上也不多见。

三个"世界"中，《世界晚报》、《世界日报》都有学者给予了相关的研究，而作为唯一主要以图像形式出现的《世界画报》，却鲜有记录和研究。我们从全国图书馆文献缩微复制中心寻得《世界画报》缩微版并进行了分析研究，希望能填补三个"世界"的研究空白。

二、《世界画报》出版概况

1.《世界画报》出版的时代背景

《世界画报》创刊于1925年的北京。

20世纪20年代的北京局势既复杂又混乱，混杂着民主共和制的确立、变形以及巨大的社会动荡。1840年鸦片战争后，中国逐渐沦为半殖民地半封建社会，作为清代的帝都、中华民国前期的国都，北京长期处在政治运动的风口上。1900年，八国联军侵入北京不仅进一步动摇了摇摇欲坠的清王朝统治，同时也进一步加剧了北京半殖民化的程度，帝国主义基本控制了北京政局，清廷成为其侵华的工具。1911年武昌起义的爆发和1912年中华民国的成立并未使民国首都北京的动荡政局得到缓解。民初，帝国主义扶持袁世凯作为其侵华工具，袁世凯当政时镇压革命、复辟帝制等一系列行为进一步恶化了北京的政治形势，社会各界纷纷罢工抗议、游行示威。在袁之后，黎元洪继任总统，政局依然风雨飘摇。1917年，总统黎元洪、国务总理段祺瑞争夺权势，爆发了"府院之争"。1919年5月4日，北京学生在天安门前集会，爆发了震惊中外的以反对帝国主义列强在巴黎和会上侵犯中国主权、反对北洋军阀卖国行径为主题的"五四"爱国运动。

袁世凯死后，北京成了北洋政府的所谓首都，在这几年里，政治局势极为混乱。直系、奉系、皖系三派军阀之间的长期争斗也使政局难以安定。1920年直鲁豫发生空前灾荒，7月又发生直奉联军与安福系的战事；1922年直奉作战；1924年北京天灾人祸同时发生，先闹旱灾，到9月又发生第二次直奉战争，直军覆灭。11月15日，张作霖、卢永祥、冯玉祥、胡景翼、孙岳五人联合公举安福系头子段祺瑞为中华民国总执政，行驶政府职权。《世界画报》开创的主要阶段，正是段祺瑞统治时期。

面对着军阀混战、灾荒连年、物价飞涨的社会现状，北京那几年的新闻界也是极混乱的。许多军阀政客为了鼓吹自己、攻击他人，纷纷办报纸、开通讯社。据1925年底《晨报》公布的北洋军阀政府六个机关赠送"宣传费"[①]的报社清单，光通讯社就有一百多家，加上那些空立名目、市面上见不着报纸的报社和不发稿的通讯社，数目就更多了，大约总数在200家以上。那时北京的人口只有一百万左右，居然有这么多的报社、通讯社，实在是畸形，难怪百姓们纷纷指责北京的报纸已呈泛滥成灾之势。成舍我利用北京的混乱局势，以200元大洋为资本，先创办了《世界晚报》，以后又因得了段祺瑞政府财政总长贺得霖3 000元的资助，出版了《世界日报》和《世界画报》。

其实，当时的北京社会并没有给新闻事业的正常发展提供任何条件，北洋军阀政客虽分给新闻界一点残羹剩饭，但这只是一种手段。不过这依然阻止不了北京成为当时中国的文化中心，无数忧国忧民的知识分子在这里唇枪舌剑论战救国强国之路。面对中国何去何从、如何自强的问题，新闻报纸成了精英阶层的首选阵地。"实业救国论"、"教育救国论"、"科学救国论"、"体育救国论"等形形色色的理论充斥着大大小小的报纸，甚至在广告中都会利用各种理论，以显示自己的热情。首善之地的人们有着本能的政治热情，但是确切地说，面对当时混乱的时局，市民阶层表现得更多的是一种迷茫而非热情参与。他们关心时政，但是更期待休闲；相较于空泛而缥缈的救国理论，他们更热衷于娱乐消遣。《世界画报》此时的出现正弥补了这种遗憾。画报含有时事新闻、评论、影剧、美术、漫画、摄影、妇女、青年、旅游、读者服务等内容，在谈论时局的同时配以图文介绍，内容有统治阶层的政治活动，也有普通百姓的娱乐活动，既满足了读者参与时政，探讨

---

① 北洋军阀政府的六个机关，分别是参政院、国宪起草委员会、军事善后委员会、财政善后委员会、国民会议筹备处、国政商榷会。这六个机关1925年底向新闻界赠送的宣传费共分四级：超等（每家300元）、最要者（每家200元）、次要者（每家100元）和普通者（每家50元），成舍我的世界报系被列为最要者，200元。

国家走向的热切心情,同时又给予读者放松拾掇趣味的闲情逸致。

2.《世界画报》形式与内容

那时,北京一些日报常出有单张道林纸的画报,用铜锌版刻印图画或者摄影照片,颇受当时民众欢迎。《世界日报》初时没有能力出单张,直到1925年4月1日,日报在第五版刊登启事"增刊石印画报一版",于是,该报作为日报的画刊刊行。此后每日一期,共刊出168期。版面安排多为一画一文,画一般为针砭时弊的讽刺画,如"皆曰保境安民",画面上两个军阀对峙,脚下是"地盘"和"权利";文为"侠情小说"、"忏情小说"等。画与文印刷都较粗糙。《世界日报》刊出时,该画刊还创造了一种"漫画新闻"的方式,如146期以《黄昏之秘密会议》、《户部街之怪状》等9幅组画,报道"女师大之惨剧"①。不过当时用的是石印技术,图画照片质量相当差。

半年后,《世界日报》营业情况稍好,《世界画报》从日报中"独立"出来。1925年10月1日,《世界画报》开始单张出版(凡是日报的订户随报赠送画报)。9月底的3天里,在日报第5版原来画报的位置上,印上了整版套红广告,用以宣传画报的单张出版,并列举两大特色:(1)奉直大战照片,自出师至班师,共百余幅,首尾衔接,为奉军无线电队队长蒋君乃所摄;(2)万里荒原,画报主任褚保衡自宁夏、包头、张家口旅行归来,所摄西北方面新辟之荒原及冯军(冯玉祥的军队)工兵照片200余幅。这年正是第二次直奉战争,冯军班师回北京以后的一年,这两人所摄的照片,都是奉军和冯军活动的情况。

画报第一期出版后宣传:"本画报系中国唯一之大规模的美术刊物,照相及制版均有完美之设备,图画由美术名家执笔,用铜版、石印彩色精印。"这时的画报,在内容和印刷上,是可以和其他画报相媲美的。

《世界画报》为4开单张,4个版面。正如《世界画报》取名"世界"一样,画报编辑面向全世界,全球意识一点不输当下。该画报内容除了反映国内军事、政治、社会新闻图像和书画作品外,几乎每一期都会刊登世界各地的摄影图片,包括人文风情、风光照片、奇闻逸事、名人照、影剧照等,内容涉及欧美各国的政治、经济、科学、文化、社会等领域,常见的如美、英、法、日等西方大国,希腊、瑞士、埃及、土耳其、阿根廷、印度等国家的图片,《世界画报》都有刊登。

画报追捧女性,每一期头版上都会刊登一位女性照片(身份一般是政要夫人、知识女性、名媛、影星等),并将照片尺寸放大,作为该期的主推人物。画报还在精挑细选的图片上配上影评剧评、清末故事等"趣味文字",再请漫画家蒋汉澄(署名"HTC")先生画上一幅讽刺漫画,使得画报图文并茂,相得益彰。

---

① 《成舍我与三个"世界"》,http://blog.sina.com.cn/s/blog_5c38a30101011129.html。

据邓云乡先生回忆:"《世界画报》用雪白的道林纸,蓝色油墨印行,百分之九十是照片。第一版照例是一张名媛或燕大、辅仁高才生的照片,配一篇短文;第二、三版全是新闻照片,偶尔印一张画,但不常见;第四版是电影照片,当时真光、中天等电影院放的都是好莱坞的电影,这第四版便经常登明星照片和影片中的某些镜头。虽然当年的雪白的道林纸渐渐泛黄了,但是经常拿出来翻翻,说句文艺家们的话吧,这也是抚摸着少年时期、青年时期的梦呢。"[①]

3.《世界画报》的编辑方针

《世界画报》很好地遵从了成舍我办报的一个重要思想,那就是:编辑至上,内容第一。这其中有两层意思:报纸好看、可读,才有人读、有人买,报纸才能生存;而好看、可读的报纸要有好记者去采访、好编辑来编排。

《世界画报》先期由褚保衡主编,第57期改由林风眠主编,后期由萨空了、谭且同主编。《世界画报》的主创人员除了摄影名家褚保衡、美术名家林风眠、著名报人萨空了、美术家谭且同外,号称世界日报"三个半"的精英也经常参与其中,这"三个半"即:掌控大局的社长成舍我,负责营销的经理吴范寰,负责照片拍摄和挑选的总编辑龚德柏,还有"半个"是兼职编辑张恨水。这"三个半",个个都是办报高手。尤其是龚德柏,他早年留学日本,精通日语,任过北京法政专科的讲师,对于国际问题也颇有研究。他每日去东交民巷访问英、美、法等国使馆,采访国际新闻,在报界因敢言而被称为"龚大炮"。龚德柏在日本驻华大使馆中有不少旧识和朋友。日本人做事严谨,每天都将各地动态和重大事件汇总于大使馆,这正是龚德柏获取资讯的最佳方式。他为《世界画报》提供了大量的独家新闻与照片。此外,著名报人如张友渔、马彦祥、朱怡莼、胡春冰、刘半农、张友鸾、万梓梅、左笑鸿、成济等,都曾为画报添砖加瓦,贡献自己的力量。

那时报纸的头版头条依惯例都是军事、政治新闻。军阀混战,政府走马灯般交替,这些成为报纸头条也情有可原,但《世界画报》打破常规,有些地方社会新闻或百姓生活也编为头条新闻刊发,这在当时是独特创新的。

1929年1月1日元旦《世界画报》改版后,连续2期辟"编辑者言"一栏,发表《画报的油色》、《十八年的新希望》两文,强调了画报的用色问题与新闻材料的取舍运用,借以阐明画报编辑方针,供读者斟酌。

在1929年1月10日第169期《画报油色问题》中,编者谈道:

> 画报所用的图示,好像衣服的花纹,所印的油色,亦似衣服颜色,所以一张画报的新旧雅俗,从其图文的排版、颜色的采用,是一望而知

① 邓云乡:《文化古城旧事》,北京:中华书局,1995年。

的。报的切身关系除取材印刷以外,图文排版与油色采用,亦为重要,现在先从油色的问题研究一下。采用何种油色,对内与成本、印刷纸张有关,对外与民众的智识、天气的寒暖有关。现在从对外而论,大凡各人喜欢颜色的不同,实其知识程度而各别。从服装颜色上,吾们可以得到一些根据,乡村妇女,智识浅薄,大都喜欢明艳夺目的颜色,红衫绿裤以为美观,反之智识高尚者,喜和平调和之色,配色亦极简单。画报的用油色,亦要按民众心理。北方最近画报有近二十种之多,采用油色亦各具心理,大都采用异色,以取其有变化,当因色调配合不当,以效未能免俗。现本报特将油色改用一种,并求读者指示意见。

紧接其后,在170期的开篇《十八年的新希望中》又提及:

　　……现在又是一年,一年之计在于春,所以本年对于世画的新希望,现在不妨计算一下。"材料",材料丰富,足以使内容精实。取材的不限与报的宗旨而客观,世画的取材是偏重新闻艺术以及团体生活,每取用一张照片,须还严格的审查,非具有新颖、能够引起读者兴趣与目标,决不滥用,于经济时间都有消耗。对于新闻材料又特别注意,不限于本埠一隅,使读者除消遣外,能从画报里得到一些智识。所谓画报,其重心是在画,所以画报的最新主张,是重画轻字,并且画报里所见的文字,亦不过是一些新闻文字……"印刷",一张画报,材料□好,而纸张拙劣,印刷不良,根本不能成为一张完美的画报,不但画报本身不佳,并且把好的材料也都糟蹋了,好的稿件决不趋向印刷不良的画报,所以印刷得好的画报,画报能够得到好的材料,而愈为趋向完美的境地。因而印刷得好坏,亦是一种画报命运的关键……

《世界画报》提出来的关于"油色"、"材料"、"印刷"等主张,正是他们编辑方针的一种体现。

4.《世界画报》出版发行状况

《世界画报》单张出版之初,隔日出一次,4开大小。在其独立出版后,成舍我曾以"一块钱三份报"为口号,号召读者直接订阅。当时,画报零售每份3分(合铜元8枚),每月4角;日晚报订户,先阅3期,每月收费3角;画报除头版外,其余3版均刊登广告。出售至13期后,于11月改为周刊,周日出版,零售未改。该刊出版发行初期零售数不多,一直未打开销路,后来此刊就成了日报订户的赠送品。晚报为优待直接订户,每星期日也附赠《世界画报》,可是晚报读者的习惯是零购,这个优待对画报的发行也没有发生多大帮助。

最初,《世界画报》还出过合订本,长期在版面中缝刊登启事推销,因销路不见好转,也就取消了。1930年后,萨空了接编后一直大力改革,扩充内容,重视时事照片的刊载。如1931年"九·一八"事变日本侵略东北日军暴行的照片,1932年1月28日"淞沪战争"中十九路军奋力抗击日寇的照片,都即时刊出。1935年萨空了离社,该刊仍继续出版发行,至1936年12月,该刊已出576期。1937年8月9日,北平沦陷,《世界画报》停刊。

关于《世界画报》的总期数,有文称共608期[1](1937年8月8日停刊),而目前收集到的资料截止于第576期[2](1936年12月27日)。据现有资料,我们主要以576期之前(1925年至1936年间)的画报文本作为研究对象。

第二节　《世界画报》图像新闻统计分析

本研究采用的样本是全国图书馆缩微复制中心出版的上下两册《世界画报》(共576期,8957幅图像),图像统计分析采用SPSS软件,通过设置变量加以统计,归纳变量出现的频数与比例(%)来分析《世界画报》图像新闻的传播内容和视觉表征。

一、《世界画报》图像新闻刊登概况

《世界画报》刊登图像主要包括时事照片、美术摄影、人物照片、中西名画、游艺装束、学校生活等。以下就《世界画报》刊登的图像新闻及画报大事记,以时间为序,对部分重要变化略做介绍。

1. 1925年10月1日,《世界画报》开始单张出版,由褚保衡主编。兹录画报第一期要目于下:

> 一、初次横断西北荒原之大国臣——冯军兵工之成绩;
>
> 二、黄河摄影(艺术摄影);
>
> 三、北京第一女子中学的队球队(队球即排球);

① 张季鸾:《世界日报兴衰史》,重庆:重庆出版社,1982年,第113页。

② 《民国画报汇编——北京卷——世界画报》,全国图书馆文献缩微复制中心,此间期号并不全部连贯,4版全有的完整期数其实只有341期,中间有缺失,包括整期的缺失(如第1期至第22期,此卷本中并没有出现),也包括一期中版面的缺失。

四、直奉战争之中心地——九门口；

五、复仇之女神(世界著名雕刻之一)；

六、卧薪尝胆勿忘国耻之包头；

七、长脚爹爹(长篇名著)；

八、中国电影名星之王汉伦女士；

九、什么是爱情(十二个著名女子之答案)；

十、珍闻；

十一、讽刺画3幅；

十二、滑稽画1幅。

2. 1926年3月28日，第32期，出版《三月十八日惨案特刊》(上、下)，披露段祺瑞政府打死47人、伤200余人，制造震惊中外的"三·一八"惨案的暴行。

3. 1926年奉鲁军阀占据北京时，有些报纸的言论记载对军阀敢批逆鳞，间作冷嘲热讽之词。张宗昌因潘复等人的怂恿，决定采取残酷的镇压手段。1926年4月24日以"勾结苏俄"的罪名捕杀京报社长邵飘萍。8月6日深夜又以"通赤"之罪派宪兵逮捕《社会日报》主笔林白水，不经审判，三个小时后即枪决于天桥刑场。人称"萍水相逢白日间"。连续两次逮杀报人，在当时北京报界已造成恐怖。接着，8月7日夜间成舍我又被宪兵捕去。幸有成的盟兄弟孙用时(当时任住友洋行买办)央求他父亲孙宝琦以国务院总理的身份亲到石老娘胡同张宗昌私宅求情并亲自保释成，但张答复要审查最近10天的报纸内容才可决定。于是报纸同人只好仔细检点，原已印好的《世界画报》第50期，因内容稍有不妥，也临时停版。在此后一年多时间里，成在报上不发一言，记者也特别审慎。

4. 1926年10月，《世界画报》单张出版一周年。9月底，曾在画报上刊登预告，兹录全文如下：

　　本报于去年十月一日发刊，迄今已届一周年。兹自第五十七期起，特别刷新。敦请国立艺术专门学校校长林风眠先生主持编辑，精选中外绘画、雕刻、建筑、各种极有价值之美术作品，按期刊登。并将世界美术家之派别、思潮、批评、传记详加说明，择要介绍。此外如时事、风景摄影，足以引人兴趣者，每期亦酌刊一二。林先生为美术专家，中外同钦，留欧十载，几尽交彼邦当代之美术巨子。此次担任本报编辑，欧洲名家允为寄稿者，亦已在十人以上。至于本国友好，赞助之多，尤不待言。林先生目的，在养成国人之"美的观念"，并欲使欧洲美术与东方美术，得一融洽沟通之机会。此种以纯艺术为前提之画报，在中国实为首创。
现第五十七期，已由林风眠先生着手编辑，定十月三日出版（星期日），
特此予告。

林风眠是画家，接编时宣扬以纯艺术为前提，因而画报多是西方名画家作品，有关时事的画幅很少。第57期和58期的画报上，大部分是西洋画家的作品，如巴罗多的《死者之纪念碑》二幅，彭浦的《枭鸟和自然》；克罗多的《巴黎古城》二幅，马典列的《希拉人采果》等。所有作者的历史、思想及各方面的批评，都由林风眠一一注释。这两期还刊登了肖子升（肖瑜）的四幅摄影照片，内容是有关法国人物的照片，如法国的孔夫子孔德的坟墓等。第59期的画报，着重刊登了中国艺术画作，有仇英的山水蜡梅，董其昌的山水题字，以及巴黎博物院的中国四宝二周尊、晋代雕刻、宋朝瓷瓶、明朝佛像等。这时的画报，完全成了艺术欣赏"作品集"，缺乏时代的精神风貌。《世界画报》之所以此时改为这样的内容，是由于当时《世界日报》详细报道了著名报人林白水遇害的经过及新闻界的反响，使张宗昌大为恼火并逮捕了成舍我。成获救后，画报暂时休生养息，不敢涉及时事，以免发生意外。北洋军阀垮台后，画报内容才有所改变。

5. 1927年6月26日，画报以刊登《张作霖就任大元帅职》四幅组照为契机，置换刊头，改版刷新。之后，画报逐渐增加时事新闻，主要涉及北伐战争中各方动态；零星报道日本人在华的一些举动，另积极介绍世界各国人民生活、奇闻趣事，诸如《英国妇女运动界时装》、《日本妇女泅水游戏》、《美国三胞胎》、《世界最长之马》、《哥伦布之妇女生活》、《新大陆最近发现之狐皮鱼》等。

6. 1927年11月13日，值《世界日报》千号纪念，出版图画增刊，介绍了《世界画报》社内部陈设各部门运作场景，开辟"京华名胜"、"时局傤扰中之南北要人"、"北京坤伶"、"北京名伶"等专栏，共刊照片131张。

7. 1928年时，画报内容偏重新闻及团体生活的照片文字，另有艺术照片，使读者欣赏之余，还能得些知识。这时，时事照片逐渐成为画报的主导。

8. 1929年1月10日，萨空了成为《世界画报》的主编，并借元旦新年改版刷新，特设"编辑者言"专栏，对画报的编辑方针以及内容选向多作说明，并以包括政要夫人、艺术家、知识女性等在内的名媛照片作为头版封面形象。

9. 1929年7月21日，第195期，在学生的暑假期间，《世界画报》特设"小朋友"专栏，在编者言中告知：

画报里不是都能使得你有兴趣，你看了喜欢。现在我们不能使你们

失业,尤其在暑假期间,要供给你们一些消遣品,比较有些益处的。所以在这画报里,开了一个"小朋友",作为小朋友们的一个自己的"园地"。这个园地"小朋友"是最欢迎小朋友你们自己的作品。

此专栏截止到当年11月17日,第212期。

10. 1929年夏,画报得到李石曾的一笔款项,添购印刷机器、铜模及各项印刷设备,改用新字体,并用纸型铸版,由多架印刷机同时印刷,因而齐稿时间可以推迟,晚到的新闻也能发表,而出报时间却能提早,批发零售都能抢先,销数日增。

11. 1930年画报大刷新时,宣扬"要使《世界画报》成为活的画报",所谓"活",就是指多登时事照片。这个时期刊登不少时事照片,内容较前活跃,同时还不时刊登中西名画及美术摄影。我国名画家徐悲鸿、刘海粟等的杰作,常在画报上出现。

12. 1930年1月,画报从第220期起,特辟"摄影研究"栏,由留德摄影家杨心德任顾问,每期解答有关摄影的疑难问题,颇受读者欢迎。又在这期开始,添辟"漫画集锦"栏,汇刊国内外的漫画名作,很有风趣。此后还不断刊登学校高才生相片、学生活动摄影、各种剧照以及国内外电影明星的照片,内容较前充实。画报印刷也逐渐改良,颜色随照片内容而变换。

13. 1931年10月25日,第309期,"九·一八"事变日本侵占东三省,《世界画报》连续三期即时刊登组照,披露日军在东北的暴行罪证,并附"编者小识"发表评论,号召全国民众团结起来上下一心赶走日本侵略者。

14. 1932年1月31日,《世界画报》从第322期起,特辟"四五摄影会"专栏,刊登协会成员的照片。

15. 1932年3月6日,第326期,"一·二八"事变后,画报改换刊头,版面改成竖版通栏,连续2期刊登了十九路军在上海抗击日军的壮举。照片较之以往,通栏编排,尺寸变大,纸张也改为"西洋纸"①,纸质洁白,硬度、质量均上一层次。

16. 1932年4月23日,第383期,画报开辟专版专栏刊登"电影之页",初期主要介绍当时在影院上映的欧美影片与欧美明星近况,后期对国内明星动态与国产影片的介绍逐渐增多。此专栏一直登至最后一期。

17. 1935年秋,萨空了离开《世界画报》,改由谭旦同任主编。

18. 1936年1月5日,第524期,画报改换刊头,此刊头一直沿用至最后一期。后期画报多刊登国民党官员活动、学校教育新闻、社会团体动态等,美术作

① 北京各报所用报纸,几乎全是日货。1931年"九·一八"事变后,全国拒用日货,《世界日报》恰在这时买来大批西洋平板纸,除了自印画报外,还有多余分售。

品逐渐减少，讽刺漫画增多，并有漫画连载。

二、《世界画报》图像新闻统计定量标准

基于研究对象的特性和研究方向，我们选取了一系列研究变量，通过对这些变量的编码分析，旨在得出《世界画报》图像新闻的特点。具体变量如下：

变量1，有无文字说明。

变量2，是否为新闻事件，如为非新闻图像，则其类型又具体细分为广告、木刻版画、漫画、印章、书法和国画、人物肖像、风景写真和其他（包括照片、地图等）。

变量3，如为新闻事件，根据新闻图像的固有特点，在新闻类事件中，我们的研究分为新闻图像类型、报道领域和内容、新闻背景、图像中的人物信息、报道时效。

变量4，新闻图像类型具体分为摄影作品、手绘漫画、木刻版画和其他。

变量5，新闻具体报道内容则细分为：1.国内外新闻时事，2.百姓社会生活，3.示威游行，4.经济生活，5.考古游记，6.农林信息，7.战争信息，8.体育比赛，9.影剧（名伶）信息，10.文学艺术与绘画，11.科普知识，12.其他。

变量6，新闻背景又分为该图像所在的年代、图像中涉及的重大事件和该图像体现的报道立场。

变量7，在图像的人物信息中，我们主要研究新闻主角，具体分为：1.人物性别，2.人物国籍，3.人物年龄，4.职务身份；人物性别有四项：1.以男为主，2.以女为主，3.男女均有，4.不明；国籍分为：1.国人，2.欧美国家，3.日本，4.其他国家和地区，5.不明；人物年龄类型分为：1.儿童，2.青壮年及中年人，3.老年和难以判断；职务/身份：1.农民（包括渔夫），2.官僚人士及其家属，3.商人，4.知识分子及艺术家，5.伶人，6.运动员和啦啦队，7.军官（包括士兵、兵俘），8.少数民族人士，9.儿童（学生），10.晚清宫廷人物遗存，11.飞行员，12.普通百姓，13.犯人，14.不明及其他。

变量8，报道地域分为新闻信息所在的地点和具体地点。

变量9，新闻信息所在的地点分为：本埠、外埠、国外和不明。

变量10，新闻发生具体地点分为：民宅（包括私家庭院）屋内外、街道（集市）、办公场所、舞台（戏院、影剧院）、自然界、港口（包括车站、飞机场）、牧场（农场）、古迹旧址、战场（前线）、会议现场、刑场、工厂、运动场、校园、其他和不明。

变量11，报道时效即事件自发生时距报道的时间，具体分为：7日之内、8~14日、15~31日、1~2个月、2个月以上和不明。

其中，人物的国籍、年龄、职务身份为多选，其他为单选。特别需要说明的是，在数据统计的过程中，对于新闻人物的统计按照新闻主体最明显特征进行归

类;对于图像新闻事件的统计按照配文说明进行归类;对于图像新闻的发生地点的统计按照最明显特征进行模糊归类;对于图像新闻发生时间的统计按照配文说明进行归类。

三、《世界画报》图像新闻统计结果分析

本次研究统计《世界画报》的图文共有 1738 个版面,实际计入的图片共有 8957 幅(包含新闻图像、非新闻图像和内容难以辨认的图像)。其中新闻图像有 3350 幅,约占总共图片的 37.40%,非新闻图像有 5604 幅,约占图片总数的 62.57%。因所用样本系缩微材料,图片清晰度不佳,有 3 张图片模糊不清,无统计数据。

另有统计数据表明,在所刊登的新闻图像中,有约 99.80% 的图像是摄影作品,以照片的形式向今天的读者真实地还原了当时的社会。新闻照片中有文字说明的占新闻照片总数的 99.30%,表明《世界画报》几乎所有的图像都附有相应的说明文字。图像说明对图像所传递的信息做补充,不但可以使当时的民众更好地了解图像的关键信息要素,也为我们今天的研究提供了很大帮助。下面详细分析有关新闻图像内容的统计结果。

1. 新闻图像报道领域与内容

表 1-4-1 新闻图像报道领域与内容统计表

变 量	频 数	比例(%)
国内外新闻时事	811	24.21
百姓社会生活	869	25.94
示威游行	29	0.87
经济活动	5	0.15
考古游记	37	1.10
农林信息	22	0.66
战争信息	13	0.39
体育比赛	335	10.00
影剧名伶信息	814	24.30
文学艺术与绘画	132	3.94
科普知识	49	1.46
其他	234	6.98
合计	3350	100.00

从表 1-4-1 可看出,《世界画报》所刊登的新闻图像排在前三位的分别是"百

姓社会生活"、"国内外新闻时事"和"影剧名伶信息"。那时北京诸家报纸的头版头条，依照惯例都是军事、政治新闻。军阀混战，政府走马灯般地交替，这些成为报纸头条在情在理。而《世界画报》却打破常规，将百姓社会生活，编为头版头条刊发。新闻以国内外时事政治消息为最重要，《世界画报》也用了很大的力气加强这些新闻的采访报道。在这里需要说明的是"影剧名伶信息"，因画报后期特辟出专版报道国外电影明星的动态，因此其统计数据也较高。除此以外，"体育比赛"与"其他"两项比例也偏高，在这里的"其他"项中主要涉及的是学校新闻和学生团体活动。由此可见《世界画报》对体育比赛和教育新闻也颇为重视。相对于这些，如考古活动、经济活动、农林信息、科普知识等，报纸少有报道，其中对于经济活动，由于政治中心南移，很少重要经济新闻，只有一点行情，占用的地位很少，几乎只有在广告栏中才能见到经济的发展与变化，即使报道也多是工商界人士的一些活动而已。这里值得指出的是，该报关于战争信息的内容不多，主要是笔者根据图片内容（多为战后一些情况）将一些涉及战争的重大新闻归纳在"国内外新闻时事"这一项中发表，所以在这里统计的战场新闻，主要包括1929年7月至12月持续了5月之久的"中东路事变"，以及1932年1月28日十九路军抗击日寇的照片。对于后者，画报持续2期进行了专门报道。

综上所述，《世界画报》内容十分详尽，从不同的角度向民众展示了当时北京、中国以及国际社会的点点滴滴，同时又特色鲜明、重点突出。

2. 人物特征

《世界画报》涉及人物的新闻图像共2481幅，占新闻图像总数的74.06%。

（1）人物性别

表1-4-2　人物性别统计表

变　量	频　数	比例（%）
以男为主	1416	57.07
以女为主	397	16.00
男女均有	650	26.20
不明	18	0.73
合计	2481	100.00

表1-4-2显示，新闻图像中所涉及人物的性别超过一半是以男性为主，1/4左右以女性为主，男女均有的占1/3左右。而以男性为主的图像数是以女性为主的3倍之多，在以女性为主的图像中，主要是以女学生、演艺明星等形象出现。这说明当时参与社会活动的女性仍远远少于男性，束缚女性的传统观念仍有影响。但是男女均有的图像所占的26.20%的比例也十分可观，其中的女性形象很

多是作为官僚人员的家属出现,另有体育比赛中参赛的女运动员,说明社会的文明程度已有了很大的进步,女性在公开的社会活动中也有了一席之地。尤其是体育比赛中,女性参与度非常高,在体育事业上也获得了一定成绩,得到了社会的认可和媒体的关注。例如《世界画报》多次报道了东北体育健将——"东特女一中"学生孙秀云。这里需要说明的是,其实《世界画报》是比较追捧女性的,从其每期刊登多幅女性照片即能看出,只是这些不作为新闻图片进行统计。

（2）人物年龄（多选）

表 1-4-3　人物年龄统计表

变　量	频　数	比例（%）
儿童	75	3.00
青壮年及中年人	2336	93.25
老年人	36	1.44
难以判断	58	2.31
合计	2505	100.00

在一幅图像里,尤其是涉及多人时,人物的年龄统计就会发生多选

表1-4-3显示,新闻图像涉及人物的年龄绝大多数为青壮年及中年人。这是因为《世界画报》主要的关注对象是作为社会活动三要参与者的成年人。另外一些学校教育新闻中的人物也多为一些大学生,涉及儿童与老年人的照片较少,画报对他们的关注度不够高,即便如此,画报对儿童也颇为用心,例如画报经常刊登社会知名人士的小孩子近照、婴儿大赛、童子军活动,并在1926年和1929年的暑期特设"儿童特刊"和"小朋友"专栏,刊登儿童作品。

（3）职务身份（多选）

表 1-4-4　人物职务身份统计表

变　量	频　数	比例（%）
农民渔夫	1	0.04
官僚人士及其家属	461	17.74
商人	7	0.27
知识分子和艺术家	1020	39.26
伶人	9	0.35
运动员和啦啦队	182	7.01
军官士兵	176	6.77
少数民族人士	1	0.04
儿童、学生	350	13.47

变　　量	频　数	比例（%）
晚清宫廷人物	7	0.27
飞行员	3	0.12
普通百姓	140	5.39
犯人	3	0.12
不明及其他	238	9.16
总计	2598	100.00

人物的职务身份也会因一幅图像中出现众多人物（如合影照），而多选

　　表1-4-4说明，《世界画报》中的新闻图像所涉及人物的职务身份多样，包括官僚人士及其家属、知识分子和艺术家、伶人、运动员和啦啦队、军官士兵、儿童、普通百姓，另在"其他"项中还包括有新闻记者、裁判等赛场相关工作人员等。在涉及的人物中，主要以知识分子和艺术家、官僚人士及其家属居多，其次为运动员、军官士兵。这充分反映了《世界画报》新闻内容的报道重点以及当时的社会状况。

3. 新闻发生地点

表1-4-5　新闻发生地点统计表

变　　量	频　　数	比例（%）
本埠	1491	44.51
外埠	866	25.85
国外	949	28.33
不明	44	1.31
合计	3350	100.00

　　表1-4-5的统计结果显示:《世界画报》所报的新闻超过一半是国内新闻,以本埠（北京）居多。但国外的新闻也占近1/3。这与画报的办报宗旨一样,取名"世界",自然对于国外新闻积极报道。而同时也贯彻了画报提出的"对于新闻材料特别注意,不限于本埠一隅,使读者除消遣外,能从画报里得到一些智识"的编辑方针。1928年后,政治中心南移,南京成了首都,故外埠新闻尤以南京方面新闻居多。加上后期,成舍我在南京创立了《民生报》,画报利用这层关系能即时得到南京拍发的专电,外埠的这些新闻消息为画报增添了不少光彩。

4. 报道时效

表1-4-6　报道时效统计表

变　　量	频　　数	比例（%）
7日之内	747	22.29
8~14日	432	12.89

变 量	频 数	比例(%)
15~31 日	141	4.21
1~2 月	87	2.59
2 月以上	153	4.56
不 明	1790	53.43
合 计	3350	100.00

根据表1-4-6，在所有参与统计的新闻图像中"事件自发生时距报道的时间"在"7日之内"的占22.29%，2周之内的也有12.89%，其他都在个位数。对作为周刊型的《世界画报》来讲，这些数据表明此画报的新闻时效性非常强。另外，"不明"一项所占比例较高，主要是因为图片的文字说明多为"近日"、"最近"、"新近"等词，无法进行精确的数字统计。

5.非新闻图片内容

表1-4-7 《世界画报》非新闻图片内容统计结果

变 量	频 数	比例(%)
广告	290	5.17
木刻版画等漫画	319	5.69
印章	19	0.34
书法和国画	883	15.76
人物肖像	2300	41.04
风景写真	1052	18.78
其他	741	13.22
合计	5604	100.00

《世界画报》中新闻图像占图像总数的37.40%，其余都属于非新闻图像。如表1-4-7所示，根据笔者统计时所设的研究属性来看，《世界画报》非新闻图像所涉及的内容包括广告、漫画、印章、书法国画、人物肖像、风景写真等6项。在"其他"项中比较多的是一些摄影作品，如艺术摄影，还包括国内外雕塑作品等。在非新闻图画中人物肖像的图片最多，约占41.04%，占总的画报图片的25.68%，能看出其所占比例之高。接下来是书法、国画作品和风景写真，它们所占比例相当，分别为15.76%和18.78%。几乎每期都会有美术作品和风景写真图，这充分体现了画报的编辑方针，尤其画报在57期后邀请美术名家林风眠主编，其编辑思路一目了然。虽然漫画所占比例不多，仅5.69%，但是笔者在进行数据统计时，发现《世界画报》还是比较重视漫画的，在初期随《世界日报》出刊时，就创造了一种"漫画新闻"的方式；后又在220期时添辟"漫画集锦"栏，刊登国内外的漫画名

作,很有风趣,在画报的后期,还辟出"连载漫画"栏,内容多涉及百姓社会生活,从中可看出《世界画报》对漫画相当重视,并时常把它作为一种批判武器对社会现象进行针砭。

综上所述,作为周刊型的《世界画报》,其新闻报道的时效性非常之强,从多角度多方面向读者传递了当时国内外的相关社会风貌和文化知识,内容详尽丰富而又不失重点,是一幅展现20世纪二三十年代中国及世界的时代画卷。

第三节　《世界画报》图像新闻特征分析

《世界画报》的报人们将新闻事件内容、场面的表现力,通过图像的形式传达给民众。这些图像不仅能反映报纸的立场和主张,并且将报纸所处社会环境的时代特征呈现在我们面前。一个时期的报纸,其生存方式总是与当时的时代特征紧密相关。对《世界日报》整体性特征的分析,可以更好地帮助我们理解画报所处的历史时期及社会形态。

通过对于《世界画报》图像新闻的统计与分析,结合相关资料,笔者认为该报主要呈现出了以下两个特征。

一、关注视野广阔,报道重点突出

对于《世界画报》关注视野的研究,首先立足于《世界日报》的报道范围及内容。

《世界日报》创刊于1925年2月10日。当时北京著名的日报有《晨报》和《京报》,还有日本人办的《顺天时报》。《世界日报》为了和这些日报竞争,突显其"世界"之名,由初期的一大张改为两大张,强调其报道范围之广泛,借此吸引读者。从内容到版面的安排尽量创其特色,注重新闻时效性,特派记者去国会和各部院采访,甚至去鸦片馆、饭店、酒店打探消息,独家重要新闻一旦被访到,每每迅速成章,见报发行。《世界画报》正是《世界日报》扩充篇幅,追求报道范围扩大化和内容更加丰富的成果之一。

由表1-4-5我们看到,在《世界画报》的图像新闻中,外埠和国外新闻占了超过一半的比例,而本埠新闻只占了44.51%。可见《世界画报》确如其名,眼光视野不囿于本埠一隅,而是面向世界。笔者认为该报能完成这样大范围的报道,原因及可能性有三。

第一,久承太平富贵的北京在近世之乱中心态的落差、惘然与觉醒。从金朝正式建都(1153)[1]算起,北京作为历代王朝国都,届时已历772年。以人为喻,国

---

[1]　北平市工务局编印:《北平市都市计划设计数据第一集》,1947年,第4~11页。

都北京就像嫁入名门贵胄的命妇，已久享不虞匮乏的安逸生活，如《新晨报》时评指出："北平在昔帝政时代，无上权力者之皇帝在焉，全国财力，集中于此，全国官吏，发源于此，繁华富丽，他省莫比。"①当时北京居民也以此为自豪，皇城根下，目无其他。自国府南迁后，北平成为故都，其命运仿佛夫婿（北洋政权）殂亡，家道中落，无以为恃。人们迫切需要一份能够描述社会整体环境，能将当时的国际国内信息传递给他们的报纸。此时创刊的《世界画报》，正可通过对全国各地社会状况和民生政治的报道，用照片的形式呈现给北京市民一个真实的中国现状及国际社会情况，使人们不再像井底之蛙一般自大无知地以为"天下全在皇城北京"。

第二，本埠国民好奇心的需要。不管贫富贵贱，每个人都有好奇心，国民总是对在自己接触能力以外的事物比较感兴趣。尤其北京的近邻天津，自1860年开埠以来利用广阔的国内外市场和优越的经济运行环境，成为北方最大的金融中心和经济中心，到20世纪二三十年代，天津已经成为仅次于上海的中国第二大都市。北京与天津地域相连，文化相近，人员相亲，有着密不可分的关系。虽然老北京人还比较保守，但当时的年轻一代，尤其接受过教育并成为报纸消费主体的人们，开始有不断得到新鲜资讯的迫切要求。在当时交通和通讯还不是很发达的社会里，国民只有通过报纸来了解外面的事情，获取外面的信息，因而报纸上的外埠新闻对本埠居民具有不可替代的强大吸引力。这也对画报关注视野的宽广性产生了极大的推动。

第三，是"引进国人世界观念、及时刊发自采外埠稿件"的办报宗旨的体现。日报在创刊时就提出："本报为引进国人世界观念起见，特聘专人担任各国通讯，并与外国通讯社特约，凡本日下午二时以前拍发到京之电报，本报均能尽先译载，不但不抄袭早报，而且比早报先登一日。各部院均有专员采访，京外要埠并有专电，绝不向早报沪报抄袭片纸只字。"这项宗旨一直延续至《世界画报》。

在具体的采编上，画报公开征聘河北、山东、哈尔滨、绥远等省县通信员，按稿计酬，利用这些通信员的力量及时获得外埠新闻。1926年下半年，成舍我在南京创办《民生报》后，经常从南京拍来专电，于是画报就能即时刊登南京最新的重大消息。此外，画报还利用《民生报》的关系，得到中央社以外的消息，不断增添南方各地新闻信息，各个版的新闻内容都较之前有所充实。如画报报道了电影明星阮玲玉自杀之类（图1-4-3）的特写，读者非常感兴趣。画报提出，凡是读者感兴趣的文章，不论事件地点，就是远在云南、四川也要刊登，读者因为外地报纸看得较少，对此很是欢迎。另外，日报每日派人去东交民巷访问英、日、法等国使

①《北平之将来》，北平《新晨报》，1928年8月9日，第二版。

馆，找使馆参赞探寻各地领事馆来讯。如日本使馆每日可收到各地领事馆大批电报，有一个时期（日本币原内阁时代），日本人利用中国人代为宣传，每日摘出一些于彼有利的情报，改用新闻的方式告诉往访的记者。这样，帝国主义的情报也变成特讯在画报上发表。画报经常刊登欧洲通讯，如《法国造纸厂情状》和日本通讯《日本近事》，为画报增添了看点。所以这个时期的画报，其消息之灵通、内容之丰富、涉猎之广泛，令人叹服。

而在这些高比例的外埠和国际新闻中，涉及如战乱、示威、游行、民生之类的社会新闻比例较高，从这里可以看出《世界画报》在选题上对于当时民众心理的把握，且可以看出《世界画报》对于传播效果的考虑。这些贴近民众的事件的报道，让读者对报纸有亲切感，吸引读者并对读者起潜移默化的作用，影响读者的思想，表达报人的态度，传递报人的观点。

 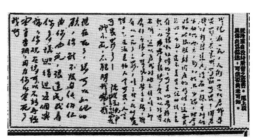

（一）阮玲玉遗体　　　　　　　　　（二）阮玲玉遗书

（三）阮玲玉上灵车之影

图1-4-3　电影明星阮玲玉自杀事件
《民国画报汇编——北京卷——世界画报1》，第452页

在统计分析的过程中，笔者发现，与外埠和国外新闻报道相比，《世界画报》对本埠新闻事件的报道与描绘更为具体详尽，并经常配发"略记"和"评论"，且所报本埠新闻都是一些比较重大的事件。相比多是一图一文简单搭配、配文也比较简短的外埠和国外新闻，本埠新闻显然新闻性更强，真实性更明显，质量也更高。

由此可以看出《世界画报》在报道区域上视野非常广，但同时有选择更有重点。

二、关注对象有侧重，人群题材有选择，文体版式常创新

报纸是引导舆论、传达民意的工具。每一份报纸都有其报道的方向与特点。一份报纸的受众定位、题材选择等在它后来的发展中相当重要。现在的报纸是这样，早期的报纸也不例外。通过对《世界画报》的统计分析，我们可以看到该报在受众定位与题材选择等方面的特点。

1. 受众定位

我们注意到：在表1-4-3中，青壮年和中老年的比例在新闻事件涉及的人物中达到了93.25%；而在表1-4-4中，知识分子和艺术家的比例高达39.26%，其次是儿童、学生，为13.47%，官僚人士、运动员和军官士兵，比例分别为17.74%、7.01%和6.77%，不明身份的比例也很高，达到了9.16%。可见《世界画报》所报道的新闻内容的行为主体主要集中在成年的知识分子、儿童（学生）、官僚人士、运动员和军官士兵身上。在这些人物身上，我们根据画报内容又可以归类，运动员主要集中在大学生群体中，儿童主要报道的是童子军的动态。那么，精简一下，画报报道的内容主要是知识分子、大学生、官僚人士及军官士兵。针对这一报道对象，再结合报道的内容重点以百姓社会生活居多，我们可以分析出当时北京除了一般群众读者这一主体外，教育界人士（包括知识分子和大学生）、军阀和官僚群体是《世界画报》的另一消费主体。

笔者认为《世界画报》之所以较多地选择后者这一群体的社会成员，主要是因为如下几点。

首先，当时北京是北洋政府所在地，是全国的政治中心。而北洋政府为军阀控制，哪个派系的军阀得势，就由哪个派系的军人政客组织政府。所以军事和政治是紧密相连的，军事新闻和政治新闻同样重要，有时影响还更大一些。《世界画报》在北京出版，自然要以这方面的新闻为报纸的主要内容。实际上，当时北京所有的报社、通讯社都在军阀刺刀下过活，谈不上言论自由、出版自由。北洋政府既有出版法定出种种限制条文，又有警察厅逐日检查报纸大样，动辄禁登，所以当时北京的新闻界几乎都是有后台老板的。有的报纸竟和他报合用铅版，只是各用各的报头印刷，印上20多份，赠送给出资的军阀政客，并不在市面上出售。《世界画报》也不例外，既然领了六机关的"宣传费"，也要接受军阀的新闻检查与过滤。

其次，1926年以后，由于政治形势的变化和学生运动的高涨，为了抓住广大的教育界读者，该报还注重教育新闻的报道，而这正是其他报纸所忽略的方面。因为北京那时是全国学校最多的城市，仅大学就有29所，与此关联，北京自然也是全国的文化中心、文教界人士集中之地。为了争取文教界的读者，画报特别刊登文教新闻,为数众多的教职员和学生,都成了画报销售的对象。

再次,成舍我作为一个资产阶级的报人,虽然号称言论公正,不党不偏,保持公正立场,替老百姓说话,做民众喉舌,但政治上实则是拥护国民党的。前期画报比较多地报道国民党官员的动态,有视察、会议、会晤等报道,人物多涉及蒋介石、傅作义、李宗仁等高级将领。以"奉安大典"为例,1925年3月12日,孙中山先生患病在北京与世长辞,遵照孙先生归葬南京东郊钟山的遗愿,治丧委员会决定将遗体暂厝西山碧云寺金刚宝座塔的石龛内,待南京陵园建成后再正式安葬。至1929年春,陵墓主体工程完工,于是有了6月1日的"奉安大典"。画报在187期至189期三期中以"奉安大典专载(一)、(二)、(三)"跟踪报道了此次盛典(图1-4-4~图1-4-6)。从孙中山先生灵柩北京出发之时到孙中山灵榇抵达南京后停灵于中央党部礼堂的这一路行程都进行了报道。画报记录了途经河北南皮、交河两县、天津、蚌埠、徐州直至南京沿途的情形以及官民朝拜的景象。孙中山灵柩到达南京后,画报还报道了参加此次奉安大典的人员以及外宾,报道之全面完整实属罕见。

图1-4-4　送柩骑队抵北平东车站时
《民国画报汇编——北京卷——世界画报1》,第486页

　　后期,《世界画报》几乎已投身国民党集团,立场和态度比较鲜明,言论主张已和《中央日报》相差不远。如果说前期的《世界画报》对北洋军阀政权曾是揭露和谴责,那么后期的画报对于蒋介石政权则是鼓吹和赞扬,官方的新闻充满了画报。此时画报的阅读对象自然少不了国民党的众多官僚人士。

图1-4-5 列车抵津总站时摄影
《民国画报汇编——北京卷——世界画报1》,第486页

图1-4-6 参加奉安之外宾
《民国画报汇编——北京卷——世界画报1》,第486页

2.题材选择

在表1-4-1中,我们看到,《世界画报》所刊载的新闻画中占比重较大的前三位分别是"百姓社会生活"、"国内外新闻时事"和"影剧名伶信息"。

该画报深谙报纸生存之道,大部分篇幅登载社会新闻,因为这些事件都发生在人们所熟识的市民生活场所。生活环境相似,更能吸引读者的注意,让读者产生一种共鸣。如东安市场大火、西河沿之难民、化妆溜冰大会、东安市场杂耍场情景、新年北平街市,等等。不仅刊登本埠社会新闻,画报也大量地刊登外埠百姓社会生活,如镇江蚕种制造、南京夫子庙新年景象、陕北防疫工作等。甚至专门制作特刊如"西北科学考察团",刊发大量照片介绍西北地区的民风民情(图1-4-7~图1-4-9)和山陕地质调查写真,除了将山陕地区的地质详情展现于读者眼前,还拍摄了大量的塞外风光照片。正如画报取名"世界",不仅刊登国内社会新闻,国外的自然、社会、百姓生活也不少,例如欧洲大水写真、南洋马来女之装束、巴黎人与咖啡、哥伦布之妇女生活、意大利佛尼西亚岛水巷狂欢盛会等。

其次是"国内外新闻时事"。画报注重时事新闻报道的态度不言而喻。对国内外新闻时事的及时报道是一直贯穿画报始终的。

注重对"影剧名伶信息"的报道,是画报作为娱乐休闲报刊的一种突出表现。前期主要是对北京伶人的各种活动近况进行报道,尤其名伶梅兰芳、程砚秋等人的动态常见诸报端,画报在《世界日报》千号纪念的时候特别做过对北京坤伶和名伶的集中刊载。后期主要是刊登国内外电影明星与上映影片之动态,对一些社会影响较大的明星新闻,如阮玲玉之死、卓别林中国之行都有报道。

此外,"体育比赛"与"教育新闻"两类也是画报报道的重点。面对中国内忧外患的情形,当时北京精英阶层积极提倡"教育救国论"和"体育救国论"。国民党当局对体育运动颇为重视,积极举办了多项国内重大体育赛事,如"全国足球分赛区比赛"、"华北球类运动"、"华北运动会"等,《世界画报》都给予了专版特刊报道。对于教育新闻,多涉及教育家、学生团体活动、学潮等,画报还为北京当时的教育专家做过"学人生活剪影"专栏,每期介绍一位学人,共介绍了20位专家,引起一阵轰动好评。

相对于这些,如考古活动、经济活动、农林信息、科普知识等,报纸报道较少,但也都给予了关注。

综上所述,《世界画报》的题材选择很广,但同时根据其受众定位,重点又有所突出。

图1-4-7　哈密区城之九龙树尖千年古物
《民国画报汇编——北京卷——世界画报1》,第420页

图1-4-8　蒙古包内之陈设
《民国画报汇编——北京卷——世界画报1》,第423页

图 1-4-9　哈拉湖七百年前之古城
《民国画报汇编——北京卷——世界画报1》，第 422 页

3. 文体与版式

画报中的图像新闻一般在图像的基础上还添加了文字作为说明，《世界画报》的图像新闻中，有超过 99.30% 的图片都配有文字介绍。且很多新闻不只是简单地用文字描述画面内容，而且加入了报人对于该事件的评论和作者当时的所见所闻作为补充介绍，少则一百字，多则五六百字。这让读者在观看图像时，还能得到对图像所反映的人物和事件更加充分深入的了解。这是《世界画报》在报道文体上的创新。

在发刊的 11 年里，由于主编的更替，画报经历了 4 次比较大的改版。不过，除了 1932 年第 326 期至 332 期，画报改换刊头，版面改成竖版通栏，照片进行通栏编排，尺寸增大这一明显改变外，画报的版式并无太大变化。更多的改变体现在报头的更换（报头更换主要有六次，参看图 1-4-10）、广告位置的安放、版面装饰画的出现与消失和字体字号的改革等。在 1936 年 5 月 10 日第 542 期中，画报还尝试将文字从左至右进行书写顺序新编排。这些都体现了画报编辑们的创新意识。

图1-4-10 《世界画报》的六种刊头

　　《世界画报》为4开单张,通常有4个版面。第一版多为封面人物肖像,第二版主要刊登时事新闻,第三版较多地介绍美术作品,第四版的内容较杂,一般为社会新闻或者特辟的专栏等。当然这样的安排并不固定,具体随当期的情况而定。报刊启事和广告刊例等一般被放置于第一版和第四版的中缝。中后期随着广告的增多,二、三版的中缝、第三版和第四版的下方也都刊有广告。从1932年1月10日第319期开始,画报进行调整,第二、三版的中缝不再刊登广告,后期画报更加规范了广告的位置,从第474期开始,广告只出现在第二、三版的上方和下方(图1-4-11)和第四版的下方,这个安排一直延续至第576期。

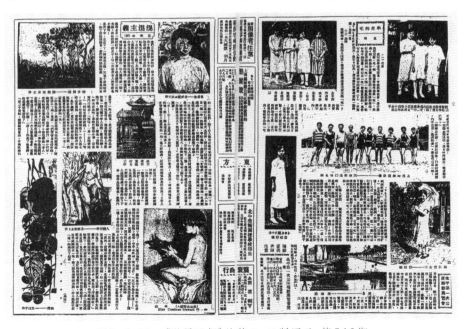

图1-4-11 《世界画报》的第二、三版图示,第546期
《民国画报汇编——北京卷——世界画报1》,第546页

第四节　《世界画报》图像新闻内容分析

对《世界画报》的图像新闻统计数据显示，国内外时事、教育新闻、百姓社会生活和体育新闻这四类内容排在前面，下面就这四类图像新闻的具体内容分别进行分析。

一、时事新闻是画报的立足之道

新闻以国内外有关军事、时事政治的消息最为重要，《世界画报》用了很大力气和很多篇幅来加强这方面图像新闻的采访与报道。

现整理画报刊登的三个重要且典型的时事新闻事件，并进行剖析。

1."三·一八"惨案特刊

1926 年 3 月 18 日，中共北方区委、北京地委和共青团北方区委、北京地委同国民党北京特别市党部、北京总工会、北京学生联合会、北京反帝大联盟、广州代表团等 60 多个团体、80 余所学校，5 000 余人在天安门举行"反对八国最后通牒国民大会"，抗议日本帝国主义的军舰侵入大沽口、炮击国民军罪行及美、英、日、法、意、荷、比、西等八国的无理通牒。为了这次大会的召开，中共北方区委事先做了布置和安排。是日清晨，中共北方区委在李大钊的主持下又召开紧急会议检查准备的情况，赵世炎、陈乔年、共青团北方区委书记萧子璋、中共北京地委书记刘伯庄，分别报告了群众的组织和发动情况，拟定了标语和口号以及游行路线等。群众大会上午 10 时开始，首先由大会主席徐谦报告会议议程，揭露帝国主义的侵略罪行和段祺瑞政府 17 日对请愿群众的暴行。大会议决：通电全国一致反对八国通牒，驱逐八国公使，废除一切不平等条约，撤退外国军舰；电告国民军为反对帝国主义侵略而战。会后，群众结队前往段祺瑞执政府请愿，要求段政府立即驳复八国通牒。当队伍来到铁狮子胡同①段祺瑞执政府门前时，预伏的军警竟开枪射击，打死 47 人（"特刊"报道为 40 人，当场死 26 人，送医治无效者 14 人），伤 200 余人，制造了震惊中外的"三·一八"惨案。中共北方区委李大钊、陈乔年、赵世炎等人亲自参加了这次斗争，李大钊、陈乔年等由于掩护群众而受伤。惨案发生后，北京各学校停课，为死难的烈士举行追悼会，23 日，陈毅于北京大学三院

---

① "三·一八"惨案发生地位于北京东城区张自忠路 3 号。这里原称铁狮子胡同，旧门牌为 1 号，俗称"铁 1 号"。清朝时为和亲王府，清末改为贵胄学堂，后与西侧的承公府一并拆除，重新建起了三组砖木结构的楼群。1912 年，袁世凯将总统府和国务院设在这里。1919 年以后，靳云鹏将这里改为总理府。1924 年段祺瑞就任中华民国临时执政，这里遂改为执政府。现大门东侧，有一块纪念碑，上面写着"三·一八"惨案发生地。

主持召开全市追悼大会。①

惨案发生后，日报隔天发表了署名"舍我"的《段政府不知悔祸耶》的社评，严正提出了段政府引咎辞职、惩办凶手、体恤死亡者三项要求。《世界画报》在3月26日第32期，距离惨案发生仅一周之隔，出版"三·一八"惨案特刊，特刊共出了两张，第二张是3月31日出版，期号仍为第32期。第一张特刊的"特别预告"有一项内容"惨案之责任者：段祺瑞、贾德耀、章士钊"未能出现在特刊第二张，可以想象当时画报面临的压力之大。现将特刊内容介绍如下。

第一张一版"惨案纪实（上）"附照片3张，《开枪前执政府门前之队伍》、《惨剧未作前之民众》、《惨剧闭幕后国务院外吊者聚集哭声震天》；二、三版，《被害诸烈士遗影（一）》附照片13张，有刘和、杨德群、魏士毅等九烈士；四版，《被段祺瑞通缉之五人》附照片5张，为李大钊、易培基、徐谦等。②第二张一版《惨案纪实（下）》附照片4张，《国民军赶来弹压之状》、《枪声方息时市民救护伤者之景》、《枪声正作时东四北大街商店均闭门巡警送伤者过市景况极为凄惨》（图1-4-12~图1-4-14）；二、三版，《被害诸烈士遗影（二）》附照片14张，有张梦庚、黄克仁、小烈士朱良均、范士荣等，并刊登"本报特别启"向读者致歉："此次惨案，先后死难者共四十人，本报因篇幅所限，未能全数刊出，阅者谅之"；四版为《被害烈士之灵位》，附图片5张，有《女师大刘杨二女烈士灵位》、《工大陈刘江三烈士灵位》。

惨案特刊在每幅照片下均有详尽的文字说明，《刘和珍女士》照片的文字说明是

> 刘和珍女士，年二十二岁，江西南昌人。于中华民国十二年，考入女师大预科，历升至文本一年级。三月十八日参加国民大会，午后赴铁狮子胡同国务院请愿，在该院东辕门，被卫队枪杀，登时毙命。比经京师检察厅检察官验明，填注尸格。上图即其遗体抬回女师大后之摄影。刘女士受伤处在左腋枪子透出处，皮肉向外；右后□肋偏左，焦出皮肉破孔伤一处，量围圆四分，斜深透过仰面左腋，并左膀枪子伤身死。（附记）当场据吴瑛、李桂生两女士声明，刘女士被害时尚失去银手表一个、自来水铜笔一枝、钞票五元、袖珍日记一册。

① 资料来源：新华网，http://news.xinhuanet.com/ziliao/2003-09/01/content_1056297.htm。

② 谢其章：《世界画报之三·一八惨案特刊》，《都门读书记往》，台北：台湾秀威资讯科技股份有限公司，2009年。

图1-4-12　国民军赶来弹压之状
《民国画报汇编——北京卷——世界画报1》,第422页

图1-4-13　枪声方息时市民救护伤者之景
《民国画报汇编——北京卷——世界画报1》,第422页

图 1-4-14　枪声正作时东四北大街商店均闭门,巡警送伤者过市景况极为凄惨
《民国画报汇编——北京卷——世界画报 1》,第 422 页

　　此篇报道中所说的刘和珍女士即鲁迅著名文章《纪念刘和珍君》中所记的刘和珍。鲁迅把惨案发生的 3 月 18 日称作"民国以来最黑暗的一天"。

　　《世界画报》对段政府痛加指责这一举动,让报纸的身价大为提高。在成舍我办报初期,段政府的财政总长贺得霖曾给成舍我一笔钱置办印刷机器。惨案发生后,《世界画报》以及日报都痛斥段政府,贺就向成提出警告,接着就函成严词诘责,并要求退还买印刷机的款子。成义正词严地复信拒绝,并警告贺如敢相逼,即将内幕和盘托出,公之于世,贺因此也无计可施。

　　2."九·一八"事变

　　1931 年 9 月 18 日,日本帝国主义发动战争,侵略我东三省,造成了举世震惊的"九·一八"事变。国民党政府对于日本帝国主义的这次侵略,竟采取不抵抗政策。于是,一夜之间,沈阳全城被占领,军警被缴械,全国最大的沈阳兵工厂、制炮厂以及二百架飞机，完全被日军夺取，损失达18亿元之巨。全国人民闻讯，群情激愤，纷纷请缨抗日，共赴国难。抗日问题成了全国人民政治生活中的头等大事。《世界画报》在这外有强敌侵凌、内有国民党黑暗统治、人民奋起斗争的时候，新发表的新闻照片也发生了变化。过去，《世界画报》对于国民政府的政策和措施，纵有不满，也只是采用资产阶级改良主义的方法加以评论，但"九·一八"事变后一反常态，旗帜鲜明、态度坚定地反对不抵抗主义，积极主张抗日，热情支持抗日救国的群众运动，表现出正直知识分子的良知和公正报人的情操。

此后，日本侵略者肆无忌惮地扩大侵略，分兵进攻安东、本溪、营口、牛庄、长春等地，9月20日东占吉林，南迫锦州，并派海军占领秦皇岛，长驱直入，如入无人之境。10月6日，日军进占葫芦岛，8日日机轰炸锦州，东北形势更为危急。

10月25日，画报在第300期除第四版外，用3个版的篇幅刊登了日军在沈阳的暴行罪证（图1-4-15，图1-4-16），并配有"编者小识"：

> 在本期里我们又获得了二十张左右的日兵在沈阳暴行的证据，已分印在本期一二三版之中……由此观我国士兵和人民为日兵所迫，跪立地上之状，吾人实在义惭万状。夫我国对日之外交，岂可许久跪于日人之前，未有事实上之表现耳，今则事实上亦已曲跪，是可忍孰不可忍！望我民众时置此画报于左右，以自疗伤，想当可收些许自强不息之功效矣！

这番言论充分表达了《世界画报》对日军暴行的愤慨与对国家民族危亡的担忧之情。

图 1-4-15　日军虐待我军人
《民国画报汇编——北京卷——世界画报 2》，第 23 页

图 1-4-16　日军收缴我国军械及军帽制服证物
《民国画报汇编——北京卷——世界画报 2》，第 24 页

　　因为《世界画报》从1930年12月28日第267期开始缺失，直至1931年9月26日才有部分版面出现，所以，我们无法通过现存资料查阅"九·一八"事变后那一期画报所刊载的内容，但是我们能在记者所配发的评述中推测在"九·一八"事变后，画报已经刊出至少一期日本在沈阳的暴行照片。

　　紧接着下一期，11月1日，第301期，画报又辟出二、三版刊登日军在沈阳的暴行与日机轰炸锦州惨状的照片（图1-4-17，图1-4-18）。记者在"编者小识"中发出呐喊与倡议：

　　　　在本期二、三两版里，我们又获着了许多张日军在锦州掷弹，及日军在沈阳之暴行的照片。请大家看一看那被炸弹炸死的无辜民众的惨状，谁能够不怆然欲泣？再看一看那日本耀武扬威的样子，谁又能不气愤填膺？弹炸锦州，就是在国联给日本期限，令他们撤兵时期中干的。现在国联又给了日本三星期的限，要他们撤兵了，在这三星期中，真不知道他们又要干出什么把戏，又残害多少我们民众！结果恐怕兵还是一样的不撤。比如这次日兵再不撤，我们该当怎么样呢？由这两版照片可以知道在日军势力下的民众，是处在怎么样的一种水深火热环境下。我们不赶紧把失地收回，把他们救出水火，真是太对不起他们了。所以我希望由这两版照片的提醒，能在三星期后，使我们全国上下有一种紧决的决心！

　　这些照片使读者触目惊心，颇能激起民众同仇敌忾奋起抗日的爱国情绪。

　　事变不到两个月，东北的两百万平方公里领土、三千万人民、四千余公里铁路、无数资源尽被敌人占领，形势日趋恶化。《世界画报》连续多期刊登照片，其中有日军暴行罪证、民众抗日救亡新闻、国民党当局演说等，大声疾呼抵拒日货，对日抗战，对日绝交。

图1-4-17 辽宁城内日军之猖獗状况
《民国画报汇编——北京卷——世界画报2》，第25页

图1-4-18 车站少帅楼前炸死一妇女
《民国画报汇编——北京卷——世界画报2》，第28页

3. 淞沪战争

日本侵略者占领东北后,企图转移国际视线,在上海借故挑衅,于1932年1月28日开始进攻上海,发起淞沪战争。

国民党政府对于日军进攻上海,虽然口头上说"一面抵抗,一面交涉",实际上仍是采取不抵抗的政策。但是,当日军在28日晚侵占天通庵车站,继续向北站、江湾、吴淞等处进攻时,我驻淞沪的第十九路军,奋起英勇抗战,夺回天通庵和北站两车站。激战两天,杀敌千余人,给敌人以沉重打击。这是自"九·一八"事变以来,我国军队第一次抵抗侵略者取得胜利,全国军民莫不为十九路军抗日胜利而欢呼,并纷纷进行慰问和支援。

《世界画报》在全国人民欢庆十九路军胜利时,于1932年3月6日,第326期配合画报的改版以一种全新的编排来报道此次抗战,积极宣传了十九路军抗日的胜利。此期画报版式改为竖版通栏,两个版面刊登七幅组照,首版右上方刊登的是十九路军长蔡廷锴的大幅照片(图1-4-19),上图是战士在战壕中防守时的情形(图1-4-20),图中三军护守的为迫击炮。中间通栏的照片是十九路军总指挥沈光汉近照。下面的第2版4张图片分别为《江湾方面我军防守之情形》、《我军防线内容之一》、《我同胞被日军惨杀之照片》和《上海日军向我军攻击之情形》。改版后的照片尺寸变大,战士防守时的神情贯注、同胞牺牲的惨状触目惊心,这些细节均被放大,阅者看了多为之动容。

图1-4-19　十九路军军长蔡廷锴
《民国画报汇编——北京卷——世界画报2》,第48页

图1-4-20　战士在战壕中防守时的情形
《民国画报汇编——北京卷——世界画报2》，第49页

　　画报紧接着在第335期又陆续刊登了十九路军军长蔡廷锴阅兵（图1-4-21）、十九路军行军（图1-4-22）、战士在战壕中以及苏州后方服务团群众等照片。在336期中又接着介绍了沪战中的义勇军。

图1-4-21　十九路军军长蔡廷锴阅兵
《民国画报汇编——北京卷——世界画报2》，第78页

图1-4-22　十九路军渡河之情形
《民国画报汇编——北京卷——世界画报2》,第78页

　　十九路军抗日的胜利,大大鼓舞了全国军民的斗志,各地军队纷纷请求到上海助战,可是国民党政府以避免事态扩大为借口,不但不援助十九路军,反而阻止军队行动。十九路军孤军浴血抗战一个多月,弹尽粮绝,不得不撤转阵地,而国民党政府此时却接受英美的调停,和日本帝国主义商谈停战协定。5月5日,国民党政府在全国人民的反对声中,与日方签订了上海停战协定,根据这个卖国协定,中国军队不能在上海周围驻扎和设防,又根据"谅解"协定,十九路军被调往福建"剿匪"。

4. 对于社会主义和共产党的报道

　　画报对早期的北洋军阀是揭露与谴责,对国民党则是鼓吹和赞扬,即使有不认同的观点,也只是资产阶级改良主义的,对当时的社会主义苏联和中国共产党,态度一直是仇视的。

　　1927年12月,广州起义后,国民党政府宣布与苏联绝交,追随列强反对苏联和第三国际。《世界画报》也曾陆续发表反对苏联的事件与图像。1929年7月,中国和苏联因中东路问题,发生了持续5个月的战争,关系非常紧张。日报发表社论《谨建议于政府暨国民之前》,宣称"赤俄破坏和平",建议政府:1.应须下全国动员令,集中兵力,下殊死自卫、举国一致之决心;2.应通告全世界,宣布赤俄屡次侵我领土,戮我人民之中国事实;3.在赤俄未完全停止暴行,及向我谢罪之前,中俄之一切谈判,立即停止,切勿在其炮火胁迫之下,而有所和平交涉之进行,致使世界笑我,有损面目,无复国家人格之存在。这种论调,和一年多以前的"五三"惨案时的言论,迥然不同,对日本帝国主义主张屈服,而对社会主义苏联主战,是国民党的反动外交政策效力所致。《世界画报》为此刊登了《中俄战迹》(图1-4-23,图1-4-24)之新闻图片,严厉抨击苏联发动的此次战争行为。

图1-4-23 被破坏之隐蔽部
《民国画报汇编——北京卷——世界画报1》,第667页

图1-4-24　房屋轰毁之一部
《民国画报汇编——北京卷——世界画报1》，第691页

又如1929年9月22日，画报在第204期刊登了天津市民反俄大会，编者在图片旁写道"沙俄①侵华，蹂躏边境，凡我同胞，无不愤慨"之诗句，用以表明画报立场。画报还刊登了江绍原撰写的《中国的"花王"、"皇后"们，联合起来打倒你们的侮辱者共产党人》。

"九·一八"事变后，国联调查团接受日本的请求来中国调查，并于1932年10月3日公布调查报告，但一味偏袒日本。国人对国联感到万分失望，对国民党政府外交失策感到无比愤恨。很多国人深刻认识到，社会主义国家苏联才是我国反对帝国主义的有力同盟者，日报于1932年6月5日发表的社论中称"俄国革命之处，我国对俄政策，因一味追随列强，致受不少损失"，认为"以防止赤化反对复交，则绝交以后，赤化思想，依旧蔓延之事实，已足为反证"。一时之间要求与苏联复交的呼声甚高。

而对于中国共产党，画报的报道并没有像后期对苏联这样"优待"，画报明确其主张态度自始至终站在国民党一边（蒋介石曾宣称："我们的敌人不是倭寇，而是土匪。所以我们要以专心一致剿匪……无论外面怎样批评谤毁，我们总是先清内匪为唯一要务"），以图从根本上"铲共"。只是因为后期对画报的新闻检查比较松，偶会刊登一些学生抗日救亡活动，支持停止内战，共同抗日的主张。

首先，在北伐战争前期，1926年4月，张作霖的奉系部队控制北京，成立安国

① 现已将1917年十月革命时期后的"沙俄"称为"苏联"，画报中还是以1917年之前的称谓"沙俄"行文。

政府,绞杀了中国共产党的创始人之一李大钊。画报于第83期刊登"被捕者之三党人",文中写道:"东交民巷破获之党案,被捕者七十余人。案中最重要之三人。中立者李大钊(直隶乐亭人,前为北京大学教授),左为路有于(直隶人,日本留学生),右为张挹阑(湖南人,北京大学教育系三年级女生)。"其中对李等共产党人的被捕称作"破获之案",并无同情之心,倒有拍手叫好之意。

其次,对红军多有污蔑,并盼蒋介石统一指挥,早日"肃清"红军,极力为蒋的"清共剿匪"政策呐喊效劳。

1932年5月29日,画报在第337期刊登了六幅组照,详细报道了"共匪"围攻赣州,最后被剿匪军击退的情形。照片内容为《剿匪军占领小南门外,十四师师长周至柔,横卧地下者为匪尸》(图1-4-25)、《露居街头之乡告贫民及其残余之家俱》、《共匪攻赣州时在西门战之我军机关枪》、《共匪退后在赣州东门外焚烧商店之惨状》(图1-4-26)、《赣州南门外赤色恐怖之道痕》及《赣州东门共匪爆炸后之惨状》,并配发了文字说明与评论:

> 月前共匪进攻赣州,赣州此次剿匪,为时匝月,复得援军,始缓解围。当时,城不陷者几系。观左下方赣州东门爆炸之情形,事实证明。而当时城外之破坏,如右下方所刊者,自是足使人惊心怵目。但现共匪猖獗之区,决非之一赣州。江西全省之半,福建两湖安徽各省,无不具有共匪足迹。匪势日且坐大,然剿匪军时受时局影响,至不能收消灭之效。粤省入关剿匪军。现又以内部问题撤退,即已证例。故剿匪实为今日一大问题,极应重观者。闻蒋中正李济深即将出发剿匪,吾人切望此度二氏能不□全功不离战线,设能如此,东南民众定将为二氏馨香以祷也。

图1-4-25 "共匪"围攻赣州部分图片
《民国画报汇编——北京卷——世界画报2》,第86页

图1-4-26 共匪退后在赣州东门外焚烧商店之惨状
《民国画报汇编——北京卷——世界画报2》,第86页

　　尔后画报又报道了江西"赤匪"所施"暴行",如《江西宁郡田野之骷髅白骨,被匪杀之无辜民众》《江西赤区惨无人道烧杀为其制造恐怖裹挟民众之手段》等3张图片(图1-4-27),污蔑共产党,为国民党的"剿匪军"加油助威。

图1-4-27　宁郡民房被坏之惨状
《民国画报汇编——北京卷——世界画报2》,第436页

　　1935年以后,日本侵略者步步紧逼,国民党节节退让。国民党当局加强了新闻检查,"统制"新闻更加严密。"何梅协定"以后,日本帝国主义在华北扩大侵略,平津日军任意践踏中国官民,鼓动香河饥民闹事,成立"冀东防共资质政府"汉奸组织等。国民党政府只是屈服,行政院于11月26日决议设立冀察政委会。12月9日,北平学生为反对这一组织的成立,举行了全市性的示威游行,冒着武装军警的水龙、大刀、皮鞭冲杀,勇敢地向全国人民发出"反对华北自治、停止内战,共同抗日"的呼号。这就是"一二·九"救亡运动。但是,当局禁止各报刊登这些新闻,只有《世界画报》因检查稍松,刊有北京、南京学生请愿游行以及同军警搏斗受伤住院的照片,并用隐蔽词句记述此次救亡情况的文章。不过从此以后,画报再也不提剿共的事情,也不称红军为"匪军"了。

二、教育新闻是画报的生存之本

《世界画报》自创刊始，即以注重教育新闻见长于各画报。实践证明，教育新闻为该报招来了广大读者，使之在同业的激烈竞争中保存下来并逐渐发展，使之在报业消沉暗淡的两年多时间里得以生存；使之在"国都"南迁、北京凋零之季，出人意料地发展、成熟起来。成舍我为搞好教育新闻的报道，花了大力气，教育新闻也因此成了《世界画报》的生命线。

1928年国民革命军进占北京，北京改为北平。北京改为北平后，从特重政治的京城变成了一座更重文化的古城。教育界的读者多，新闻也多。画报初期特派专门记者负责采访教育新闻。1932年以后，画报在北京的几个著名大学约请学生担任特约记者，负责报道各学校的新闻，按稿计酬。此外，成舍我当时的另一身份为北平大学区的秘书长。李石曾倡议仿照法国试行大学区制，划平、津两市和河北、热河两省为北平大学区，合并平、津、保各国立院校为国立北平大学。李石曾任北平大学校长，统辖北平大学区教育行政和学术事务。因为北方情形复杂，成舍我在北平有"世界"报系，正可相互利用，于是请成任北平大学区秘书长。成舍我在北平大学任职，自然教育界的熟人很多，也都能供给新闻，所以教育新闻特别灵通，因此也吸引了很多教育界的读者。

当时教育界最关心的是经费问题，因为自北洋政府以来，经常拖欠教育经费，各校教员常常是几个月领不到薪金，所以教员有"灾员"之称。于是教员们盼望发薪，有如大旱望云霓。而成舍我能见到往来的有关教育界的文电，对于教育经费发放的时间、数目，一清二楚，所以他出版的报上就能抢先发表，教员们因此也就争相观阅。

1. 学人新闻

1935年1月，报社提出了向教育界纵深发展，加强与教育界上层人士联系的主张。成舍我为此专门撰文："处在国防第一线上的故都——北平，一切差不多都已到了'不堪言状'的地步；勉强来支撑门面的，还是靠着所谓'教育界'，因此'文化区'的头衔，也就加上了。在这'文化区'里面，既已'学校林立'，当然有不少专门学者，对于某一种学问，他们都有深刻的研究、深厚的权威，所以本报打算对于各大学的名教授，一一加以访问，做一个有系统的介绍，想必是读者乐意知道的。"画报因此更增多了对教育界人士的新闻报道。

1935年4月28日，画报第488期配合日报"学人访问记"，增辟"学人生活剪影"专栏，报道各大学著名教授和专家学者的经历、生活学习动态以及他们的学术见解。学者们的经历固然是多样的，但大多是在艰苦困难环境里，经过不懈努力才取得成就的。如对地理学家白眉初的访谈，画报直接取名为《简朴勤劳的白眉初》，这些学者们的奋斗历史很能感动人，对于青年学生极具吸引力，也最能激励他们奋斗上进；同时，他们的生活也很朴素平实，跟常人没有多少异样，很能贴近读者内心；再者，学者们在学术上都是有独特见解的，在学术界亦有权威，他们很乐于发表自己的研究成果和见解，对当时的学术研究，也有一定影响。"学人生活剪影"，主要是访问随记，采用记叙的写法，发表记者的感触，多是生活见闻，文字比较浅显，也不涉及高深的学术问题，通俗易懂，加上由美术家谭旦同摄照的学者工作、生活、家庭情况的照片，文图互为配合，专栏十分出彩，大受欢迎。

"学人生活剪影"专栏，从第488期到517期，共记录了包括熊佛西（戏剧教育家）（图1-4-28）、马裕藻（音韵学家、文学家）、刘世传（齐鲁大学校长）、白眉初（地理学家）、方乘（生物学家）（图1-4-29）、王季绪（北京大学工业院教授）、吴俊升（北大教授、教育专家）、郭毓彬（生物学教育家、著名运动健将）、杨仲子（音乐学家）、赵进义（数学家）、寿振黄（动物学家）、章元善（慈善家）、赵学海（有机化学专家）、樊际昌（教育家）、周作人（北大教授、文学家）和徐佐夏（药理学家）（图1-4-30）等在内的20位学者，每位学人配发3~5幅图，访问文章多则五六百字，少则两三百字。

图1-4-28 熊佛西及其家庭
《民国画报汇编——北京卷——世界画报2》，第473页

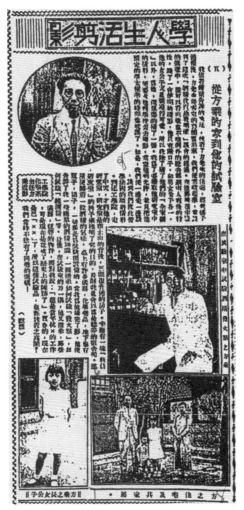

图1-4-29　从方乘的家到他的试验室
《民国画报汇编——北京卷——世界画报
2》,第493页

图1-4-30　研究室中之徐佐夏
《民国画报汇编——北京卷——世界画报
2》,第561页

2.学潮与游行新闻

北平学校多,学潮也多。教育界的问题,历来是多的,如改制易长以及增减经费等,都可以引起学潮。学生请愿、游行、被军警殴打的事情,此起彼伏。国民党进驻北京后,学潮发生得更为频繁,声势也日益壮大。因此学生被一些统治者称为"丘九",其意是说,学生骚扰社会,比"丘八"(兵)还凶。

画报创刊初期最大的学潮,就是改变高等院校体制问题。北京原来的高等院校总共不下二三十所,比全国任何城市都多。1927年8月,张作霖下令合并国立九校为京师大学堂,以教育部长刘哲兼任校长,如有违法,即以武力对抗,各院校师生敢怒不敢言,众多教员离开北京南下,学校一片死气沉沉。之后,李石曾领导北平大学成立,北方教育界为反对学阀,反抗运动四起,请愿示威无宁日。成舍我对于风起云涌的学潮无法应付,不得已于1929年夏离开北平大学。这时,北平大学区也宣告夭亡。但是成舍我报上的学潮新闻并没有随之消失,反而时常能见登载。

1932年,学潮规模最大的是当年6月北平大学学生驱逐校长沈尹默。缘由是工学院学生反对院长程干云回院,沈令程于6月1日武装回校,出动了手枪大刀队,6个学生因此而受伤,此事引起各校学生公愤,风潮扩大,成立各校学生联合会驱逐沈尹默。9日,各大学学生为此总罢课,并致沈最后通牒,限其即日引退,以平民愤。11日,中小学生又为驱沈总罢课,沈终于被迫和各院长总辞职。《世界画报》在1932年6月20日,第339期头版刊登了三幅学潮照片(图1-4-31~图1-4-33),并配发署名为"哀哉"的评论《从冬烘谈到学潮》,详细地谈及了此次驱沈学潮,并发表同情学生的主张。同时,《世界日报》的专栏"教育界"也将此次的驱沈学潮新闻大加报道。沈尹默为此在北平《晨报》刊登启事,并致函成舍我进行责难,且将此次风潮扩大,归罪于世界日报社。成舍我并没有示弱,在19日的日报上刊登"本报敬答沈尹默先生"启事,列举三点,其中还揭示了沈尹默豢养变相"姘腾"的桃色新闻:这里指沈和校长办公处女秘书褚某的风流行为,因此学生驱沈更具有理由,终使沈不得不辞职。而《世界画报》,在以后的一年里,还不断登载有关"老摩登"(指沈)和"黑牡丹"(指褚)的游戏文章,加以攻击。

图1-4-31　1932年5月31日程干云武装返工学院之情形
《民国画报汇编——北京卷——世界画报2》，第93页

图1-4-32　程干云返校前武装戒备森严之工学院二门
《民国画报汇编——北京卷——世界画报2》，第93页

图 1-4-33 程千云未返工学院前大门外之手枪大刀队
《民国画报汇编——北京卷——世界画报 2》,第 93 页

　　1931 年"九·一八"事变后,学生的学潮更多地被请愿游行所取代。尤其遇到国内外重大事件,关系到国家荣辱、民族存亡的大事之时,学生一向是请愿游行的最先锋。《世界画报》对此当然不遗余力进行跟踪报道。这里给大家介绍画报于 1931 年 9 月 26 日特别制作的一期"私中抗日游行专页"。

　　"九·一八"事变激起了全国人民的抗日怒潮,反对国民党政府的不抵抗主义。大中小学生都走上街头,请愿游行,高声呐喊,纷纷要求抗日。日本强占沈阳等地后,9 月 23 日,北平市各私立中学全体人员举行对日游行示威。下午 2 时,游行学生在中山公园集会后,即行出发。途经西长安街,出宣武门,经骡马市大街,进前门至天安门,5 时始散。

　　在此游行专页中,除了刊登各私中的游行示威的场景(图 1-4-34~图 1-4-36),还为此配发了慷慨激昂的评论:

　　　我们为什么要在这里开这一页私中对日游行示威的专页,这也是我们要打算表示对日奋杀于万一的意思，在街市上这几次我每遇见中小学的学生高喊抗日的口号，我总是止不住要有泪珠从眼眶中流出，我想这种游行大约于唤醒民众也极有力量，所以现在特将他们的小影一一刊出，以现于未曾见到游行大队的读者。读者们你们看到中等学生这极爱国的热情表示，你们如果仍是舞弊无见，难道毫不自惭么？

另外，画报还在之后第523期刊登了南京中小学学生请愿和第548期北平学生游行等新闻图片。

图1-4-34　私中游行前赴公园集会之一部分女生
《民国画报汇编——北京卷——世界画报2》，第11页

图1-4-35　游行队初出公园大门时留影
《民国画报汇编——北京卷——世界画报2》，第11页

图1-4-36　私中联合会贴于电车上之标语
《民国画报汇编——北京卷——世界画报2》，第11页

3. 师生团体活动

教育新闻中,自然少不了师生团体活动。《世界画报》在这方面一直是以报道学校师生生活以及各项学生团体活动见长的,画报后期还特别刊登"春游"专页、"学校动态"一栏和"学校的生活片段"专版,对师生团体活动进行报道。

画报刊登最多的首先是师生的一般文体活动:如学生的毕业典礼和毕业会演(协和医学院学生毕业式、燕大毕业式)、汇文学校溜冰大会、杨仲子师生音乐演奏会、北大女子学院音乐系毕业音乐演奏会(画报摄影部主任魏守忠不仅拍摄了当日学生的多幅照片在头版刊发,还为此写了《赴音乐演奏会之后》杂感,详尽地报道了此次毕业音乐演奏会。在接下来的几期中,画报还陆续登载了北大女子音乐系毕业生等照,足见画报对其的重视)、北京文化大学师生旅行团香山慈幼院参观旅行、平市学校学生郊外露营等学生团体活动。其中,特别值得介绍的是"拖尸"活动。

9月份,各大学正陆续开学,学校里的新闻趣事也很多。清华、燕京大学的"拖尸"新闻引起了读者的注意。内容新颖有趣,颇为出色。"拖尸",英文"toss"的音译,原是著名的爱斯基摩游戏,相当于现代的蹦床运动,尤指比赛或游戏中的投掷动作。这原是从国外传来的一个习俗,每个新学年开始时都有这样一次闹剧,把瞧着不顺眼的新生(有标准若干条)扔到水里,给他们一个下马威。谁执行toss呢?乃上一年被toss者。下图是燕京大学"拖尸"写真(图1-4-37~图1-4-39)。

图1-4-37　将一名学生掷入未名湖时之情况
《民国画报汇编——北京卷——世界画报2》,第398页

图1-4-38　被"拖"后出水之"尸"
《民国画报汇编——北京卷——世界画报2》，第398页

图1-4-39　拖尸未举行前，由大二女生行掷扔礼时之情况
《民国画报汇编——北京卷——世界画报2》，第398页

　　其次，画报还对学生关于一些重大事件的纪念会给予了一定的关注。例如画报在1927年3月12日第78期，登载了孙中山先生逝世二周年纪念日时北京大学学生举行的纪念会，会场在该校的第三院大礼堂举行，教育家及学生到会者千余人，周作人、王星拱等人做了相关的演说（图1-4-40）。

图1-4-40　图中站在台上演讲者为周作人
《民国画报汇编——北京卷——世界画报1》，第225页

　　紧接着下一期，画报又对"汇文学校'三·一八'纪念会"进行了报道（图1-4-41），汇文学校两名学生在"三·一八"事件中不幸牺牲，在此事件一周年纪念日时，该校师生特举行纪念会，以致哀悼，并竖立纪念碑，用以追思。

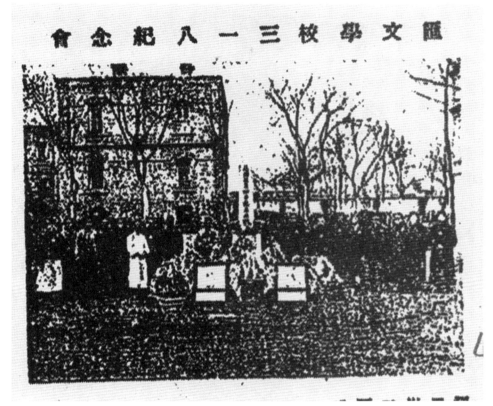

图1-4-41 汇文学校"三·一八"纪念会
《民国画报汇编——北京卷——世界画报²》,第226页

　　1936年4月26日,值清华大学成立25周年之时,学校举行了声势颇大的纪念大会,画报也特派记者前去报道,发回了多幅现场照片。

　　再次,1927年,国民党政府为了使青少年自幼立志效忠"党国"、"领袖",仿照英国童子军组织形式,正式成立中国童子军,在校学生必须接受军事训练。《世界画报》对学生的军事训练也进行了多方报道。如对北平师大学生军事训练进行了一个摄影专页的报道,另有法学院学生军事训练和辅仁大学学生军会操等。这其中值得称道的是"沪战中的义勇军"这一期,画报对淞沪会战中上海复旦大学、冯庸大学两校学生在战争中的种种行为与表现,进行了积极的肯定与报道(图1-4-42~图1-4-44)。

图1-4-42　复旦大学女生在沪战中任战协工作时表现
《民国画报汇编——北京卷——世界画报2》，第82页

图1-4-43　战壕内之冯大义勇军
《民国画报汇编——北京卷——世界画报2》，第82页

图1-4-44　冯大义勇军中之飞行队（全由女生所组织）
《民国画报汇编——北京卷——世界画报2》，第82页

　　除了以上介绍的教育新闻外，画报还登载名人在学校的演讲。如以组图形式刊出的《鲁迅在师大》、《曾秀香女士北大演讲》等。不仅如此，画报还介绍国外大学生的生活与活动，包括《日本大学生中国长城旅游写真》、《溥仪登基，日本学生在长春参加表演傀儡剧》、《巴黎民立美术学校学生跳舞会》等新闻组图。

三、社会新闻是画报的第一利器

　　在上文关于画报新闻报道领域内容的数据统计中，排在首位的是百姓社会生活类。《世界画报》初创时，北京市场上已有多家画报随它们的日报刊出，而《世界画报》不惧强手，独辟蹊径，尤以社会新闻作为利器，以吸引读者眼球为出发点，强调时效性、独家性和趣味性，重点新闻突出处理，标题制作经常一语惊人、抓人眼球，内容不拘一格，生动活泼。画报的编辑们对于现代报纸的传播之道，体会深刻，践行坚决。

画报所刊登的社会新闻多而且杂。重要的如"双十节"各地群众纪念大会、儿童节北平青年会招待宴请儿童情形（两次多篇幅报道），一般的如北平市政消息、冬季化妆溜冰大会、财神庙观光、雍和宫驱鬼、新年北平街市、南京婴孩康健比赛、老妪投河自杀、警犬训练、学生高考等百姓社会生活，《世界画报》都有刊载。当然画报也刊载世界上其他国家的社会新闻事件，在前文已经略做介绍，这里不再赘述。

下面给大家介绍《世界画报》特别制作的一期关于美国儿童大游行的专页（图1-4-45~图1-4-47）。时值美国在奥斯柏瑞公园举行的第40次国家儿童大游行年会，画报特辟出专版专页刊登此次游行中获得各项奖金的儿童的小影，编者在此专页中发表感言：

> 此种游行，始开儿童比赛会热，足以鼓励父母对于儿童教育之兴趣，定为例年举行之节日，足以增加父母与儿童之欢悦，是有意义之活动也。我国为父母者对教育子女纯取放任主义，应有有力之纠正。

图1-4-45　小玩偶之王
《民国画报汇编——北京卷——世界画报2》，第21页

图1-4-46　化装为尼古林和北极人的郝依与瑞德女士，两人身上背着滑稽奖金
《民国画报汇编——北京卷——世界画报2》，第21页

图1-4-47　表演消防队救火之小艾肯
《民国画报汇编——北京卷——世界画报2》，第21页

四、体育新闻是画报的一大特色

由于近代以来中国特殊的国情，体育运动的发展一直与摆脱"东亚病夫"的屈辱历程联系在一起，近代体育也因此蒙上了一层救亡的政治面纱。在北洋政府时期，北京精英阶层提出了多种救国论，其中不乏"体育救国"论，在此后的国民政府时期，"体育救国"论一度达到高潮。

《世界画报》也一直非常重视体育新闻的报道，小到学校学生的体育活动，大到全国运动会、远东运动会，画报都派出记者奔赴现场，带回照片进行刊登。而且对于一些重大的体育赛事，画报都会辟出专版、专页甚至专期进行报道。画报里面很多图片编辑花样都是配合体育赛事首次出现在读者面前的。

我们来看《世界画报》对于"第十四届华北运动会"的专刊报道。画报摄影部主任魏守忠和记者夏承柏、宗惟庚3人作为画报此次赛事特派记者赶赴沈阳进行了赛事的报道。

1929年5月29日至6月4日在东北沈阳举行的第十四届华北运动会，是当时中国真正意义上的综合性运动会。为了办好这届大赛，沈阳还特意建了当时最现代化的东北大学体育场。大会竞赛项目除原有的田径项目外，还增加了排球、网球、棒球等三个球类项目，并特别增设了男子初级组和女子初级组。报名参加比赛的单位达136个，运动员1 650人。正如东北大学校长刘凤竹在开幕式上所说，本届运动会有四多：一是经费多，达五万多元；二是竞赛项目多；三是参加比赛的人数多；四是奖品多，各项第一名均奖给当时很罕见和昂贵的柯达照相机一架，其余为银杯、奖牌和锦旗等，总数达600件。

在画报的头版上，获得此次田径比赛个人总分第一名的东特女一中学生孙桂云女士的大幅照片占据了半个版面（图1-4-48）。孙桂云，1929年5月11日在东省特别区第一次学校运动会上，获女中个人成绩总分第一名。在第十四届华北运动会上，东特女一中以绝对优势荣获女子初级组田径团体总分第一名，孙桂云荣获田径个人总分第一名，震撼了整个大会。在同年举行的东北四省运动会上，她又包揽了女子几个径赛项目的第一名。孙桂云是最早为哈尔滨夺得荣誉的女运动员。孙桂云照片下面是此次运动会的开幕式照片集锦，包括张学良、大会专员和体育健儿在内的照片5张。画报的编辑对这组照片进行了精心与精美的编排，将照片的尺寸进行改变，独将运动选手的照片单独抠出进行放大处理。这种编排意识放置现今仍不过时，具有独特的参考价值。

画报的二、三版是运动会各项比赛及颁奖场景，共刊出照片21张。其中有东北大学的刘长春（在比赛中一路领先，得一百米、二百米和四百米三项冠军，还在一百米项目上创造了10秒8的全国纪录）、五千米第一名东北大学的王玄基、跳高和三级跳的冠军东北大学建筑系的肖鼎华等人。版面编排同样出色（图1-4-49，图1-4-50）。

图1-4-48 特刊头版
《民国画报汇编——北京卷——世界画报1》，第497页

图1-4-49　特刊二版
《民国画报汇编——北京卷——世界画报
1》,第498页

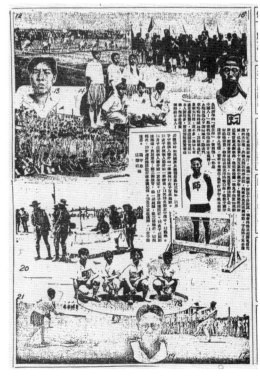

图1-4-50　特刊三版
《民国画报汇编——北京卷——世界画报
1》,第499页

除了照片外,版面中穿插的是夏承柏所写的《随征琐记》,主要记载了从北京去沈阳沿途的琐事,颇有趣味。

除了运动成绩外,沈阳新建的体育场以及接待工作,都给参赛各队留下非常深刻的印象。开幕当天上午8时,运动场中12000人的座位已满,但后来者仍很踊跃。"正门扎松枝彩楼一座,门内马路旁电杆上贴满鼓励青年的标语。场内西部搭席棚八座,分别为长官席、长官眷属席、特别男宾席、特别女宾席、各国领事席、筹委会办公处、奖品陈列处、普通男宾席。9时大会开始,东北航空处特派一架飞机,绕会场飞行助兴。"

开幕当天下午,张学良亲临赛场,身穿短袖汗衫和短裤的他还参加了跳远比赛。大会第4日,他还参加了一场网球表演赛,对手是1928年华北公开赛网球冠军高惠明,张学良虽然没能赢球,但在前几盘与对方战得难解难分,也颇见功力。

除此次华北运功会外,画报对其他一些重大赛事进行报道的专版还有"北平平民中小学第二次运动大会"、"全国足球分赛区比赛"、"远东运动会会场全图"、"春之运动号"、"北平孔德学校春运会"等。

此外,画报还多次报道女性参与的运动。旧社会的中国妇女大多深居简出,很少有机会接触教育和体育。随着近代体育的发展和社会风尚的改变,许多女子体育项目也逐渐开展起来。画报对女性体育运动的重视的态度很明显,较多报道如北平各高校女子篮球队、排球队的各项赛事活动。

第五节　《世界画报》图像新闻意义场域

图像是"意义"的"生产"与"交换"的载体,是意义构成和传播十分有效的媒介。经研究,对于图像意义的诠释,主要关注三个场域,即图像的生产制作场域、自身构成场域和传播(观看)场域。图像正通过它在这些方面所表现出来的一些特征,传达一个时期的特征,影响着后期发展。

每一场域中通常又可以通过三种图像形态,即技术性形态、构成性形态和社会性形态,来进行具体分析。图像的技术性形态主要指生产图像的技术。图像的构成性形态则是指在图像制造过程中图像的作者对图像形式上的安排:如内容、线条、颜色以及空间配置等。图像的社会性形态指围绕在图像周围的经济、社会和政治关系、建制等范畴。这三种不同的面向为我们提供了研究图像的不同视角。

一、《世界画报》图像新闻的生产场域

1.技术条件：摄影术和印刷术的改进

我国早期的画报，如上海著名的《寰瀛画报》、《点石斋画报》，名副其实是"画"出来的，一大批画家因此加入报纸行业。《点石斋画报》的主笔就是大名鼎鼎的画家吴友如。印刷方面，早期的画报采用石印，技术落后，在很大程度上影响了画报的精美程度。直到20世纪20年代前后，摄影术和印刷术的改进及在画报上的应用才改变了这一状况。

摄影术于1839年由法国画家达盖尔发明。发明后即作为一种新事物在欧美迅速流行，1842年传入中国。"这一年，中英签署了《南京条约》，广州、福州、厦门、宁波、上海五个城市被划为通商口岸。优惠的关税协议吸引了大批外国商人，各国传教士也接踵而来。在日益频繁的外交、经济贸易活动中，沟通了摄影术传入中国的渠道。"[1]

摄影术传入北京大约在1860年。第二次鸦片战争中，英法联军攻占了北京和天津，摄影术也进入了中国的华北大地。到1920年前后，经过60年的传播和发展，作为文化古都的北京，不仅照相业有了相当的规模，社会上出现了照相贴册和以摄影为主的画报、画册，而且也已开始利用照相作为传递讯息和进行宣传的工具了。许多文化人开始掌握摄影技术，"在旅行，见名山胜迹，摄之以供他日卧游之助；或遇事切要，摄之以登于书报，传众同观，近而家人妇子，时摄一影，留为他日纪念，以贻赠后人"[2]。

20世纪初，国内的出版印刷条件也有了初步的改善，报刊的品种和发行量在不断增加，网目照相版技术已开始应用，照片采用的多少和优劣，无形中成为读者评价一个刊物优劣的标准之一。到20年代中期，铜版印刷和小型相机逐渐推广，摄影作品逐步具备了最真实、最迅速、最通俗的形象传递工具的品格，被报刊广泛采用。

摄影技术的改进以及国内照相的普及，奠定了《世界画报》发展的一个技术基础，《世界画报》创刊后，刊登的照片主要来自于摄影界、艺术界朋友的赠予和摄影部记者的拍摄。画报几乎在每一期上都刊登启事："本报征求'新闻艺术照片'，奉酬现金。"此外，画报上的广告也多为照相馆的广告，常见的有鼎章照相馆、同生照相馆、容丰照相馆、中原照相馆等。

2.丰富的素材：北京文化事业的繁荣

北京一直是文化古都，无数文人墨客聚集于此，数百年的建都史和19世纪中

---

① 马运增：《中国摄影史1840~1937》，北京：中国摄影出版社，1987年，第15页。
② 马运增：《中国摄影史1840~1937》，北京：中国摄影出版社，1987年，第158~159页。

后期的政治变故,深刻影响着近代北京文化事业的发展。戏院、书肆、杂耍园以及电影院等先后在北京兴起,中西文化在北京实现交汇,各种民间曲艺形式在北京争芳吐蕊,北京的文化事业在20世纪前二三十年达到了空前繁荣,这其中教育、戏剧(包括曲艺)和电影是显示北京城区文化特色的三种因素,也是《世界画报》丰富的内容素材来源。

得天独厚的教育优势,是北京体现首都特殊地位的标志之一。北京当时的高等院校不下二三十所,还不包括中小学。以1919年的北京大学为例,"有学生二千余人,学生人数共计二千四百十一人"。吸引了来自直隶、江苏、浙江、广东等全国22个省份的学生。以名校为标志的高等教育,强化了北京的文化中心地位。《世界画报》就多次报道北京大学的教育新闻。此外,西方列强以"文明使者"身份在北京兴办教会大学如燕京大学、辅仁大学、协和医学院、汇文学校等,这些学校师生的活动也成为画报报道的具体内容,如燕京大学的"拖尸"活动、辅仁大学学生军事训练、协和医学院学生毕业式、汇文学校各种纪念会等。

在北京的艺术舞台上,有京剧、昆曲、梆子、评剧等门类的戏曲和大鼓、单弦、相声等曲艺形式。日本人小川运平《北清政教风土记》称:"大破坏后北京之惨状已臻其极。前门外大栅栏及东交民巷、西什库等处只是残砖破壁烧毁遗迹。两宫回銮平和乃现。……前门大街之繁盛孰能不惊异哉。……东珠市口、菜市口、东西四牌楼等处更为繁盛,苟有空隙之地,则张天幕而唱曲、演艺、讲谈卖技者纷至观者亦相集如堵……总之此画中之主人支那人似已将悲酸之战争全然忘却。"[①]艺人以卖艺为生,看客则为享受而迅速忘却眼前的痛楚,从而凑成了北京悠闲自在的文化现象。在这些戏曲形式中,以京剧为突出代表,源自大江南北的艺术逐渐成为北京文化的重要组成部分。

再看《世界画报》图像中有关戏曲的内容,在早期的画报中,每一期都会刊登戏剧名伶的小影或者他们的戏装照片,如《孟小冬之天女散花》、《鼓姬陆桂芬》、《徐碧云之褒姒》、《姚玉兰之燕王扫北》、《于紫仙坤伶近影》等。在日报千号纪念特刊上,还对北京当时的坤伶、名伶做了一个汇总特写。画报对四大名伶"梅兰芳、孟小冬、荀慧生和程砚秋"的各种演出活动以及后期他们南下演出的场景都分别有过报道。

电影最早传入中国是在清光绪二十二年(1896),当时只是供皇城贵胄把玩欣赏的奇技淫巧,电影这种西化的娱乐方式并未成为北京普通市民的主流消遣方式。但是到了20世纪30年代,情况有了很大改变,北京的电影业逐渐进入辉煌阶段,看电影成为民众娱乐生活的普遍选择。

① 曹宗儒:《庚子役后北京城内之变迁》,《中和月刊》1941年2月第7期,第38页。

《世界画报》起初只是刊登一些学校学生排演戏剧方面的内容,也会不定期地零散介绍一些中外影星的照片及剧中扮演的角色,至1933年4月23日第383期开始,画报特增辟"电影之页"专栏,详细报道中外电影动态及电影明星,像派拉蒙、米高梅、华纳、二十世纪福克斯、联美、哥伦比亚、雷电华和环球等八家外国电影公司的最新电影;电影明星是画报长期关注的对象。"电影之页"这一专栏一直持续至576期。

二、《世界画报》图像新闻的构成场域

影响图像意义产生与传播的除了图像的生产场域外,图像自身在构成上的变化也大大促进了图像意义的产生,很大程度上影响着图像传播效果。图像自身的构成除了在技术方面的决定因素以外,图像在画面格局、内容范围的表现上也都有很重要的作用。而当时办报者对于社会事件的解读,就通过其对于图像要素的画面安排体现出来。因而研究《世界画报》图像的构成场域,可以很好地了解报纸的态度和主张。

1. 人物摄影

《世界画报》所刊登的新闻摄影照片中多数为纪实类的人物摄影。在这些人物摄影中,画面一般都简洁明了、主体突出。

在表现新闻人物的时候,较多的是采用全景和中景模式。以新闻人物主角为中心,身后部分场景摄进画面中。画面除了人物主体的表情行为再现外,主体所处的环境,如身后的景物,人物所站的位置、场所等也都涵盖其中,正是由于这样的拍摄方式,即使图像画面清晰度不是太高,我们在分析人像所处环境的时候也能够进行大胆推测和描绘。

如画报在1930年1月26日第220期,刊登了一幅《初春之新妆》的照片(图1-4-51),这幅图我们可以解读为:画面中的人物倚在一辆敞篷汽车边,一脚踏地,一脚向后弯曲随意搭在汽车上,身穿连衣裙,至膝盖以上,外套皮草大衣,浅笑吟吟。图的右侧配有文字说明"K女士,西山道上所摄"。在这幅图中,读者可以推测出,这位女士十分摩登,1月26日,北京虽已入春,但是天气异常寒冷,这样的打扮,即使放在今天也很时髦,普通百姓想必不会如此。另外,画面除了人物外,她身后的敞篷汽车和隐约山峦也告诉我们,这是"开车进山游玩",这也绝非当时普通百姓的休闲娱乐方式。所以我们可以大胆推测这位K女士是位名媛或者影星。

图 1-4-51　初春之新妆

《民国画报汇编——北京卷——世界画报 1》，第 617 页

　　在画面的构图上，《世界画报》图像适应人眼看出去的最合理的角度。首先看到主体，然后看到人物所处的社会生活环境等，一眼看上去能直接理解其所要表达的意义。这个合乎人眼视觉的观看角度，也更贴近读者平时看东西的习惯，能更好地理解画面内容，更能引起阅读的兴趣。

　　相比较新闻人物，纯粹的人像摄影画面构成就单调得多。一般多采用近景拍摄，人物腰部以上摄入画面，几乎无背景，图片一目了然，一眼就看到这些人物神情动作的特殊之处。这样背景一片空白，只有一个行为主体的构图在本身上看来，比较单调突兀。但是因为一般涉及的都是一些知识女性、名媛、影星，她们气质优雅，常被画报用来作为头版照片刊登，所以人物本身已经取代了画面构图等拍摄的技术手段。

如画报第484期，头版大照"名媛岳德昭小姐近影"（图1-4-52），坐在凳子上的岳小姐，背景虽空白，但是美貌、笑容足以打动人心。

图1-4-52　名媛岳德昭小姐近影
《民国画报汇编——北京卷——世界画报2》，第455页

2. 事件摄影

画报中刊登重要事件的新闻摄影作品拍摄手段灵活多样，远景、全景、中景全部都有涉及，一般都能够把事件发生的场景完整地反映在读者面前。当然，特殊的场景还会用近景与特写。如果涉及人物的，会以人物为中心，再配上周围的环境，让人一目了然。

一般的新闻事件都会有两幅甚至多幅照片，在刊登这些组照的同时，画报的编辑们还会考虑将照片进行裁剪，加以重新编排。如在《世界画报》第204期的《天津市民反俄大会》（图1-4-53），编者采用对角线形式将两幅照片进行了组接，画面的左上方是大会主席鲁汉平，手持扩音喇叭，向民众做演说，画面的右下方是参与大会的群众，以及整个大会场景。这种"天衣无缝"的拼接在画报中是常见的事情。

图1-4-53 天津市民反俄大会
《民国画报汇编——北京卷——世界画报1》，第554页

3.版面安排

画报初期时，由于以艺术作品和人物近影为主，每版平均刊登3~5幅照片，所刊登的照片清晰，尺寸较大，虽然无太多的编排，但版面看起来十分清爽。1931年"九·一八"事变后，由于时事新闻较多，画报上刊登的新闻照片多了起来，二、三版最多时刊登有20多幅图像。不过萨空了接手后，对版面的编排加以革新。虽然图像较多，但是照片的尺寸有大有小，错落有致，版面安排十分灵活，紧凑而不显凌乱。后期，萨空了离报后，画报对于版面的编排显得不尽人意，图多且乱，字体又较小，不便阅读与欣赏。

除了上文介绍的对于组照的编排外，画报在整个版面安排上的作为也可圈可点。

如前文提到的"第十四届华北运动会"特刊第二版（图1-4-54），画面主要分上下两部分。上面是4张照片，呈阶梯式安排，两张赛场比赛图，一张是看台观众摇旗呐喊图，另一张女校选手图置于3张图片的中间，像是众星拱月，与之对称的是下面4幅图，而下面的4幅图整体对称，又另有不同，将大会主席刘凤竹单抠出来置于视觉中心点，突出其重要地位。在内容上除了赛场比赛和运动员之外，还有颁奖场景。而沿着中间对称轴的这两张照片左上部分都被剪成了圆角，这种安排不仅内容全面详尽，而且美观大方，类似的处理在该画刊中并不少见。

图1-4-54 "第十四届华北运动会"特刊第二版
《民国画报汇编——北京卷——世界画报1》，第498页

又如画报还将多张内容相同的小尺寸照片组成的"照片条"放置在版面的左右两侧边缘，这样既丰富了画刊的内容，又起到了填充版面的作用。

其他如画报在第402期的"电影之页"专栏中，将影星伊丽莎白化妆时的4张照片分别嵌在阿拉伯数字1、2、3、4中（图1-4-55），呈阶梯排列，这也体现了一种版面创新意识。

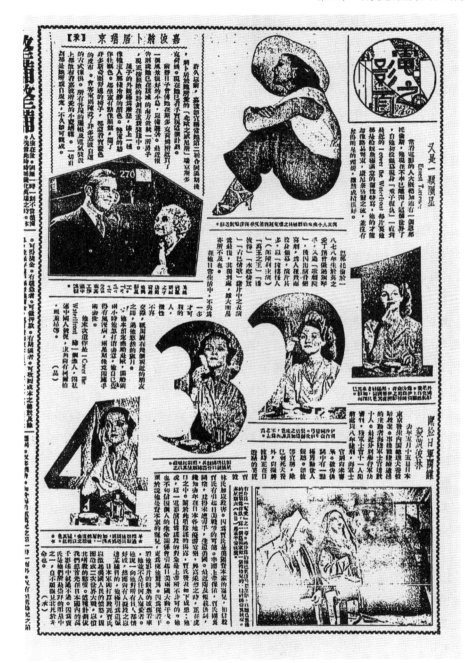

图 1-4-55　电影之页专栏
《民国画报汇编——北京卷——世界画报2》，第272页

对于《世界画报》这样一份社会性较强的报纸来说，这样安排图像的方式是很重要的，能帮助其更好地表达各部分的内容，从而完成画报在报道和视觉效果上的双重需求。

三、《世界画报》图像新闻的传播场域

图像在经过技术创作、画面构成上的精心安排来构成意义后，只有通过传播才能将图像的意义传达给读者。只有传达出去的图像，其意义才具有现实性。传播场域是图像意义实现的最终场所。不同传播场域中的受众对于图像的解读是不同的。图像的传播场域在不同的时间、空间上都有其不同的效果。因而对于《世界画报》传播场域的研究对于了解这份报纸也非常重要。而对于传播场域来说，当时的社会形态对于传播效果起着至关重要的作用。

起先，《世界画报》创办于北洋军阀统治时期的北京。当时北洋政府采用高压手段对新闻报纸进行审查，再加上当时百姓对政治新闻热情不大，作为日报副刊出版的《世界画报》，旨在作为一本陶冶情操的休闲读物。画报一周年时，邀请美术家林风眠主持编辑，多刊登绘画、雕塑、图案等各种美术作品，以此培养国人"美的观念"。这时的画报完全成了纯艺术欣赏之物，关于时代精神风貌的传播并不宽广。

而后，国民政府接收北京，国都南迁。北京这个城市，自从清朝溃亡后，又经过连年战争的糟蹋蹂躏，百孔千疮，市面萧条，人民生活在水深火热之中。北京政局的变化，也促使新闻界发生变化，原先依附北洋政府的报社、通讯社都陆续停刊。这时的北京新闻界一番混乱凋零的气象。唯独"世界"报系，几经动乱，在同业凋零时，却应时兴起，营业发达，跃居第一。同时，画报充实教育新闻内容，加强新闻的时效性，一时在北京的知识分子中拥有了不少读者。这是画报获得传播的重要条件。

继之，"九·一八"事变后，抗日问题成为全国人民政治生活中的头等大事。民众对于当时的社会政治问题自然十分关注，因而也更愿意从各方面获得相关的信息，而报纸是传达讯息最好最方便的方式。由此，画报得到了很大的传播空间。

总之，无论是初期的重休闲消遣还是后期的重时事政治，《世界画报》都是以图像的形式来表现新闻意义的。图像在人群中的传播范围能够触及那些知识水平低下的民众。画报就不再是知识分子的专有，不识字的民众也能从中获得自己想要的讯息，因为图像上的意义能传递的范围更广，效果影响更深远。

结　语

由前文的介绍分析可见，《世界画报》不管从内容还是形式抑或编辑方针上，都有其独到之处。但是画报初创刊时一直时运不济。初始，作为画报的大老板，

成舍我并没有多加重视，始终没有购置制版设备，将铜锌制版交付于私人制版局承制，最终导致印刷质量不佳，很多图片并不是太清晰，而此时日报经常配发图片，言论上又占领先锋头阵，人人争先购买传阅《世界日报》，《世界画报》一直处在日报的光芒下，没有被大众多了解。再加上画报上刊登的广告，多是人情，并不收费，收入甚少，画报始终没有打开太多销路，终于成为日报的附赠品。

1930年，萨空了接编后，大力改革，内容丰富多彩，颇受读者欢迎。这时，画报以时事照片为主，如"九·一八"事变后，有抗日将士的照片，也有汉奸的镜头。又如"一·二八"淞沪会战，及时刊出军民共同作战情况及其他新闻人物照片。有时还出版专页，如沪战停战后，第335期刊登十九路军军长蔡廷锴阅兵照片、十九路军行军照片、战士在战壕中照片以及苏州后方服务团群众照片。1934年7月11日，出版追悼刘半农先生专页，刊登刘半农遗像、遗墨及遗族合影等照片12幅，还有笑鸿写的《悼刘半农先生》及萨空了写的《悼刘半农先生专页编后杂谈》。此时，时事照片成了挽救画报的"救命良药"。

1935年秋，萨空了离社，继任编辑萧规曹随，并无出色表现。

木秀于林，风必摧之。"世界"报系占据北平报纸市场龙头老大的地位，已被日本侵略者觊觎良久。1937年"七七"事变后，日本侵略军兵临城下之际，便唆使日本特务、汉奸威逼利诱，企图使成舍我屈服，令"世界"报系为其所用。日军未进城之前，北平城内汉奸已是弹冠相庆、招摇过市、大肆活动。著名大汉奸潘毓桂出任北平市警察局长，组织地方维持会。为把持舆论，潘毓桂将成舍我也列入了维持会的委员名单之内。潘厚颜无耻地对成舍我说："我是铁筋洋灰做成的大汉奸，说干就干，决不含糊。你如畏首畏尾，怕脱裤子，不但是事业维持不住，连安全都有问题。"面对赤裸裸的敲诈和威胁，成舍我怒不可遏，他中宵不寐，思忖再三，痛下决心，决不事敌，决不当汉奸。日军进城第二天，他毅然停掉"世界"报系，潜往天津。日军派宪兵和特务去报馆搜查，劫走无线电收报机，逮捕了部分职工。8月8日，《世界画报》出至第608期，也是最后一期。8月15日，潘毓桂、宋介、魏诚齐等汉奸喽啰率大批警员接收了《世界日报》，并用原名复刊。成舍我十几年的心血，就这样落入了敌伪手中。

1945年，《世界日报》在重庆复刊，但是《世界画报》的命运到1937年8月8日就终止了。多年来，对于《世界画报》的研究一直是个空白，希望这颗历史遗珠能在今天拨云见日，被大家认识和了解，这对我们了解那段时间的社会生活、人情风貌、时事政治，对民国老画报的研究，都大有裨益。

第五章
引领潮流的《上海画报》

　　自1884年《点石斋画报》在上海创刊后，"画报"便成了当时中国出版物中的重要一员。到了20世纪二三十年代，各种类型的画报在中国的经济、文化重镇——上海竞相登场。在20年代中期，还曾涌现出以图像为竞争工具的"小报"型的出版风潮。这些画报大都为4开大小（报纸形态是正常报纸规格的一半，人们习称为"小报"），每期一至两张，图文并茂，正反两面印刷，以各类图片和新闻时事评述及文人小品文字为主，每三天出版一期。这股风潮的最盛阶段，同时有30余种这样的画报在市场上争奇斗艳，成为当时上海出版界的一道奇异风景线。在这股画报潮中，一马当先的无疑是毕倚虹创办的《上海画报》。正是它的成功创刊，领时尚之先，才带来了大量的跟风者，汇成了令人瞩目的小报型画报大潮。

第一节　《上海画报》图像新闻研究综述

　　《上海画报》创刊于1925年6月6日，综合性刊物，三日刊，每期4开4版，道林纸印刷，社址在上海天津路贵州路口320号，每期售大洋四分，是上海早期画报中出版期数最长的画报，《全国中文期刊联合目录》记载其总共为847期，于1932年12月终刊。1996年嘉德拍卖公司"古籍善本拍卖会"上，首现全份的《上海画报》，拍卖目录记为"1925年6月6日至1933年2月26日《上海画报》共出858期"，较比"联合目录"长了两个月，多了11期。该场拍卖，《上海画报》以24200元竞拍成功。2005年，由《上海画报》的编辑钱芥尘本人保存的一套画报也由其后人提供给北京某拍卖公司竞拍，底价仅为18000元至25000元。其实，这是全国少有的一套堪称齐全的《上海画报》，且附有不少当年的原照，价值远不止此，不知最后落入谁家囊中。

　　提起《上海画报》，就不得不说起它的创办人著名小说家、报人毕倚虹先生。正如毕倚虹的挚友，上海新闻界知名人士包天笑所言："上海之有画报，实肇端于毕倚虹,此功诚不可没也。"

一、毕倚虹与《上海画报》的编辑

毕倚虹(1892~1926),名振达,号几庵,笔名清波、春明逐客、婆婆生等,江苏仪征人(图1-5-1)。

图1-5-1 毕倚虹

毕倚虹出生于书香门第的官宦世家,据说是乾隆时官至总督的"灵岩山人"毕沅之后。自幼聪慧,领悟力强,家庭环境培养了他的国学根基,少时就诗文俱佳。15岁时娶诗人杨云史之女芬若(李鸿章外曾孙女)为妻,故他也是显赫李家的外曾孙婿。

毕倚虹成年之时,科举已废,家里给他捐了正五品的官,先后在陆军部、法部任事,并担任过驻外领事。后考入沪上中国公学学习法政,准备将来留学日本,步入仕途。他在学校成绩一直名列前茅,闲暇之余还与同学创办了《夏星杂志》和《学艺杂志》。

那时正逢辛亥革命大风暴以后,全国女权运动风起云涌,提倡女子剪发,要求男女同校,反对家庭包办婚姻,妇女可出入官衙、祠堂,开会演说,印发传单……当时上海新闻界知名人士包天笑主编的《妇女时报》正在征稿,毕倚虹觉得自己有空闲,且擅长诗词文学,遂以"芬若女史"署名,并以《绾春词》、《饯秋词》等为题,初试投稿。包天笑收到来稿后,大为赞赏,因此每稿必登。后见毕倚虹本人,年方二十三四岁,风度翩翩,谈吐隽雅,文采飞扬,书法秀逸,极为倾慕。加上得悉毕倚虹之上司陈恩梓正是包天笑幼年的启蒙老师,而包天笑的住宅亦在毕倚虹宿舍附近的庆祥里弄堂,两人相见恨晚,从此交往甚密。

　　1924 年后,包天笑主编的另一报纸——《时报》诸编辑纷纷离社另寻他就,包天笑独木难支,深感人才缺乏。等到毕倚虹中国公学毕业时,包天笑便竭诚延揽其到《时报》社任编辑。当时,毕倚虹毕业后已在上海挂起了"毕振达大律师事务所"的招牌,但是业务一直未有起色。在反复考虑之下,他决定不再涉足律师行业,并放弃从政的想法,将毕生精力放在他热爱的新闻事业上。1924 年底,毕倚虹独立创办《上海夜报》,是为中国晚报之始。毕倚虹这一期间撰成长篇小说《春江花月夜》,刊登其上。

　　1925 年,毕倚虹敏锐地觉察到新闻图片和摄影报道的重要性,他充分发挥自己的办刊经验和人脉资源,创办了一份介于日报和月刊、半月刊之间的新型画报,每三日出刊一次,图文并茂,刚柔兼济,刊名就定为《上海画报》。由于毕倚虹出生于阴历六月初六,故他决定把画报定在阳历 6 月 6 日创刊发行。他在天津路、贵州路口租了晨社的一间房作为办公室,召集了张光宇、王敦庆、丁悚、许窥豹、江红蕉诸人,从 4 月份起即开始了紧张的筹备工作。

　　《上海画报》出版之时,正值"五卅"惨案爆发,很多报刊因事变停刊,毕倚虹以其职业敏感,坚持出刊,并当即调整原先准备内容,对事变做了图文相济的报道。打了一个漂亮的开门战役,为其以后成为小报型画报之鼻祖奠定了基础。

　　《上海画报》甫一创刊,即以其新颖的形式和扎实的内容赢得了市民的青睐,发行量节节上升,很快就达到了两万份的销售量,这在当时的报刊界是一个奇迹。报界名宿周瘦鹃曾著文赞道:"五卅惨案初发之后,老闸捕房门前之枪声血影,似犹萦绕吾人耳目间,租界中商店罢市,情势极紧张,不意白帜招展,揭帖纷飞中,而《上海画报》奋然崛起,如春雷之乍发,如奇葩之初胎,吾人惊魂稍定,耳目为之一新,倚虹之毅力,有足多者。"①

　　《上海画报》的成功,刺激了芸芸众生,跟风而起者顿如雨后春笋。此时,毕倚虹的助手们也先后离他而去,独创门户。有一位记者有感于当时的这种现象,写了一篇题为《画潮记》的文章,文中提及自《上海画报》发刊获得成功后,"时仿效者达三十余种",并开列了这些画报的具体名称。更有人形象地写道:"毕倚虹君创《上海画报》后,画报之热,诚可与炎暑比酷,而种类之繁,则足与夏星竞密,亦可谓盛极一时矣。"纵观这些画报,从外观形式到发行周期都模仿《上海画报》,在当时形成了一个蔚为壮观的"小报型画报潮"。如毕倚虹所说:"吾报既出,效者踵起,规模格局,十九唯吾是式。"但此浪潮来得凶猛,去得也迅捷,这些画报大多数无法达到《上海画报》的高度,很快就宣告停刊,《上海画报》依然一枝独秀,稳步向前发

① 《去年今日》,《上海画报》,1926 年 6 月 6 日第 118 期,《民国画报汇编——上海卷》(二六),全国图书馆文献缩微复制中心,第 355 页。

展。当时就有人总结道："五卅一役，《上海画报》出版，不一月而销数盈万，继之者，一月而十数家，停刊者一月又二三家。甚哉！办小报易，办画报非易，一人才，二印刷，三铸版，三者不能无求于外，余终决其难与持久也。"①

然而毕倚虹的人生却不像《上海画报》这般幸运，他一生坎坷，感情世界也一波三折。先后有原配夫人杨芬若（离婚收场）、续弦汪凤筝（难产而死），第三夫人缪世珍嫁与他时，毕倚虹已经积劳成疾。包天笑在1926年1月7日《钏影楼日记》载："访毕倚虹，人颇憔悴，医士谓其有肺病。"画报出至70期时，毕倚虹因病休养，编务由周瘦鹃暂时担任。1926年5月15日，毕倚虹这位才华横溢的洋场才子不幸病逝，年仅36岁。

除了担任《上海画报》的主编外，身为作家的毕倚虹，还在画报上发表了《极乐世界》和《新人间地狱》两部长篇小说，写过一个短篇《一个女工的一天》，反映下层人民的生活。

毕倚虹病逝后，画报由四合公司出面接办，具体主编是钱芥尘。被"补白"大王郑逸梅称为"报坛耆宿"的钱芥尘在20世纪20年代可说是大名鼎鼎，尤其是在报界炙手可热。钱芥尘（1887~1969），曾出任袁世凯的顾问，继而又追随张作霖（毕倚虹逝世以后，《上海画报》的办报经费由张作霖、张学良父子提供），并受到重用，后在蔡元培、章太炎的提携下进入报界。他催生了《晶报》，促成了《小日报》，接办了《上海画报》。钱芥尘接手《上海画报》后，请余大熊、沈能毅、查士端三人协助他，并请周瘦鹃每期撰稿一篇，余空我、鄂吕公、舒舍予、赵君豪、范烟桥、张丹斧、陈冷血、袁寒云、包天笑、张冥飞、郑逸梅等为之执笔写稿。摄影家黄梅生拍摄了许多名媛、坤伶、美术家、电影明星及新闻照片，充实了《上海画报》的篇幅。钱芥尘不满足既有的成绩，他和戈公振交情很深，又请他罗致名贵照片。这也可见《上海画报》和钱芥尘在当时全国的报业和文化界的极大影响力。《上海画报》的销量一直稳中有升。后来蒋介石北伐，以"张作霖在沪坐探"的罪名公开通缉钱芥尘，钱芥尘被迫于1928年2月辞去《上海画报》的编务，潜逃至天津。

钱芥尘之后，《上海画报》由周瘦鹃、张丹斧、黄梅生、余空我、秦瘦鸥、舒舍予等人任具体编务。

二、《上海画报》的出版概况

1.《上海画报》出版背景

上海是近代中国的文化中心地，各种新式学校、报刊、出版机构、文化团体

---

① 张伟：《纸韵悠长：人与书的往事》，台北：秀威资讯科技股份有限公司，2009年，第112页。

等，多发轫于此，尤其在近代报刊发展方面，更显示出上海在全国的特殊中心地位。自1850年8月上海历史上第一张报纸英文周刊《北华捷报》创刊以来，上海的报刊业发展一枝独秀，至1895年，上海创办的报刊达86种之多，约占同期全国新创办报刊总数的1/2，且多数是创办在租界之内。①1895年以后，中间经过戊戌维新运动，全国掀起创办报刊的热潮，上海创办报刊数量急剧上升，1896年至1898年这三年间，上海新创办的报刊达到48种，占同期全国新办报刊的44.9%。②此后，虽然中国的政治风云一变再变，但上海作为近代中国报刊中心的地位一直未变。

伴随着报纸走进千家万户的还有一批配有文字说明的画报，尤其是自上海《点石斋画报》出版之后，画报越来越受到民众的欢迎。彭永祥先生通过对20多个图书馆的调查，统计出在1877年到1949年间，国内共出版画报约800种。③当时最主要的出版重地上海，既是中国近代画报的策源地，又是出版画报最多的地区。据记载，辛亥革命以前，全国共出版画报七八十种，其中出版地在上海的画报约占一半，达30多种。起初，画报多以"新闻画"为主石印出版，后期随着摄影术和印刷术的进步，一大批以摄影照片为主的铜版印刷画报逐渐成为民众追捧的对象。

1920年，第一本真正以市民阶层为对象的新闻图片刊物《时事图画周刊》创刊，戈公振在发刊词中明确地指出："世界愈进步，事愈繁颐。有非言语所能形容者，必藉图画以明之。"很明显，图像在新闻传播中的优势，人们已一目了然。

同时，在繁盛的主流报刊文化之外，近代上海还存在着另一奇特的文化现象，这就是大量的颇具特色的以"游戏"、"消遣"为主体内容的文艺小报的诞生和繁荣。这些文艺小报产生的原因除了近代上海发达的娱乐业、不断壮大的市民阶层的文化需求以外，也与文人的社会忧患意识有一定关系。从辛亥革命以来，中国政局动荡不安，各路军阀粉墨登场，你争我斗，人们对朝秦暮楚、反复无常的政治争斗失去兴趣，对于你方唱罢我登场的军阀割据战争疲惫麻木，需要从轻松的消遣性文化产品中寻找新的精神安慰。有人因此总结说："民元以来，战祸频仍，民众厌战久矣。……对政治问题的不感兴趣，这是我国人普遍的特性，多数读者皆因读大报而不能厌其欲望，遂不得不求别种有时间性的读物来补充其不足，小报适能应此需要，于是光怪陆离的小刊物，应时崛起，风行社会了。"晚清第

① 《上海租界志》编纂委员会：《上海租界志》，上海：上海社会科学院出版社，2001年，第530页。
② 秦绍德：《上海近代报刊史论》，上海：复旦大学出版社，1993年，第47页。
③ 彭永祥：《中国近代画报简介1877~1919》，丁守和：《辛亥革命时期期刊介绍》，北京：人民出版社，1982年，第656页。

一张小报《游戏报》创办人李伯元也认为："报纸要吸引群众兴趣，则非用游戏一类软性文字不可，否则不易见效。"①

正是在这样的背景下，毕倚虹主编的《上海画报》宣告创刊，融合了《时报图画周刊》的图画新闻和当时著名小报《晶报》的文人小品优势，如包天笑所说"并二美为一"，故"不踵而走，成为一时风雨，于是随倚虹为步趋者日众"。此可谓中肯之语。

2.《上海画报》的内容与形式

《上海画报》每期4开4版，头版通常由刊头、封面人物照片和广告这三部分组成。刊头"上海画报"四个大字的字体从创刊开始只有一次变化，在画报的第571期从黑体美术字变成楷体美术字，此变化一直延续至画报终刊②（图1-5-2）。封面人物多为女性，也不乏男性，皆是当时沪上热门人物之选，如图1-5-3所选两期刊物的封面人物，分别是当红明星阮玲玉、绘画大师刘海粟。二、三两版每期刊登图像10幅左右，内容一般为时事政治新闻照片、社会新闻照片、美术作品、影剧名伶剧照戏装、讽刺漫画等图片。四版全为广告、影片预告等信息。刊头页眉上是出版时间，采用公历纪元，四版页眉上附有农历时间与此对应。

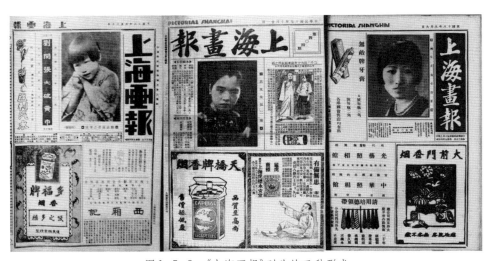

图1-5-2 《上海画报》刊头的三种形式

---

① 张中：《李伯元与官场现形记》，沈阳：辽宁教育出版社，1992年，第31页。
② 因现搜集的研究资料日期截止至1931年9月，而据史料记载，《上海画报》的终刊时间为1933年2月。中间有近一年半时间的缺失，现在网上查得《上海画报》后期的刊头（具体的改版时间不明），除了排列方式有了一些变化（"上海画报"四字由之前的竖排变成横排），其他无特别变化。

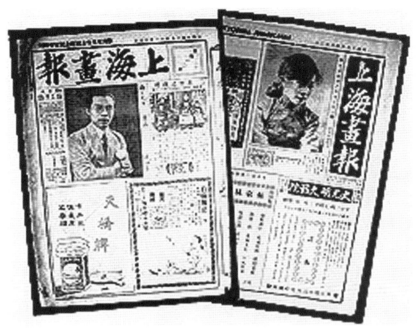

图1-5-3　《上海画报》封面人物照

　　著名报人戈公振曾经盛赞《上海画报》说："文义有深浅,而图画则尽人可阅;记事有真伪,而图画则赤裸裸表出。盖图画先于文字,为人类天然爱好之物。虽村妇稚子,亦能引其兴趣而加以粗浅之品评。"又说："吾意画报之精彩,第一在印刷清晰,图画则必取生动者。"在记录新闻、揭示真相之方面,图像有着天然的优越性,这也是《上海画报》的最大特色。大量的历史、时事照片如《凄凉之南京路》、《上海之减价潮》、《青岛海军大变动》等,让画报染上了一层凝重的沧桑感。同时,社会新闻、名流墨迹、名伶影星、讽刺漫画等图画也不逊色。然就其优势而言,其所刊发的社会各界名流的照片,不但数量庞大,价值也非常之高。那些名流照片,如徐志摩、刘海粟、胡适等,有的是藏家供该刊独家发表,有的是画报记者亲自拍摄,具有很高的文献性。当时很多名人结婚都乐意将照片供该刊发表,如1927年,著名作家、诗人邵洵美与上海第一豪门盛宣怀的孙女盛佩玉结婚,婚礼在卡尔登饭店举行,盛况空前。证婚人是马相伯、郁达夫、徐志摩、陆小曼、刘海粟等都来祝贺。他们的结婚照登在《上海画报》封面上,冠以"留英文学家邵洵美与盛四公子侄女佩玉女士新婚俪影",配发专文介绍,一时成为上海滩的时髦话题。类似的沪上其他名人公子结婚照如《李九龄君与程瑞英女士新婚俪影》(图1-5-4,配文曰:李君为李鸿章之孙、李经迈之子,程女士为程玲孙君之侄女,民国十四年国庆日,结婚于上海饭店。名人淑女,珠合璧联,堪称佳偶焉)等,这些历史照片也形成了画报的另类风景线。

图 1-5-4 李九龄君与程瑞英女士新婚俪影
《民国画报汇编——上海卷》(二六)，第 211 页

图 1-5-5 名伶与明星(程艳秋赴港时摄影)
《民国画报汇编——上海卷》(二六)，第 399 页

同时,画报也注重文字的选择配合,刊物登载的文史掌故类文字颇具文献价值,有的至今仍被频频征引;记述电影、话剧、唱片、油画、电台等时尚的文章,则见证了这些舶来之物在上海这座十里洋场生根繁荣的历程;长篇连载、诗词歌赋等文学作品,又让我们看到了当时文人墨客的才情雅兴。综上所述,《上海画报》图文并重,既发挥图片的新闻性和可看性,又注重小品文字的隽永和知识性,做到了俗而不艳,智而不涩(图1–5–5)。

《上海画报》出刊8年,总共发表了近两万篇文章,一万余张照片,为1927年"大革命"前后上海社会的纷繁变化和"海派"文化的新潮发展留下了一部忠实的图文写真集。由于是用道林纸印刷,画报保存至今依然清晰光洁。

3.《上海画报》的编辑方针

《上海画报》在创刊号(图1–5–6)第2版刊有"我们的宣言:我们尽我们的能力,搜集有兴趣有价值之照片和图画,贡献于《上海画报》的阅者。我们更尽我们的精神,搜取有兴趣的消息、有价值的文艺,贡献于《上海画报》的读者。同时,我们要求《上海画报》的读者,亦代我们搜取图画文艺,寄给我们披露,我们很感激,一般读者也很感激。"在报纸中缝,画报还自豪地宣称:"蒙上海开洛公司无线电话,为本报宣传。中国报纸出版,由无线电话宣传的,本报是第一家。"

图1–5–6　《上海画报》创刊号封面
《民国画报汇编——上海卷》
(二六),第1页

创刊号四版刊登了《张宗昌欲纳未成之艳秋》的照片，但这张照片在印刷中因工人的疏忽，"将艳秋的脸上和衣上污了小小的一点颜色，未免有损美观"，发行部发现后及时改正，但当时画报已经寄出了100余张，无从收回。为此画报在第2期封面的显著位置正式向这100余份的读者真诚致歉。画报对于外埠订户，特意在邮寄时将"包皮加长"，以免污损和折皱。为了让本埠订户在最短时间内看到画报，从第3期开始，"即由本社派专役乘脚踏车专送，出版之日上午10时一定送到"。

从以上创刊之时，画报的宣言及相关谢忱、致歉之言，我们不难看出《上海画报》深谙现代报纸的生存之道：一是内容；二是读者。报纸好看、可读，才有人读、有人买，报纸才能生存。图文并重的内容是画报的首选，读者的参与和反馈是报纸长久成功和进步的保证。

当时有署名"小迁"的记者写道："你看现在上海出的读物，真乌烟瘴气太多了，可是有出而不恒，或是出而不精，至于能恒能精的，不多见，唯有《上海画报》才配说出精哩。"①

周瘦鹃在《双百回忆记》中写道：新闻时事照片，以提前付印之故，（向例本期出版之日，即须印刷下期之报，方不拖期），每有后期时之虑，坐是本报之最大观点，曰"缺乏时间性"，"此后当谋印刷之便利，关于时事之照片，尤盼阅者随时随地代为觅寄，斯固本报之幸，抑亦阅者交换知识之幸也"。

严独鹤在《上海画报的压岁钱》中写道："上海画报的本旨，虽然是提倡文艺，并非抱着什么金钱主义，然后阅报的主顾，都说这个报很值钱（价值高），卖报的报贩，都说这个报很赚钱（销路广）……"

同时，毕倚虹发挥其善于拉稿的特长，不辞辛苦地四处向名家约稿，"鸳鸯蝴蝶派"的代表人物袁寒云、包天笑等都曾为该刊撰稿，这就借名人效应提升了《上海画报》的影响力。加之毕倚虹根据读者的反应不断对《上海画报》的内容予以调整，《上海画报》的趣味渐趋浓厚，销路和影响力随之不断扩大，甚至成为一种可以模仿的格式。

4.《上海画报》的经营状况

《上海画报》图文并茂，版面美观，不仅开创了一种新颖独特的画报形式，而且创造了当时画报界的一个奇迹，发行量节节上升，很快就达到了三万份的销售数，创造了一种"京津报房以电索报者踵相接"的繁盛景象。

《上海画报》每期售价大洋四分，全年订阅价位七元二角。这在当时的上海

---

① 《祝上海画报出精》，《上海画报》1926年6月30日第126期，《民国画报汇编——上海卷》（二六），全国图书馆文献缩微复制中心，第387页。

售价并不高。像《申报》、《新闻报》这些以文字印刷为主的著名大报售价也为四分。而对于《上海画报》这种以图像印刷为主的报纸,这样的售价并不占有优势。钱芥尘曾在画报中撰文《上海之小报潮》谈及画报的生存:"试略举小报经济状况:印刷费一千份连纸,只须八圆,加印每千加三圆,至少以五千份计,每次出版须资本二十圆,批发最低每张铜圆一枚五千份得五十千,以之抵印刷费,目前稍患不足,前此则有盈余,益以广告费可以支持矣。画报则不然,于诸小报印刷费超出十倍之强。难易之相越如此,画报之欲立足于小报,宜如何奋勉耶?"①可见,画报的印刷费用之高,这一实实在在的困难摆在了经营者的面前。

与此同时,近现代上海画报多为营业性质,常常旋生旋灭,在社会上不受重视,再加上新创刊,它们一般拉不到广告,因此,画报只有靠扩大发行量来扩大自己的社会影响,维持正常运转。在创刊之前,画报即先在《申报》、《新闻报》、《时报》、《时事新报》、《民国日报》等十余家报纸上广泛发布广告,进行大量宣传。此外,画报还想出各种促销手段如"特价券"(凭此券剪下向本公司购中山钻戒一只只收大洋八角)、"猜谜游戏"(她是谁?下期公布)、画报100期"纪念大赠品"(自阳历四月份起,六月底止,在此期间,凡订阅本报全年,赠以十三集至廿四集之九尾龟十二册)、"自七月一日起,凡本埠订阅本报一月者,连邮费大洋四角,可享送阅一月之利益,即订一月可白看一月也"等方式吸引读者购买。

利用名人效应,也是《上海画报》扩大影响力的另一法宝。毕倚虹曾担任过多家报刊的编辑,办刊经验丰富,也曾与各界名士以诗文相互酬唱往来,人缘极好。画报曾在报上刊登启事:"撰述者皆报界名人,如《申报》总主笔陈冷血先生之长篇小说《荡儿》,《申报》自由谈之周瘦鹃先生担任总编辑,《晶报》中坚大小说家包天笑先生之《钏影楼笔记》,及袁寒云、何海鸥、张丹翁、陈小蝶、江红蕉、范烟桥诸先生之小品文字,极著作界一时之盛。"②无论哪个时代,名人作品总是更容易获得读者的青睐。这里的名家作品不仅包括当时沪上强大的文豪著作,还包括著名画家、艺术家的美术作品、篆刻作品等。事实也证明,名人作品确为《上海画报》扩大了销路。《上海画报》发刊不出一个月,销售数量已经盈万,人们争相购买,创造了当时画报界的一个神话。

自创发行渠道是《上海画报》扩大销售量的另一法宝。在近现代上海报界,报贩对各家报纸的销路影响极大。"当时报纸不是由邮电局发行,而是归报贩推

---

① 《上海之小报潮》,《上海画报》1926年6月27日第125期,《民国画报汇编——上海卷》(二六),全国图书馆文献缩微复制中心,第382页。
② 《上海画报启》,《上海画报》1926年4月10日第99期,《民国画报汇编——上海卷》(二六),全国图书馆文献缩微复制中心,第316页。

销的。报贩中的头儿脑儿，是很有力量的。报纸要有销路，一方面取决于报纸的内容，另一方面却要好好地请报贩设法推销。"[1]而且，上海报贩的组织"捷音公所"规定："凡望平街无该报招牌之报纸，均不得自理发行，必须委托某一大报贩经纪。"对这些报贩的势力，老报人徐铸成在晚年深有感触地说："在旧中国，有两类中间商，不费任何本钱，剥削最多，而且还受到被剥削者的趋奉，被目为衣食父母，一是广告商、广告社，二是望平街的报贩头子。"[2]上海报界的这种陋规对售价相对低廉、利润微薄的小报显然是极为不利的。为了争取发行权，毕倚虹和"捷音公所"一再交涉，终于获准第3期后自己发行，"即由本社派专役乘脚踏车专送，出版之日上午10时一定送到"。在摆脱报贩控制、获得更大的经营自主权后，《上海画报》的盈利空间自然也得到了拓展。

在《上海画报》发行量节节攀升的同时，广告也源源不断找上门来。事实证明，广告确是画报的一个出路所在。在出版了40期后，画报就用头版的半个版面和第四版全版这样大面积篇幅刊登广告，收益颇丰。正是依靠上述这些手段，《上海画报》才逐步成长为了上海当时画报界的巨擘。

第二节 《上海画报》图像新闻统计分析

《上海画报》于1933年2月26日终刊，共858期，论出版时间之长、发行期数之多，当时众多画报无出其右。现全套的画报已很难采集购买到，本研究采用的样本是全国图书馆缩微复制中心出版的上、下两册《上海画报》（1925年6月6日至1931年9月24日，截止至744期）[3]，图像统计分析采用SPSS软件，通过设置变量加以统计，归纳变量出现的频数与比例（%）来分析《上海画报》图像新闻的传播内容和视觉表征。

基于研究对象的特性和研究方向，我们选取了一系列研究变量，试图通过对这些变量的编码分析，分析《上海画报》图像新闻的特点。

本次研究统计《上海画报》的图文共有1 198个版面，实际计入的图片共有4 249幅（包含新闻图像、非新闻图像和内容较难辨认的图像）。其中新闻图像有1 147幅，约占总共图片的26.99%，非新闻图像有3 102幅，约占图片总数的73.01%。因所用样本系缩微材料，图片清晰度不佳，有3张图片无法辨识，无统

① 郑逸梅：《小型报中的"四金刚"》，《郑逸梅选集》第6卷，哈尔滨：黑龙江人民出版社，2001年，第941页。
② 徐铸成：《报海旧闻》，上海：上海人民出版社，1981年，第232页。
③ 本研究所选用的画报，时间上截止至744期，但中间的期数有缺失，因此总期数达不到这个数字。

有约96.90%的图像全是摄影作品,以照片的形式向今天的读者真实地还原了当时的社会。

新闻照片中有文字说明的占新闻照片总数的96.90%,表明《上海画报》几乎所有的图像都附有相应的说明文字,对图像所传递的信息做补充,这不但可以使当时的民众更好地了解图像关键信息要素,也为我们今天的研究提供了很大帮助。此次统计分析结果如下:

1.新闻图像报道领域与内容

表1-5-1　新闻图像报道领域与内容统计表

变　量	频　数	比例(%)
国内外新闻时事	333	29.03
百姓社会生活	335	29.21
示威游行	6	0.52
经济活动	5	0.44
考古游记	2	0.17
农林信息	2	0.17
战争信息	0	0
体育比赛	75	6.54
影剧名伶信息	265	23.10
文学艺术与绘画	33	2.88
科普知识	12	1.05
其他	79	6.89
合计	1147	100.00

从表1-5-1可看出,《上海画报》所刊登的新闻图像中"百姓社会生活"和"国内外新闻时事"占据的比例较大,分别为29.21%和29.03%,均超过总数的1/4。"影剧名伶信息"所占比例也不少,为23.10%,这三项内容构成了《上海画报》的图像新闻报道领域的主体。只要大致翻阅《上海画报》就能体会到报纸对于这三项内容的重视。

此外,"体育比赛"、"其他"这两项画报也都有一些报道。这里需要说明的是"其他"项中主要涉及教育新闻,包括学生团体活动和教育界人士的会议、参观活动等。由此可见《上海画报》对体育比赛和教育新闻也颇为关注。"文学艺术与绘画"、"科普知识"、"示威游行"、"经济活动"和"农林信息"等类别较少,但画报也都有涉猎。

2.人物特征

《上海画报》涉及人物的新闻图像共859幅，占新闻图像总数的74.89%。

（1）人物性别

表1-5-2　人物性别统计表

变　量	频　数	比例（%）
以男为主	455	52.97
以女为主	286	33.29
男女均有	115	13.39
不明	3	0.35
合计	859	100.00

表1-5-2显示，新闻图像中所涉及人物的性别超过一半是以男性为主，1/3左右以女性为主，男女均有的比例为13.39%。在这里我们可以发现，虽然以女性为主的图像比例不及男性，但是其所占33.29%的比例也已十分可观，这说明"五四"以来，社会的文明程度已有了很大的进步，女性在公开的社会活动中也有了一席之地。尤其是在体育比赛中，女性参与度非常高，也获得了一定成绩，得到了社会的认可和媒体的关注。例如《上海画报》多次报道东北体育健将孙桂云。这里需要说明的是，其实《上海画报》的一大特色就是追捧女性，从其每期刊登的多幅女性人物照片即能看出，只是这些在本书中并不作为新闻图片进行统计。

（2）人物年龄（多选）

表1-5-3　人物年龄统计表

变　量	频　数	比例（%）
儿童	42	4.84
青壮年及中年人	814	93.89
老年人	8	0.92
难以判断	3	0.35
合计	867	100.00

在一幅图像里，尤其是涉及多人时，人物的年龄统计就会发生多选

表1-5-3显示，新闻图像涉及人物的年龄绝大多数为青壮年及中年人。这是因为《上海画报》的主要关注对象是作为社会活动主要参与者的成年人。另外，一些教育新闻中的主角也多为一些大中学生。涉及儿童与老年人的照片较少，画报对他们的关注度不够高，但也都有涉及。

（3）职务身份（多选）

表1-5-4　人物职务身份统计表

变　量	频　数	比例（%）
农民渔夫	0	0
官僚人士及其家属	215	22.75
商人	11	1.16
知识分子和艺术家	117	12.38
演艺明星	104	11.01
伶人	65	6.88
运动员和啦啦队	62	6.56
军官士兵	65	6.88
少数民族人士	11	1.16
儿童、学生	99	10.48
晚清宫廷人物遗存	3	0.32
飞行员	8	0.85
普通百姓	32	3.39
犯人	6	0.62
不明及其他	147	15.56
总计	945	100.00

同理，人物的职务身份也会因一幅图像中发现众多人物，如合影等，而发生多选

表1-5-4的统计数据说明，《上海画报》中的新闻图像所涉及人物的职务排在前三位的分别是"官僚人士及其家属"、"不明及其他"和"知识分子和艺术家"。这里"其他"主要指涉的是新闻界人士。他们的比例分别为22.75%、15.56%和12.38%。其次"演艺明星"、"儿童、学生"、"伶人"、"军官士兵"和"运动员和啦啦队"的出现也较为频繁。这充分反映了《上海画报》新闻内容的报道重点以及当时的社会状况。

3.新闻发生地点

表1-5-5　新闻发生地点统计表

变　量	频　数	比例（%）
本埠	512	44.64
外埠	481	41.94
国外	113	9.85
不明	41	3.57
合计	1147	100.00

以上的统计结果显示：《上海画报》所报道的新闻接近90.00%的比例是国内

新闻,以本埠(上海)居多,国外新闻的报道较少。但外埠新闻以41.94%的超高比例几乎和本埠新闻持平,这一比例不容小觑。这是因为1928年后,政治中心南移,南京成了首都,外埠新闻尤以南京方面新闻居多。加之上海与南京相邻,在"接近性"上,也颇受沪上民众的欢迎。同时,由于张学良的关系,外埠尤以东北新闻社提供的新闻消息为多,也为画报增添了不少看点。

4.报道时效

表1-5-6　报道时效统计表

变　量	频　数	比例(%)
7日之内	172	15.00
8~14日	68	5.93
15~31日	64	5.58
1~2月	17	1.48
2月以上	24	2.09
不明	802	69.92
合计	1147	100.00

根据表1-5-6,在所有参与统计的新闻图像中,"事件自发生时距报道的时间"在"7日之内"的占15.00%,两周之内的也有5.93%,一个月之内的为5.58%。这对作为三日刊的《上海画报》来讲,新闻时效性并不算特别强。不过,画报在有些新闻时事的报道上还是可圈可点的。这里有个现象值得一说,"不明"一项所占比例非常之高,主要是因为图片的文字说明中没有具体日期,少数一些图片有类似"近日"、"最近"、"新近"等模糊词语,无法进行精确的数字统计。这也说明了《上海画报》并不以"新闻报道"见长,尤其对"时间"这一要素并没有予以应有的重视。

5.非新闻图片内容

表1-5-7　《上海画报》非新闻图片内容统计结果

变　量	频　数	比例(%)
广告	903	29.11
木刻版画等漫画	264	8.51
印章	22	0.71
书法和国画	411	13.25
人物肖像	1176	37.91
风景写真	156	5.03
其他	170	5.48
合计	3 102	100.00

　　《上海画报》中新闻图像占图像总数的26.99%，其余都属于非新闻图像，这一比例非常之高。如表1-5-7所示，根据笔者统计时所设的研究属性来看，《上海画报》非新闻图像所涉及的内容包括人物肖像、广告、书法和国画、漫画、风景写真、印章等，这六项所占比例分别为37.91%、29.11%、13.25%、8.51%、5.03%和0.71%。在书法国画中，较多的作品是"名人手迹"。另外"其他"项中比较多的是一些摄影作品，如人体艺术摄影，还包括篆刻作品、雕塑等。

第三节　《上海画报》图像新闻特征分析

　　《上海画报》的报人们将新闻事件内容、场面的表现力，通过图像的形式传达给民众。这些图像不仅能反映报纸的立场和主张，并且将报纸所处社会环境的时代特征呈现在我们面前。一个时期的报纸，其生存的方式总是与时代特征紧密结合在一起。要更好地理解《上海画报》所处历史时期的社会形态，对画报的整体性特征进行分析是十分必要的。

　　通过对《上海画报》图像新闻的统计与分析，并结合相关资料，笔者认为该画报呈现的总体特征如下。

一、《上海画报》图像新闻报道范围广泛、视野开阔

　　《上海画报》作为沪上文人所创办的小报型画报，它的新闻报道范围应首先立足于本土，事实也正是如此。根据数据统计的结果（表1-5-5），《上海画报》的图像新闻大部分为国内新闻，不过国外的新闻也有涉及，约占1/10。

　　图像新闻很能吸引读者并能达到更广的传播效果，在《上海画报》的图像新闻中，国内新闻可以认为是其投入力度最多的重要内容。《上海画报》的图像新闻善于对国内新闻做深度处理，在反映态度倾向的文本结尾之评论都很有特点。如《来沪出任市府督办之孙传芳》（图1-5-7）[①]，编者只配以"能者多劳"一词对其加以点评；图片《投笔从戎之陈灏一》（图1-5-8）配文《投笔从戎记》："班超投笔从戎，千古传为佳话，降及今兹，国人以孱弱为世诟病，乃于文学界中得一新班超焉"；又如《溥仪夫人残余的苹果》（图1-5-9）中曰："溥仪夫人正在读一本英文的物理，仓皇出走，虽把物理抛弃，却还在读到的地方，加上一个记号，所以有些人愿出重价买这本可纪念的物理，可惜事后不知去向了，有人瞧见伴物理的寂寞，还有一只残余的苹果，依旧在柴檀桌上，现出它娇红嫩白的可怜颜色来，这个残余的苹果，不能随着已啮去的一半同归于尽，也是不可思议的缘法

---

①　全国图书馆文献缩微复制中心：《民国画报汇编——上海卷》（二六），第319页。

啊……"①寥寥数句勾勒,把善怀同情、唏嘘命运的思考表露无遗。

图1-5-7　来沪出任市府督办之孙传芳
《民国画报汇编——上海卷》(二六),第319页

图1-5-8　投笔从戎之陈灏一先生
《民国画报汇编——上海卷》(二六),第319页

---

①　全国图书馆文献缩微复制中心:《民国画报汇编——上海卷》(二六),第66页。

图 1-5-9　溥仪夫人残余的苹果
《民国画报汇编——上海卷》(二六)，第66页

　　现根据第二节中的 SPSS 统计的结果，再结合"新闻信息所在的地域及新闻报道的具体内容交叉制表"(表 1-5-8)来具体分析《上海画报》图像新闻报道的范围与视野。

表 1-5-8　新闻信息所在的地域及新闻报道的具体内容交叉制表

		该新闻图片报道的具体内容					
		时事新闻	百姓社会生活	体育比赛	影剧名伶信息	文学绘画等艺术	其他
新闻信息所在的地域	本埠	51	153	18	229	17	44
	外埠	232	143	51	15	11	29
	国外	42	35	6	19	5	6

表A:《上海画报》所刊新闻信息来源地域数量及比例

信息数量 信息来源地域	总　　数	百分比（%）
本埠	512	46.29
外埠	481	43.49
国外	113	10.22
合计	1106	100.00

本表未统计新闻图像中不明发生地的图像,故总数较表1-5-5缺41幅

表B:《上海画报》所刊本埠新闻报道的具体内容及比例

新闻数量 具体内容	总　　数	百分比（%）
时事新闻	51	9.96
百姓社会生活	153	29.88
体育比赛	18	3.52
影剧名伶信息	229	44.73
文学绘画等艺术	17	3.32
其他	44	8.59
合计	512	100.00

首先,在国内新闻中,百姓社会生活、影剧名伶信息以及时事新闻所占的比例最多,分列前三位。可以看出,《上海画报》图画新闻选取的全国新闻题材非常贴近人们的生活,通过报道人们熟悉的事情、简洁的评论和态度引导,来影响人们的思想。

而对于本埠新闻,根据表A的统计为46.29%,虽然占的比例不超过一半,却具有很高的质量。根据表B的统计,在本地新闻中,对于影剧名伶信息的报道比例最高,为44.73%;百姓社会生活事件也占了29.88%;时事新闻占9.96%;教育新闻、体育比赛和文学绘画等艺术信息较少。可以看出,在处理图像新闻时,《上海画报》在本地新闻中更注重贴近人们的日常生活,因为"接近性是新闻价值五要素中的一个重点要素"。这些地方新闻通常具有浓厚的地方色彩,展现出上海特殊政治地位的深刻影响。在本地图画新闻的报道中,有相当多的新闻信息涉及外国人,并且还有很多新闻发生在租界或领事馆内,如《上海英领事馆兵变时之摄影》、《租界中之沙包铁网》等。

尽管《上海画报》的图像新闻报道聚焦国内,但这并不意味着它就不关心国外的新动态。如《食米人造成功》(图1-5-10)揭载了法国著名科学家鲍西陆发明人造米之情形:利用水银电灯所发射之紫外线,射过空气中的某种气质时,可

变该气质为含糖与淀粉之粉末,变相为食用米。《谋杀日本摄政太子之朴烈及其情妇》,报道了因谋杀日本太子被捕下狱的朴烈和其情妇金子文,于夏天在狱中结婚的新闻,并刊登了他们的近影照片。《西班牙二飞行家飞抵菲岛记》3幅照片(图1-5-11~图1-5-13),记载了西班牙陆军部两位飞行员伊氏、贾氏驾驶飞机降落菲律宾时的场景状况等。此外,《上海画报》还积极报道在外之国民的生活琐记。如《一个被英人殴伤的华海员》(图1-5-14),报道了1925年7月31日,日本神户太古轮船"比利洛的十号"的英人机关长,将华船员徐维君殴打成伤的新闻事件。画报中不仅刊登了船员徐维君的头部以及上半身裹缠纱布的惨状,还用简短的文字述评了此件事情:"此间侨胞对此事愤昂非当,现正筹对待付之法,并托李满康及余(记者自称)专办此事云。"虽无明确表态,但谴责愤怒之情跃然纸上。又有绘画新闻《日中之巴黎女子》(图1-5-15)多幅,"可见巴黎社会,妇女一日中之生活,考究奢华之一斑云"。《海外之国庆》(图1-5-16)登载了侨居日本神户的侨胞在中华会馆开庆祝大会的事件,并附有女学生跳和平舞的情景图片等。在非新闻性报道中,不乏介绍国外新技术或风俗的图画,如《斐列宾土人以鼻吹箫图》、《贞操带》(图1-5-17)等。

图1-5-10　食米人造之成功
《民国画报汇编——上海卷》(二六),第108页

图1-5-11　西班牙飞机在 Nichols 军营下降时情形
《民国画报汇编——上海卷》(二六),第367页

图1-5-12　西班牙飞机在 Nichols 军营时,欢迎者男女数千人,并有特选之美女六十二人
列队欢迎,此图即系六十二美女之一部
《民国画报汇编——上海卷》(二六),第367页

图1-5-13 西班牙二闺
秀，自请为二飞行家驾驶汽
车
《民国画报汇编——上海
卷》(二六)，第367页

图1-5-14 一个被英人殴
伤的华海员
《民国画报汇编——上海
卷》(二六)，第87页

图1-5-15　日中之巴黎女子(二)
《民国画报汇编——上海卷》(二六)，第212页

图1-5-16　海外之国庆
《民国画报汇编——上海卷》(二六)，第193页

图 1-5-17　贞操带
《民国画报汇编——上海卷》(二六)，第 212 页

可以说，《上海画报》的图画新闻聚焦国内，兼顾中外视野的融合；全国新闻唱主角，精心报道地方新闻。

二、《上海画报》图像新闻报道重点突出、主题鲜明

1912 年在上海创刊，标志着"中国摄刊照片的(笔墨绘图的不计)图画杂志之开元"[1]的《真相画报》，为中国近现代画报的成熟创制了可借鉴的范本。"五四"新文化运动后，"人的意识"开始觉醒，以受众为中心的观念在媒体中实践开来，越来越多的画报逐渐摆脱了外国传教士的宗教蛊惑和西方物质器具的低级趣味消遣；画报内容多趋于科学知识介绍、文化文明普及，并采用图文并茂的传播样式，以切合读者的审美趣味。

1920 年 6 月 9 日，由戈公振、沈能毅主编，上海《时报》增出《图画周刊》，体例仿照外国报纸的星期画刊，内容刊载新闻时事、美术、风景人物、妇女儿童照片，以"彰善瘅恶"为本旨，"若夫提倡美术，增进阅者之兴趣，又其余事耳"，读者反响空前。紧随着《图画周刊》，《上海画报》更是创造了一个画报盛世。署名为"一个记者"的作者在《上海画报》上发表的《未来之画报》中提到："敝报出版，不胫而走，问世月余，每期销行逾三万，此固敝报之私幸，亦可见社会需要画报之殷。"[2]

《上海画报》脱胎于现代化都市上海，在市民社会中的生存竞争，使它不得不臣服于商业机制下中下层市民文化市场的需要，向市民大众的世俗文化需求倾斜，反映广大市民的日常生活。画报之所以一月销售就盈万，成为市民喜爱的通

① 梁得所：《艺术的过程——高奇峰先生与画报》，《大众》画报 1933 年 12 月第 2 期。
② 《未来之画报》，《上海画报》1925 年 7 月 24 日第 17 期，《民国画报汇编——上海卷》(二六)，全国图书馆文献缩微复制中心，第 66 页。

俗画报，也在于画报对市民日常生活的关注引起了市民大众的共鸣，得到了市民大众文化消费的价值认同。

根据表1-5-1的统计数据显示，《上海画报》所刊登的新闻图像中"百姓社会生活"高居第一位，所占比例为29.21%，接下来是"国内外新闻时事"，所占比例为29.03%，这两项报道内容均超过总数的1/4。"影剧名伶信息"所占比例也不少，为23.10%，这三项内容构成了《上海画报》的图像新闻报道的重点。只要大致翻阅《上海画报》就能体会到其中对于这三项内容的重视。

在高居首位的"百姓社会生活"新闻图像中，这些图像新闻题材涵盖了人们生活的方方面面，大到政府新政策出台，小到韵闻趣事。关于市政建设的，如《上海中国农工银行新屋落成》，不仅向读者描绘了银行的样貌"完全为立方式"，还介绍了设计师江小鹤先生和上海农工银行行长齐致先生。另有《武昌拆城记》："虽不及汉口之繁华，然省会所在之名区，富庶不在江浙之下。人民熙熙，若登春台，不知城之为患，孰知北伐军欤？刘玉春奉命守城，围城之中，一夕数焉，于是乃知地方之害在城。故唐生智军入武昌，人民深受剥削，首以拆城为请，今已由公司承包开始工作矣。以后武昌人民，当无围城之怯。然各省会之有城者何限，其以武昌为鉴，速自兴起拆除，利孰大焉。"（图1-5-18）关于沪上城市生活的，有《上海大雪后街上之情景》《上海最大之电灯广告牌在静安寺公寓屋上》《上海减价潮》。关于社会团体活动的，画报着墨较多的是"亚细亚步行团"的行程及各种活动，如登上封面的团员秋舫女士、《社会团体专设公宴宴请亚细亚步行团》（图1-5-19，包括有声旅行团、精武体育会、侨务协会、东方图书社和中国女体等）、《海上各界名流在南园饯别亚细亚步行团》。关于普通百姓奇闻逸事的，有《东渡日本之吉林两角老人》，介绍自幼头生两角的吉林老人刘文德东渡扶桑（日本）供生理学者探讨研究之画面（图1-5-20）；百岁老婆婆山阴朱金氏，"闻云山中也有千年树，世上难逢百岁老人，不料这便是一百岁的老婆婆呢"；宝坻奋力扑蝗之百岁老翁张顺等。关于儿童生活的，有《南京市婴孩儿童比赛会》（图1-5-21），画报刊登了南京市一岁婴孩至六岁儿童比赛中获得第一名的儿童照片共7幅，其中有3幅还配发了宝宝妈妈的照片，不难看出其"追捧女性"的特色；还有如《上海女青年会卫生运动之检查儿童身体》（图1-5-22）之类关注儿童生活的图像新闻等。关于学生考试的，有《上海中学会考中之女生》（图1-5-23）[1]，镜头中的女生三三两两地聚在教室门外，左顾右盼之情，窃窃交谈、静静等候之状跃然纸上。关于妇女时尚生活的，有《国货时装展》，摄取了参与国货时装展的摩登女郎的靓照。关于自然灾害的，有《一片汪洋》（图1-5-24）、《杭州附郭二堡灾情》："杭州水灾谈，杭州自入梅以来，

---

①　全国图书馆文献缩微复制中心：《民国画报汇编——上海卷》（二七），第99页。

连潮淫雨，年久失修的海塘，遂致决口，造成数十年夹未有之奇灾。虽经火速抢修，惜已不及。附郭观音堂一带，为蔬菜瓜果出产地，人烟原极稠密，今成泽国矣……"[1]关于市民学生自发的游行运动等，有《南京打倒土豪之游行》（图1-5-25）、《南京金大女生之游行》[2]等。

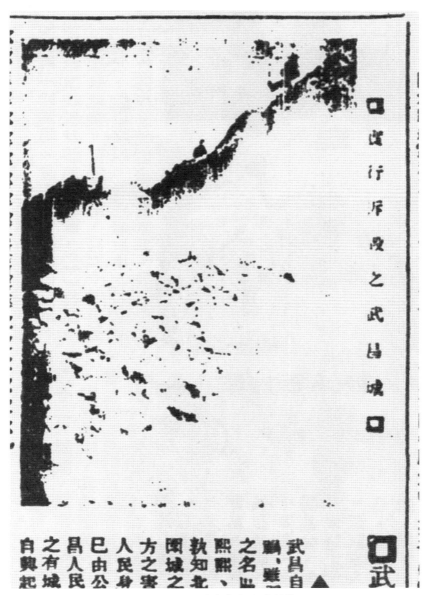

图1-5-18　实行拆毁之武昌城
《民国画报汇编——上海卷》（二六），第492页

①　全国图书馆文献缩微复制中心：《民国画报汇编——上海卷》（二六），第419页。
②　全国图书馆文献缩微复制中心：《民国画报汇编——上海卷》（二六），第559页。

图1-5-19　海上各界名流在南园伐别亚细亚步行团
《民国画报汇编——上海卷》(二七)，第96页

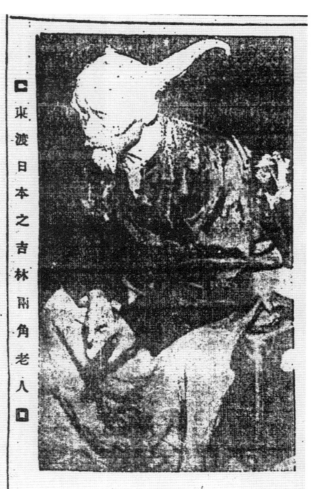

图1-5-20　吉林两角老人
《民国画报汇编——上海卷》
(二七)，第128页

图 1-5-21　南京市婴孩儿童比赛会
《民国画报汇编——上海卷》(二七)，第88页

图 1-5-22　上海女青年会卫生运动之检验儿童身体
《民国画报汇编——上海卷》(二七)，第100页

图1-5-23 上海中学会考中之女生
《民国画报汇编——上海卷》(二七),第99页

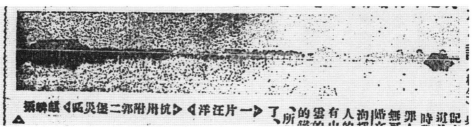

图1-5-24 一片汪洋
《民国画报汇编——上海卷》(二六),第419页

图1-5-25　南京打倒土豪之游行
《民国画报汇编——上海卷》(二六),559页

　　《上海画报》并不以时事政治新闻报道见长,但作为监督者,画报对社会重大新闻时事都非常关注,如"五卅"惨案、"北伐战争",对国民党的诸多活动以及高层官员也给予了及时充分的报道,如《财政部焚烧汉口中央银行钞票》、《夏超独立昙花记》、《蒋主席珂里之种种》、《行政院长谭延闿遗事》,等等。报道最多的当属张学良夫妇及其东北军的活动,如《张学良抵京》、《张学良任海陆空军司令》、《葫芦岛海军检阅》等。

　　除张学良的相关新闻外,尤以"夏超独立记"笔墨甚多,颇具《上海画报》的编辑风格。1924年,北洋政府任命夏超为浙江省省长。1926年,北伐战争打响,国民革命军中路军开入江西,孙传芳负隅抵抗。中共杭州地委和国民党浙江省党部发起浙江自治运动,促使夏超举行起义。同年10月上旬,广州国民政府任命夏超为国民革命军第十八军军长,夏超随即调派驻杭州的保安队赴嘉兴、嘉善布防。孙传芳调军进入浙江。10月20日晨,孙传芳部攻到嘉善,进逼嘉兴。夏超败退杭州,被宋梅村部俘虏,于10月23日被秘密处决。

　　10月24日,《上海画报》记者黄梅生从杭州发来多条新闻报道,包括《心血来潮之夏超》(图1-5-26)、《浙江事件之种种摄影》,并发表3幅图像写真《浙江省市民大会开会之情形》(图1-5-27)、《许宝驹君》和《因党案被捕之李芬采梦歧等自狱中出,赴省民大会汽车抵会所之情形》。在接下来的一期画报中黄梅生发表《夏超独立昙花记》第一函与第二函的通讯,详细报道了浙江省长夏超独立自治事件的破灭。10月30日,第168期上,《上海画报》继续刊发了黄梅生拍摄的3幅组照《夏超独立战争之泡影》(图1-5-28~图1-5-30),对该事件又进行了具体而深入的报道,向民众进一步展现了事情最终的走向。

图1-5-26　心血来潮之夏超
《民国画报汇编——上海卷》(二六),第464页

图1-5-27　浙江省市民大会开会之情形
《民国画报汇编——上海卷》(二六),第464页

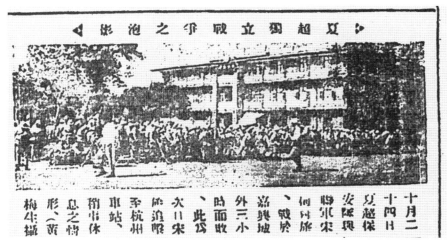

图1-5-28　1926年10月24日,夏超保安队与联军战于嘉兴城外三小时而散,此为次日宋
□追击至杭州车站,稍事休息之情形
《民国画报汇编——上海卷》(二六),第472页

图1-5-29　1926年10月25日,联军十三团兵准备往富阳追击夏超,整装出发之情形
《民国画报汇编——上海卷》(二六),第472页

图1-5-30　沪杭路,于本月24日通车,旅客甚多,此为杭州城站,旅客待车之情形
《民国画报汇编——上海卷》(二六),第472页

有学者指出,在民众的日常生活中,"娱乐活动是社会经济、文化、民俗的综合表现,它映照着特定时代的精神风貌。通过传统的娱乐形式,我们也能从中发现它和那个时代紧密联系的特征和社会风貌"①。20世纪二三十年代,作为大都市的上海,电影业进入繁荣阶段,电影消费已经成了一种新颖时髦的消费方式。一些著名的影星成为报刊的新宠,并经常成为封面、封底人物。《上海画报》作为沪上画报先锋,自然不甘人后,对"影剧名伶信息"的报道尤为热衷。

且不说影院正在热映的影片,《上海画报》自会截取电影中令人动容的画面供读者先睹为快,如《新人家庭》之一幕、《春园梦里人》之一幕、《盲歌女》之一幕

① 乔志强主编:《中国近代社会史》,北京:人民出版社,1992年,第286页。

以及日本名剧《大地微笑》剧中二幕等，还会在影片即将上映之际，辟出专门的版面，为其摇旗呐喊。其中，被《上海画报》报道过的影片有"新联合公司侠情新片《劫后缘》不日在卡尔登开映，张慧冲主演兼导演"、太平洋影片公司《火里罪人》、知本影片公司《爱尔妻》和友联影片公司《忏悔》，等等。有时，《上海画报》还会介绍影片拍摄现场的花絮以飨读者，如《太平洋公司新片〈火力罪人〉摄影》（图1-5-31），拍摄了3幅图片，分别是《未焚前之赌窟》、《火起时之赌窟》和《焚余后之赌窟》，并配文"公司建筑费达二千余元，付之一炬，求其逼真"。甚至画报编辑还会亲自撰写影评，配上导演近照，对热门影片大加推介，如毕倚虹的《评〈重返故乡〉影片》，洋洋洒洒千余字，文章结尾高度赞扬了该影片"于中国电影史上多少可谓几行位置，而杜宇君之个人，不可谓非一种事业之成功也，至于光线明晰，布景奇丽，此片已臻妙境，无俟余人之喋喋矣"。同时，对该影片的主演殷明珠以及上映日期"从下星期一（7月20日）在北四川路海宁路口维多利亚戏院日夜开映"等信息都加以报道说明。后又配合《重返故乡》这部电影（图1-5-32），毕倚虹回到了自己故乡扬州，写了一篇《我之"重返故乡"》（图1-5-33），介绍了其家乡的所见所闻。这些都为《重返故乡》这部电影增添了不少话题。

图1-5-31　太平洋影片公司新片《火力罪人》之摄影
《民国画报汇编——上海卷》（二六），第63页

图1-5-32 《重返故乡》导演但杜宇及其助手史匡韶
《民国画报汇编——上海卷》（二六），第51页

图1-5-33 我之重返
故乡
《民国画报汇编——上
海卷》（二六），第115
页

　　在众多的"影剧信息"报道中，有一则《新旧剧家合作援工》（图1-5-34）的新闻颇值得一谈，这是在"五卅"运动之后，演艺界人士的一次空前合作。"新旧剧的界限向来是划得很清楚的，所以新旧剧家在一个舞台上合作演剧，从来没有的。可是在这一次新舞台援工游艺会里，竟能够打破新旧剧的界限，合演一出'国耻的开场'。此外还有素人演剧洪深君加入会串，确是空前未有的盛举，也是新旧剧家对于援工的一片热忱。"

图1-5-34　新旧剧家合作援工
《民国画报汇编——上海卷》（二六），第86页

　　除了电影戏剧业的繁荣，民国时期，传统的京剧艺术依然为人们所喜爱，观看戏曲演出依然是城市娱乐休闲中较为重要的一项，为大众"最普通最热心的一个消遣方法，中国人差不多都爱看戏"[1]。因此，一些京剧名伶自然成为《上海画报》中的常客。这些名伶的剧照登上版面自不用说，他们的各种活动《上海画报》也经常给予刊载。如《行将来沪之梅兰芳》、《北平车站欢迎范朋克之梅兰芳君、齐如山君》（图1-5-35）、《北平车站梅剧团欢迎范朋克之大灯笼》、《中国名伶梅兰芳在美演剧毕乘大洋丸来檀》、《平津归来之阮玲玉》等。当然《上海画报》对名伶也不都是一味推崇的，如《五卅风潮中赴日演出之伶人黄玉麟》，简短几个字的标题已将画报的立场暗含其中。此外，《上海画报》还喜欢捕捉名伶的逸闻八卦，如《张宗昌之十五夫人》（图1-5-36）："昔日在天津天宝班，名二百五，遇上将军张作霖，以三千金购之，赠张宗昌。"[2]

①　缪子：《看戏的目的》，《晨报》1918年12月6日。
②　全国图书馆文献缩微复制中心：《民国画报汇编——上海卷》（二六），第50页。

图1-5-35　北平车站欢迎范朋克之梅兰芳君、齐如山君
《民国画报汇编——上海卷》(二七)，第360页

图1-5-36　张宗昌之十五夫人
《民国画报汇编——上海卷》(二六)，第
50页

三、《上海画报》图像新闻报道定位准确、题材多样

1. 受众定位

根据表 1-5-3 的数据，《上海画报》图画新闻中的人物形象集中在青壮年及中年人（93.89%）。这说明既然是代表大众文化的平民读物，《上海画报》面对的读者主体是社会中坚力量的成年人，如职员、店员和大中学生等市民群体。对于他们而言，《上海画报》不单具有休闲功能，同时也是一部"人生指南"，他们希望从画报的人物身上找寻自己的影子。而从严格意义上去考察，《上海画报》的编务们都具有都市市民的身份，其中一部分人都从事过不同的职业，社会接触面非常广泛，如周瘦鹃、舒舍予都曾担任过教师，毕倚虹、余空我当过律师，严独鹤行过医，钱芥尘经营企业颇为成功。画报的编辑们颇能了解市民的心声，其图像新闻所展现的人物形象基本上都进行了精心的设计编排，不仅因为这涉及画面的美观，更因为这些人物形象是吸引读者关注的重要因素。

又根据表 1-5-4 人物身份的统计数据，《上海画报》图画新闻中出现的身份确切的人物排在前三位的分别是官僚人士及其家属、知识分子和艺术家、演艺明星，所占比例为 22.75%、12.38% 和 11.01%。通过以上数据分析，再结合具体图像新闻，我们不难发现，《上海画报》深谙现代图像新闻传播之道，关注的对象如官僚人士、知识分子、艺术家，他们多代表社会上的中上阶层，虽然在现实生活中需市民阶层仰视，但在报刊中大众们则得以平等而视。至于演艺明星的各类图像新闻，颇能满足市民们的追星、八卦心理，又可以作为他们茶余饭后的谈资。另有 15.56% 比例以图像属于身份不明，这些没有特殊身份特征的形象大多正是普通的群众，他们代表着社会力量的大多数。这些没有特殊身份特征的形象可以认为是人们身边的任何一个人的投影，这增加了图画新闻的受众范围，也增加了解读过程中受众把自己的情感带入这种虚拟场景的可能，更容易让读者产生情感上的共鸣。

我们具体来看一下。《上海画报》关注的对象，一般以人物为中心，辅以新闻时事和历史掌故，具有很强的可读性，这在当时沪上颇受欢迎。它描述过的政界要人有吴佩孚、蒋介石（图 1-5-37~图 1-5-39）、张学良（《张学良伉俪最近在津参观西商赛马时摄影》《庄严威武之中央慰劳授张学良将军旗》）、陈独秀、李大钊等，报人有邵飘萍、林白水、戈公振、余空我，学术界有蔡元培、王国维、胡适，画家有吴昌硕、陈师曾、吴湖帆，艺人有梅兰芳、程砚秋、尚小云、孟小冬，明星有胡蝶、阮玲玉、杨耐梅，其中还有名票友罗绮缘、朱雅南。它还刊出了很多名人的亲笔手迹，如孙中山的题词、袁寒云的日记、王国维的绝命书、张学良的购书函、刘海粟的手札、胡适的书扇、梁启超的刻印、邵洵美的画像……吉光片羽，弥可珍贵。

图1-5-37　现今所居之地改建之文昌阁
《民国画报汇编——上海卷》(二七)，第232页

图1-5-38　令兄浙海关监督蒋介卿先生
《民国画报汇编——上海卷》(二七),第232页

图1-5-39　寓所之前即邺奉公道在溪口终点之纪念坊
《民国画报汇编——上海卷》(二七),第232页

2. 题材选择

在图画新闻的选题上看，《上海画报》的着眼点主要在一些典型的、特别的事件上，但也不乏关注普遍性新闻的宏观视野。如《秋季出洋学生》，画面描述了出洋留学生的穿着神态，暗揭了留洋风的社会影响力，具有相对宏观的视角。《上海画报》图画新闻在选题上典型性与普遍性并存的风格，使其对现实的描绘既精准又开阔，在视野上做到了收放自如。

值得注意的是，《上海画报》的图画新闻在选题时还渗透着时代进步的思想，尤为突出的是对女性的钟爱。

有表现女知识分子和艺术家的，如郑毓秀女博士、巴黎大学教育硕士陈建吾女士、画家张曼筠（不仅刊登了张的肖像及其绘画作品，还通过《张曼筠女士小传》对其进行了全方位的描述）、赴欧研究艺术的冯剑飞女士、女旅行家胡素娟女士步行入川（图1-5-40）等。其中，《上海画报》对陆小曼的报道表现特别突出。画报几乎成了陆小曼和徐志摩爱情的全程见证者，从徐、陆结婚到徐志摩早逝的整个感情旅程，《上海画报》图文均有报道。徐、陆结婚不久，《上海画报》就刊出了《徐志摩再婚记》一文，称"鼎鼎大名自命诗圣徐志摩先生"和"也是鼎鼎大名声震京津的陆小曼女士"，各自经历了婚姻破裂后重新找到了感情的归宿，"改换改换生活趣味，从此，徐先生无妻而有妻，陆女士离夫却有夫。真是一时佳话，多么可喜"。此后，又接有《陆小曼婚史又一页》展现徐、陆的"闺房亲昵"，再到徐志摩去欧洲游历，陆小曼结识翁端午后成为瘾君子而移情别恋，最后到他二人出现感情危机，徐志摩赴京飞机失事，《上海画报》一直在维持陆小曼的美好形象。画报记叙了徐志摩去京时还带着陆小曼的山水长卷，友人交相称赞，他颇为得意。而行前陆小曼也曾一再叮嘱徐志摩"飞机还是不坐的好"。而这段传奇式的罗曼史终以天才英年早逝而终结。1930年2月6日刊出的特写照，差不多是陆小曼在《上海画报》上的最后亮相。图为陆小曼侧面头像，黑衣、黑发和黑色的底子浑成一片沉重；面部由高光打出，目光略朝下，略长的钩鼻，抿紧的嘴唇，显得肃穆而沉毅。[①]

---

① 周利成：《民国画报热始于〈上海画报〉》，《中国档案报》2009年12月25日总第1944期，第4版。

图1-5-40　女旅行家胡素娟女士步行入川
《民国画报汇编——上海卷》(二七)，第54页

　　此外还有表现明星名媛的，如朗华影片公司演员朱蕴华、《重返故乡》的主演殷明珠(殷明珠是我国第一代女影星，开青春派偶像之先河，是当时上海家喻户晓的人物)、谭雪蓉(谭雪蓉在上海滩歌舞界鼎鼎有名，她的举手投足都会引起沪上女性的争相模仿)。对胡蝶(图1-5-41，图1-5-42)、阮玲玉这些家喻户晓的大明星，报道更多。另还有《名门闺秀图》(图1-5-43)，这些打扮新潮、风姿绰约的名门闺秀，不管是发饰、衣着还是生活方式，都是当时上海妇女时尚的风向标。

图 1-5-41　十五集《红莲寺》中
胡蝶女士
《民国画报汇编——上海卷》(二
七)，第291页

图 1-5-42　行将问世之破天荒
明星公司国产有声歌舞对白巨片
《歌女白牡丹》胡蝶女士之神气
《民国画报汇编——上海卷》(二
七)，第291页

图1-5-43　名门闺秀图
《民国画报汇编——上海卷》(二六),第552页

当然,还有表现名妓的,如日本名妓千条子、名妓映红五娘、新会乐名妓时芳七娘、南京名鼓姬想容、杭州南埠之花国总统龙凤倩影、青岛花国外交总长杨爱娟、花国大总统中之杨耐梅(图1-5-44)。尤其值得一提的是《小娥解放记》(图1-5-45),详细记载了一位名叫余小娥的妓女的传奇经历,字里行间没有一丝轻佻之举,更多流露的是敬重之情。现部分摘录如下:

> ……小娥一妓耳,奚有一记之价值,更奚有影印其照相之必要。不知小娥虽妓,中间有一时代,为银行经理及捐局局长之如夫人,其身份似与妓异,且其解放之经过,有许多可歌可泣之历史。观者不难于此简短之记事中,窥见上海社会种种内幕之一斑。小娥去年从北京来上海,树艳职于法租界生吉里,号淑贞,人呼之为北京老四,其人恬静而温婉,求之于闺秀……

图1-5-44　花国大总统中之杨耐梅
《民国画报汇编——上海卷》(二六),第563页

图1-5-45　小娥解放记
《民国画报汇编——上海卷》(二六),第54
页

　　此外，值得我们注意的是《上海画报》中关于儿童学生的选题也达到了较高的比例，为10.48%，这一事实也不容小觑。其中有追捧小明星的，如《顾无为与林如心之结晶品》（图1-5-46）、《上海影片公司童伶伲二春》；有表现学生生活的，如《奕奕入神》（图1-5-47），描绘了学生暇时打牌消遣的情形："启明女学高才生蔡范珍、蔡淑贞、刘绣君三女士假日之暇作高尚之娱乐。"更多的笔墨《上海画报》给予了大中学生，尤其是各种运动会中大放异彩的体育健儿，社会各团体对他们也竞相追捧，如《商务印书馆欢迎南北选手》（图1-5-48）、《上海商务书馆中华职业教育社欢宴辽宁校长团及哈尔滨女选手》（图1-5-49）等。

图1-5-46　顾无为与林如心之结晶品
《民国画报汇编——上海卷》（二六），第55页

图1-5-47　奕奕入神
《民国画报汇编——上海卷》(二七),第16页

图1-5-48　商务印书馆欢迎南北选手
《民国画报汇编——上海卷》(二六),第571页

图1-5-49　上海商务书馆中华职业教育社欢宴辽宁校长团及哈尔滨女选手
《民国画报汇编——上海卷》(二七),第24页

　　综上所述，《上海画报》图像新闻所报道的题材范围比较宽泛，适合都市市民的阅读心理需求，在传达大众心声的同时也不忘加以引导，向受众灌输新的审美和思维模式，彰显自己的"品牌"形象。

四、《上海画报》图像新闻的类型与文体

　　20世纪的二三十年代，尤其是在大都市上海，随着摄影技术的改进，照相开始在社会上普及开来，市民们对图文并茂的摄影画报的追求更甚。《上海画报》创刊后，自然不甘落后，编辑们非常了解市民的阅读心理，主打的就是摄影报道。刊登的照片主要来源有画报摄影部记者所拍摄的照片、各地新闻社和相关照相馆拍摄的照片以及摄影界与艺术界朋友赠予的照片等。

　　《上海画报》摄影部主任就是民国时期鼎鼎大名的摄影师黄梅生，翻开画报，经常能看到"黄梅生摄"（梅生）的署名落款（图1-5-50~图1-5-52），他既能拍摄也能著文。前文提到的"夏超独立记"就是他的代表作，甚至他女儿也像小明星一样被介绍于众人面前。另外，臧伯庸、舒舍予、赵澄等人也都为画报的摄影工作做过不少贡献。

图1-5-50　双十节杭州各界假省教育会举行庆祝会门前之情形　黄梅生摄
《民国画报汇编——上海卷》（二六），第455页

图1-5-51　杭州西卿公园菊花会之种种——愁容人影 黄梅生摄
《民国画报汇编——上海卷》(二六),第476页

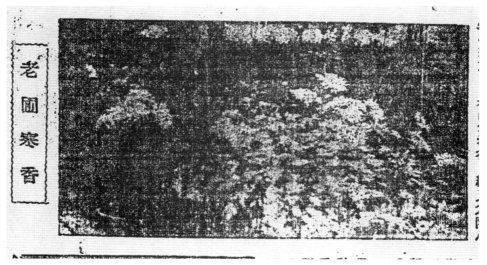

图1-5-52　杭州西卿公园菊花会之种种——老圃寒香 黄梅生摄
《民国画报汇编——上海卷》(二六),第476页

　　《上海画报》长期刊登启事《本报招聘外埠摄影记者》："本报拟于北京、天津、汉口、广州、杭州五处,各聘请摄影记者一员,月薪最低十元、最高三十元,每月须摄取各该地新闻照片及有价值的美人名流或名妓等肖像,十张至十五张,供给本报。"所以,我们在画报上能看到各地的摄影报道,如褚保衡从北京投寄的化装溜冰大会照,天津的、汉口的、广州的,外埠摄影记者的杰作都能见到。

　　除了摄影作品外,最多的就是漫画新闻了。漫画新闻也是除摄影报道外《上海画报》的另一特色。

　　在革命风潮席卷中华大地的时候,上海漫画作品丰富与强大的影响力使当时的上海渐渐成为中国漫画创作的中心,许多年轻漫画家不约而同来到上海进行漫画创作。1927年秋,丁悚、张光卞、黄文农、叶浅予、鲁少飞、王敦庆、张正宇、季小波、张眉荪、蔡淑丹、胡旭光等十几人组成了中国第一个民间漫画组织"漫画会"。《上海画报》自然也成了这些漫画家的创作阵地之一。丁悚、王敦庆、张光宇、孙延哲、钱东生等人均在画报上发表了多幅作品。连年的军阀混战、帝国主义列强入侵,使得这些漫画家的创作内容多表现两个主题:一是北伐战争,二是"五卅"惨案。当然也有很多反映当下社会现状与市民生活的,其中以丁悚和王敦庆的作品居多。

　　丁悚(1891~1972),字慕琴,浙江嘉善人,寄居上海市,当代著名漫画家丁聪是他的儿子。丁悚是典当朝奉出身,自幼即喜欢作画。曾在美术专门学校进修,师承周湘(隐庵),初攻西画,擅素描,继研习国画人物、侍女、佛像……常为上海《新闻报》、《申报》、《时事新报》做漫画,笔调清秀,深受读者欢迎。如著名的《北京的空气》(图1-5-53),形象地描绘了北京城楼上的两张嘴脸——段祺瑞与黎元洪,暗喻袁世凯称帝败亡后,出任国务总理的段祺瑞与继任大总统黎元洪之间激烈的矛盾冲突,把北京搞得乌烟瘴气。

图1-5-53　北京的空气
《民国画报汇编——上海卷》(二六),第390页

丹翁曾经在画报上特别撰文一篇《恭维丁悚》:

　　丁先生能画顶标致的人,不懂画的人,也懂得他的好。我不敢说懂得画,我却相信自己是个懂得字的人,人但晓得丁先生画的人标致,我还以为丁先生署的款更标致。人为啥要标致呢?因为人一标致,就知道他的性情好,既做一个书家,就应该把自己顶好的性情,发表出来给人家瞧瞧。何以现在的书家,好像都是些没有脾气的人,在这里故意搭架子。外国有一种花书,他是把花的性情,去做了字的性情,所以看见了都晓得是美,所以不是美术家就写不出来。古来书家里厢,也有画字的,也有刷字的,还有描字的。在比较上,当然画字好了,写字的写不出画来,画画的偏画出字来,画出字来还是和画画一样。要是单讲六书,得丁先生的尊姓,画成一只钉,那种趣味也还有限,丁先生署款那个丁字,却像现在画图的一个丁字尺,看见这个字,就推想到他别的字当然

格外有趣。人倘或不晓得丁先生画的人标致,就是孟子说的"无目者也",如再不晓得丁先生的字写得好,那么,他除非是目不识丁的书家了啊!①

　　王敦庆(1899~1990),字梦兰,笔名王一榴、王履箴、黄次郎等,嘉兴人。1923年毕业于上海圣约翰大学国学科,曾任中华艺术大学教授,《时代漫画》和《大美画报》编辑,主编《漫画界》。

　　他在《上海画报》上的代表作有《千呼万唤始出来,犹抱琵琶半遮面》(图1-5-54)、《五卅》(图1-5-55)等描述"五卅"惨案的新闻;《快回头吧!》刻画了以张作霖、冯玉祥为代表的军阀间的斗争。

图1-5-54　千呼万唤始出来,犹抱琵琶半遮面
《民国画报汇编——上海卷》(二六),第55页

---

① 全国图书馆文献缩微复制中心:《民国画报汇编——上海卷》(二六),第406页。

图 1-5-55　五卅　王敦庆作
《民国画报汇编——上海卷》(二六)，第 87 页

　　除了丁、王两人，还有张光宇、孙延哲和钱东生等人也在《上海画报》上发表了多幅漫画作品，内容多是针砭时弊的。如孙延哲的《失业者之危机》(图 1-5-56)[1]将共产党描绘为失业者面前的万丈深渊，一不小心蒙蔽了双眼就会掉进万劫不复之地；钱东生的《吃得下》(图 1-5-57)[2]也颇惹人关注。

图 1-5-56　失业者之危机
《民国画报汇编——上海卷》(二七)，第 320 页

　　① 全国图书馆文献缩微复制中心：《民国画报汇编——上海卷》(二七)，第 320 页。
　　② 全国图书馆文献缩微复制中心：《民国画报汇编——上海卷》(二七)，第 340 页。

图 1-5-57 吃得下?
《民国画报汇编——上海卷》(二七),第 340 页

第四节 《上海画报》图像新闻内容分析

上文就《上海画报》图像新闻的总体特征进行了论述,我们已能初步看出画报的基本轮廓,在这其中《上海画报》还有一些特别之处可圈可点。下面就它的具体内容进行介绍。

一、"五卅"运动响头炮

1925 年 5 月 30 日,上海学生两千余人在租界内散发传单、发表演说,声援工人,抗议日本纱厂资本家镇压工人大罢工及打死工人顾正红,号召收回租界。英国巡捕当即逮捕了一百余名学生。下午,万余群众聚集在英租界南京路老闸巡捕房门前,要求释放被捕学生,高呼"打倒帝国主义"等口号。英国巡捕竟开枪射击,当场打死 13 人,重伤 17 人,逮捕 150 余人,造成震惊中外的"五卅"惨案。

这一天,正好是《上海画报》的发稿日,画报办公室与老闸巡捕房的后门相邻,办事员们目睹了血淋淋的惨案过程,均惶悚不安。毕倚虹闻讯赶到办公室,他鼓励记者到现场采访,自己则赶往红十字医院探视伤者。当时南京路上戒备森严,毕倚虹便设法请开设在南京路上的心心照相馆代为拍摄实景。有人建议,动乱期间一切不易,很多报刊都停刊了,画报不妨也暂缓出刊。毕倚虹坚决不同意，以其职业敏感，他不但坚持主张按原计划创刊，而且当即调整原先准备的内容，留出很大篇幅报道"五卅"惨案，不仅对事变做了图文相济的报道，让广大读者及时了解事情真相，还激励广大市民同仇敌忾，以实际行动支持上海人民的反帝爱国运动。这些都反映了毕倚虹作为报人的勇气和职业道德。

1925年6月6日，《上海画报》如期创刊（图1-5-58），第1期上就发表了毕倚虹亲笔撰写的《沪潮中我之历险记》，并刊发"心心摄"的《学生在华界沿途讲演》、《凄凉之南京路》、《热心之学生募捐队》、《南京路之西兵防守》等5幅现场照片，真实记录了"五卅"惨案这一史上的重大事件，令人读后触目惊心。出于爱国热情，市民争相购买画报。在接下去的几期中，《上海画报》连续对"五卅"做了跟踪报道，还刊登了大量外地市民甚至国外华侨支持上海人民的消息和图片。第2期的《上海画报》又报道圣约翰大学反对外籍校长阻止爱国运动而造成全体退学的照片，如《课堂中之激昂》（图1-5-59）、《圣约翰之旗杆禁止学生升中华国旗之西校长卜航济》（图1-5-60）、《人去楼空之圣约翰大学》（图1-5-61）等，并撰写题为《约翰潮》的文章相配合。一般热血青年、爱国学生，争先恐后，纷纷购买，在青年学生中间引起强烈反响，《上海画报》一鸣惊人。毕倚虹自己则连续几期发表了《沪潮杂咏》、《上海新竹枝》等诗，对"五卅"中的人和事做了多方面的描述。以竹枝词的形式写"五卅"，少见的新颖，可以说是充满海派风格的尝试。

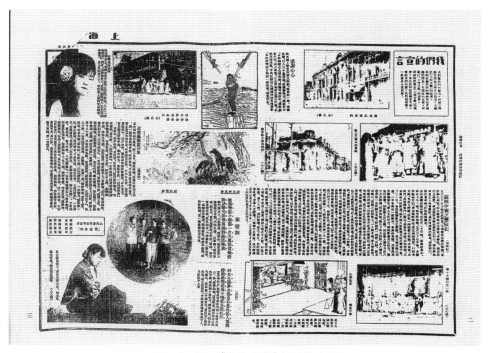

图1-5-58 《上海画报》创刊号内页

图 1-5-59 课堂中之激昂
《民国画报汇编——上海卷》(二六),第 6 页

图 1-5-60 圣约翰之旗杆
《民国画报汇编——上海卷》(二六),第 9 页

图 1-5-61　人去楼空之圣约翰大学
《民国画报汇编——上海卷》(二六)，第 6 页

　　6 月 15 日，《上海画报》第 4 期封面照为《六国专员来沪调查惨杀案》(图 1-5-62)，并刊出相关照片 4 张，其说明云："以上摄影集说明，为上海中国新闻社照相通信部特别制赠《上海画报》，以供留心'五卅'惨案事案者之参考，而为各日报所未经见，阅者宝诸。"可见，毕倚虹是很注重独家新闻的。以后他还刊出广告，在上海及北京、广州等各大城市招聘记者，并聘黄梅生专门负责摄影美术方面，这些都是朝着这一方向努力的。

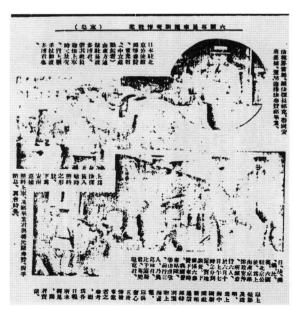

图 1-5-62　六国专员来沪调查惨杀案
《民国画报汇编——上海卷》(二六)，第 13 页

　　此后,《上海画报》还不定期地刊登有关"五卅"惨案的报道,如6月27日第8期《天津市民大会之一斑》(图1-5-63),7月9日第12期的《青岛沪案后援会大游行》(图1-5-64),24期的漫画《"五卅"惨案血泪碑》(图1-5-65)、新闻报道《中日名士之沪案恳谈会》等,为"五卅"运动宣传造势。

图1-5-63　天津市民大会之一斑
《民国画报汇编——上海卷》(二六),第31页

图1-5-64　青岛沪案后援会大游行
《民国画报汇编——上海卷》(二六),第46页

图1-5-65   "五卅"惨案血泪碑
《民国画报汇编——上海卷》(二六)，第94页

7月18号，第15期《愿英国政府与人民一回想》：

　　这下面的几幅图画，一一有了简当的说明，阅者可以明白我们中国同胞，曾经在民国六年，于英国战事困难的时候，以血汗生命大大地不远万里，帮助过他们成功(当时威海卫、青岛两招工局，前后招赴欧洲法界边境者，约十万余人。大战告终，除身死异域外，其余断手截足，终身残废，不知几岁，因恶战而惊成疯狂者，有数千人之多)，这是很显著，很光明的证据。本报今天特为将这种证据，从故纸堆中拣出来重印，希望英国的政府、英国的国民一回想从前中国对待英国有这么一回故事。凡是人类"回想"的力量很大，那么英国的政府和人民，今天对待我们中国人民态度，应该怎样？良心上、公理上，一定有一种正确的裁判。我想倘使良心上、公理上有了正确裁判以后，上海南京路"五卅"事件，或者也有一种迅速、公平而正确的结束了，然而不知道，本报这种残弱的力量，能否促起英国政府和人民的回想，这也是一种疑问啊！

并配合题为"A Story Old and New"的英文翻译。

编者并配发了6幅组照《每日华工晨操之图》、《招工局职员及外宾》、《华工验合格后,发一元以作零用》、《华工坐驳船,登船出洋》、《翻译之服装》和《英人招工广告》,并且精心设计与编排,图文并茂,使阅者不仅详细地了解了那段历史,还大大加强了内容的直观性、可读性和观赏性(图1-5-66)。

图1-5-66 每日华工晨操之图等(6幅)
《民国画报汇编——上海卷》(二六),第58页

可以说,《上海画报》创刊之初恰逢震惊中外的"五卅惨案",毕倚虹以其职业敏感,坚持出刊,并充分发挥画报的优势,对事变做了图文并茂的报道,让《上海画报》一鸣惊人,创刊之初就打了一个漂亮的开门战役,也为其以后成为三日刊画报之鼻祖奠定了基础。

此后,在每年"五卅"运动的纪念日前后,《上海画报》都会报道各地的纪念活动。如1926年6月12日第120期上的《杭州"五卅"周年纪念》(图1-5-67),6月15日第121期《苏州之五卅路》(图1-5-68),记录了"沪案发生时,南京路尝一度提议更名为五卅路,因地处租界,卒未能改,南京路之更名遂作罢论,而苏州至五卅路,已于月前完工矣,是不可不记的";同期,第3版还刊有《褚辅成先生在杭州"五卅"纪念演说时摄影》(图1-5-69)。接下来的一期上编者又报道了《杭州大学界之"五卅"纪念运动》的摄影图片(图1-5-70)。1927年6月3日第239期第三版上，《上海画报》配发了由夏威廉和吕斌两位记者拍摄的《"五卅"纪念摄影》照片两张（图1-5-71，图1-5-72）。

图1-5-67　杭州"五卅"周年纪念
《民国画报汇编——上海卷》（二六），第363页

图1-5-68　苏州之五卅路
《民国画报汇编——上海卷》（二六），第366页

图1-5-69 褚辅成先生在杭州"五卅"纪念演说时摄影
《民国画报汇编——上海卷》(二六),第367页

图1-5-70 杭州大学界之"五卅"纪念运动
《民国画报汇编——上海卷》(二六),第371页

图1-5-71　"五卅"纪念摄影
《民国画报汇编——上海卷》(二六)，第552页

图1-5-72　"五卅"纪念
《民国画报汇编——上海卷》(二六)，第552页

　　《上海画报》的成功，激励了芸芸众生，跟风而起者顿如雨后春笋，毕倚虹的助手们也先后离他而去，自创门户。有名的如张光宇，原在《上海画报》任助理，看到画报销路好，便辞职出来，独树一帜，办了《三日画报》；闻野鹤也办起了《中国画报》，等等。这些画报从外观形式到发行周期都模仿《上海画报》，在当时的上海掀起了一个蔚为壮观的"小报型画报"高潮。但浪潮来得凶猛，去得也迅捷，这些画报大多数无法达到《上海画报》的高度，很快就宣告停刊，而《上海画报》依然一枝独秀，稳步向前发展。

二、政要名流竞登场

　　上文我们已经统计过，《上海画报》关于"官僚人士及其家属"的图像新闻内容以22.75%的比例高居第一位。尤其"北伐战争"开始后，对国民党的大大小小官员，《上海画报》给予了及时与充分的报道，报道过的官员有蒋介石、谭延闿、褚民谊、何应钦以及众多地方上的官员。其中，尤以对张学良的报道最多也最为详细。

　　其实，张学良与《上海画报》的渊源颇深。毕倚虹创办《上海画报》之时，恰值中国社会处于军阀混战迭起、革命风暴云涌、社会转型快速、时事新闻丛集、新陈代谢剧烈、针砭时政迫切之际。《上海画报》创刊后，一纸风行，在民国画报史上独领风骚。张学良注重舆论宣传且尊重舆论宣传。1928年，东北易帜后，张作霖、张学良礼聘《上海画报》主编钱芥尘为其文化顾问。在钱芥尘的帮助下，张学良毅然买断蒸蒸日上的《上海画报》，成为画报背后最大的老板。《上海画报》也自然成为这个"东北王"在东南的舆论阵地和"喉舌"。

　　《上海画报》群集了钱芥尘、周瘦鹃、俞逸芬、戈公振、成舍我、舒舍予、张丹翁、秦瘦鸥、章太炎、张恨水、刘海粟、徐悲鸿、黄梅生、郎静山、胡伯翔等一大批进步文人墨客、仁人志士为其撰稿或主笔。在他们的帮助下，关于张学良的舆论氛围焕然一新。

　　在图像新闻上，《上海画报》真实地记录了东北易帜后在政治、军事、经济实力上达到权力顶峰的张学良，主要描绘了皇姑屯事件后至西安事变前这一特殊历史阶段中，张学良在皇姑屯事件、东北易帜、杨常事件、中东路事件、中原大战、南京出访、"九·一八"事变、热河抗战、通电下野等事件中的各种作为。

　　大事件图像如《张学良就任东北航空司令》（图1-5-73）、《中央慰劳授张学良将军旗》（图1-5-74）、《沈阳陆空军联合演习监阅》、《张学良葫芦岛港检阅海军》。连续3期《上海画报》都辟出专版对比事件做了特别报道，从葫芦岛开发的背景、张学良检阅海军时的场景，做了全方位的说明。相关图像新闻如《开发葫

芦岛港之两主要人物》（图1-5-75）、《葫芦岛开工日张学良检阅海军》、《葫芦岛
开工典礼北宁路局长高纪毅演说》、《葫芦岛之一角》、《葫芦岛检阅海军》、《葫芦
岛海军检阅海圻舰上水兵致敬》、《葫芦岛未来海港之鸟瞰》（图1-5-76）、《葫芦
岛海军演习中之海面水机》、《停置军舰上之东北海军飞行机》和《东北海军舰队
海圻舰上至军操》（图1-5-77）。小事报道有《沈阳植树节张学良植树》、《张学良
三十初与中外僚属合影》、《东北陆军举行毕业式张学良前往颁奖》等。

图1-5-73　张学良就任东北航空司令
《民国画报汇编——上海卷》（二六），第579页

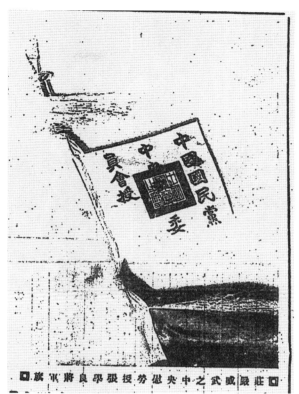

图1-5-74 庄严威武之中央慰劳授张学良将军旗
《民国画报汇编——上海卷》(二六),第572页

图1-5-75 开发葫芦岛港之两主要人物
《民国画报汇编——上海卷》(二七),第104页

图1-5-76　葫芦岛未来海港之鸟瞰
《民国画报汇编——上海卷》(二七),第116页

图1-5-77　东北海军舰队海圻舰上至军操
《民国画报汇编——上海卷》(二七),第116页

　　张学良的亲民形象也一向深得人心,《上海画报》多次报道张学良携夫人于凤至参与社会各种活动,民众都对其爱戴有加。来看看张学良来南京出席会议时《上海画报》的报道,有《大受欢迎之张副司令夫人于凤至女士抵沪时在北站留影》(图1-5-78)、《张副司令于二十日抵浦口时出月台时之情形》,同时配发文章《张学良之布衣》:"今次张学良南来,所有随员处长以至随从,一律军装,且一律用国货布为材料,朴实整洁,匀称美观,张本人亦恒御之,朱光沐处长尤日常习用

不去体,提倡国货之真实表现者,张氏有焉。"①另有《张学良夫妇参观同泽女中新校舍》,《沈阳影戏院开幕记》等,是为张学良不离开民众又一证:"张亲偕于凤至夫人,杂市民中,同时入场,坐正面厢位。张御淡黄哔叽西装,精神饱满,每低声为夫人解释英文字幕,态度潇洒。时电光闪闪,冷气习习,肘腋生凉,心神俱爽,虽在炎夏,恍如新秋。市民观至情节紧凑,神为之夺,掌声中杂以欢笑,似忘却座中尚有长官夫妇者然。尽十数年来,张氏事事未尝离开民众,观影仅事之极微末者耳。"②

图1-5-78　大受欢迎之张副司令夫人于凤至女士抵沪时在北站留影
《民国画报汇编——上海卷》(二七),第254页

此外,关于张学良预定"万有文库"之事也颇有趣味。"万有文库"是商务印书馆编译所所长王云五主持编辑的一套大型丛书,开本统一,规模宏大,收有不少古籍,也有翻译的东西洋名著,还有科普读物,一套在手,就犹如拥有一家小型图书馆,在当时及以后都产生了很大影响。"万有文库"出版的消息见报后,张学良

①　全国图书馆文献缩微复制中心:《民国画报汇编——上海卷》(二七),第256页。
②　全国图书馆文献缩微复制中心:《民国画报汇编——上海卷》(二七),第11页。

就写信给商务印书馆,表示"敝人拟定'万有文库'",并提出要求,希望能为他另外布面精装一套,并将他家的族记烫印上去,一切额外费用由其承担。张学良并不霸气,而是委婉请商:"能否如此办法,或请商诸总馆。"(图1-5-79)

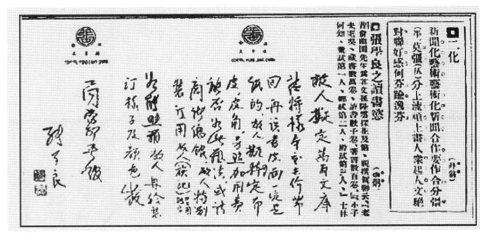

图1-5-79　《上海画报》上张学良的手迹

对于社会各界名流的逸闻轶事,《上海画报》关注更甚。举凡名伶名妓、电影明星、文坛巨子,其一言一行都是《上海画报》聚焦的中心。诸如胡适等新文学巨子,张謇等社会名流,梅兰芳等戏曲演员,王莲英等名妓,其一举一动都是《上海画报》所关心的。因为野史逸闻、名人轶事可以满足市民大众的"窥视欲",是市民读者亟欲了解的;读者所希望了解的就是《上海画报》乐于刊登的,这不亚于现在的娱乐刊物。当然,《上海画报》作者们也从这些社会新闻中汲取了颇多素材采入其通俗小说,使其小说与《上海画报》的小品文字形成了互动。尤其是对新文学运动的领军人物胡适来说,创刊之初的《上海画报》对其是有着浓厚的吸引力的。

胡适的名字首次出现在《上海画报》上,是慕虹写的《胡适之恭维王揖唐》:"胡适之于六月十九日发表文字,言曰作战的步骤,中有句云'八十年来,中国人研究上海的历史与市政组织的,除了王揖唐君一本小册子之外,竟没有一个人,没有一部书,这是多么可耻的事'。胡博士非所谓'新考据家',何所见之不广也,王氏所著上海租界问题,出版在姚公鹤上海闲话之后。其时,王氏适在沪上,充北方和议代表,姚乃以损害版权,与王交涉,且诉诸会审公厅……"胡适的文字首次出现在《上海画报》上,是1925年11月27日第58期,"文学叛徒"胡适之写给葆真女士的一幅扇面《江城子小词》(图1-5-80,图1-5-81):"翠微山上乱松鸣,月凄清,伴人行。正是黄昏,人影不分明。几度半山回首望,天那角,一孤崖……"20世纪90年代末,某拍卖公司就这幅扇面进行拍卖,当时曾引起文化界很多人的重视,认为对研究胡适的心路历程颇有价值。实际上,《上海画报》还刊出过不少胡适的诗词和扇面,即使专门研究胡适的专家也多不知晓。如胡适赠送给《上海画报》摄影部主任黄梅生的扇面《胡适为黄梅生书扇》:"鲍老当筵笑郭郎,笑他舞袖太郎当。若教鲍老当筵舞,依旧郎当舞袖长。杨大年的文字,石守道目为三怪之一,然这一首却是很好的白话诗,殊不像西昆大师的作品。"[①]这应该是研究胡适提倡白话文的一则很好的史料。

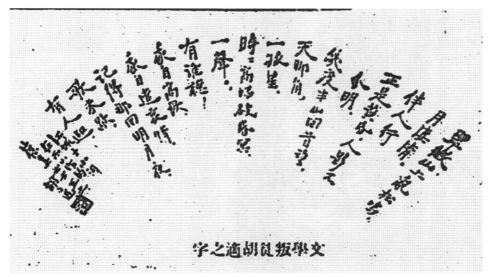

图1-5-80 文学叛徒胡适之
《民国画报汇编——上海卷》(二六),第237页

1929年3月19日,胡适在《上海画报》发表了一首诗《答丹翁》:"庆祥老友多零落,只有丹翁大不同。唤作圣人成典故,收来乾女尽玲珑。顽皮文字人人笑,怠赖声名日日红。多谢年年相捧意,老胡怎敢怪丹翁?"诗后还有"跋":"丹翁忽然疑我怪他,不敢不答。"诗中的"丹翁"即人称"上画四杰"之一的张丹斧(图1-5-82),当时正在主持《上海画报》的主要编务工作。他也是胡适的老友。

① 张伟:《纸韵悠长:人与书的往事》,台北:秀威资讯科技股份有限公司,2009年,第102页。

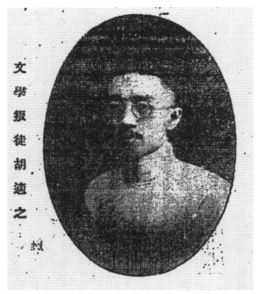

图1-5-81　文学叛徒胡适之
《民国画报汇编——上海卷》（二六），第
261页

图1-5-82　张丹斧 黄梅生摄

　　《上海画报》文字半文半白，一律直排，不用新式标点，可谓是一份不折不扣
的"旧"刊物。"旧"文人的代表丹翁先生一直让胡适以"文学界的叛徒"形象出
现。人人都道丹翁名士作风，玩世不恭，其实现在看来，未尝不是一种"搏出位"
的策略。

胡适在《上海画报》上发表的作品有限,但出场露面的机会极多。自1927年回到上海与徐志摩等人办新月书店,后又就任中国公学校长,胡适与上海的文人圈子交游日广,联系密切。《上海画报》则把这种种情形做了忠实的记录:在画界名流亦是歙县同乡许士骐的订婚答谢宴上,作为证婚人的胡适喧宾夺主,表现十分活跃。席间,胡博士大肆撺掇新婚夫妇介绍恋爱经过,不依不饶;在婚礼上,胡适充当了新人合影的导演,上下奔忙。徐志摩欧游归来,刘海粟在家为他设宴洗尘,胡适也应邀出席,除了吃饭,胡适始终是奋战于麻将桌上的主力,最后输了五六十块钱方才作罢。唐瑛、陆小曼等人开办的新式女装公司,曰"云裳",该公司为海上名流定制服装,与电影公司合作,同时又致力于家常日用之服,十分红火,而胡适位列董事名单,参加开张典礼。

周瘦鹃在《上海画报》上有篇《胡适之先生谈片》尤具代表性。该文详细记录了作者某次登门造访胡适的过程。在两个小时的谈话中,周瘦鹃撷取的内容大致有关于胡适书房里大大小小的洋装、平装的书、胡适的腰病及其疗法、胡适即将受聘中山大学一事的真假、胡适是否喜欢看电影、胡适对待翻译的态度等。两人的谈话基本上是周问胡答,类似访谈的形式。

我们知道,1928年胡适的关键词当为"白话文学史",因为这时他在新月书店出版了《白话文学史》一书。《胡适之先生谈片》中选取的谈话只涉及与文学有关的翻译工作,这显然不是这一时期胡适的重点。如果一定要八卦,似乎谈些胡适和徐志摩们创办新月书店的枝枝节节、恩恩怨怨也很不错。然而这篇文章里并未涉及这些。周瘦鹃是一个太称职的访问者,《上海画报》的读者们毕竟不同于文学史家,周瘦鹃深知他们想要看到些什么。他们对胡适研究的那些学问大约并不会有真正的兴趣,对于一个文化明星的生活细节却怀有极大的好奇,而周瘦鹃体贴地在文中一一为之释疑答惑。

三、强身健体威名扬

清末,国民身体孱弱,形如麻秆,加之体育萎靡不兴,鸦片毒害,国人被冠以"东亚病夫"之名号,中华民族生死存亡,危在旦夕。有识之士奔走呼号:"驱除鞑虏,反帝救国,恢复中华,扬我国威,时不我待!"一时间,但见举国上下,"实业救国"、"教育救国"、"科学救国"、"体育救国"思潮风起云涌。报刊上也多是这类口号及相关论战,而其中以"体育"报道居多。《上海画报》就体育方面的报道也有较多的篇幅,据上文表1-5-1的数据统计,关于"体育运动"的报道内容所占比例也达到6.54%之多,包括《日本民治神宫纪念运动会》、《上海第二届17公里马拉松长途赛跑》、《体育家孟志一女士全运会湖北女选手之指导》、《清心女中运动会》、《赛马大会》、《张学良提倡全运》（"张学良喜运动，击球，竞马，春秋佳日，小试其端，称好身手焉，今虽综筦四省（辽吉黑热），尤于运动一项，再三致意"）等。

　　在这些体育运动比赛中，尤以对女性参与的运动会给予了更多的关注。自辛亥革命以后，女性受教育者数量激增，特别是一些西方传教士在中国开始创办教会学校，民国女子们正式走入"洋学堂"接受现代教育。在这些女校的教学活动中，体育教育业逐渐从早期的游戏活动和舞蹈向现代体育转变。女子在身体素质和运动经验上均大大得到提高，新女性在更加广泛地参与社会活动的同时，也在体育运动方面展现出了非同一般的竞争力。被《上海画报》报道的女运动员有《被选出席远东运动会之哈尔滨刘静贞女士》（图1-5-83）、《被选出席远东运动会之广东全国女子排球锦标队》（图1-5-84）、《全国女子跳高第一冯发兰女士》（图1-5-85）、《全国女子掷棒球第一陈佩桃女士》（图1-5-86）、《全国女子掷铅球第一何振坤女士》、《北平全国女子篮球锦标队》等。

图1-5-83　被选出席远东运动会之哈尔滨刘静贞女士
《民国画报汇编——上海卷》（二六），第596页

图1-5-84　被选出席远东运动会之广东全国女子排球锦标队
《民国画报汇编——上海卷》(二六),第597页

图1-5-85　全国女子跳高第一冯发兰女士
《民国画报汇编——上海卷》(二六),第597页

图1-5-86　全国女子掷棒球第一陈佩桃女士
《民国画报汇编——上海卷》(二六)，第597页

　　其中最引人注目的是，在当时的中国东三省，竟涌现出了民国女子田径的
"五虎将"。这些巾帼英雄来自东省特别区女子第一中学(今哈尔滨第七中学)，
"五虎将"成员分别是孙桂云、王渊、何梅仙、刘静贞、萧淑苓。"皇姑屯事件"后，张
学良执掌东北大旗，张学良不仅热爱体育，而且非常重视和提倡开展体育运动，
一时间各学校的体育课都加强了。哈尔滨各学校的体育运动更是搞得生机勃
勃。1929年5月11日，在马家沟第二体育场举行了东省特别区第一次学校运动
会，张学良亲任运动会名誉总裁。"五虎将"代表女子一中第一次参加比赛，孙桂
云尤其引人注目，获女中个人成绩总分第一名。一时间女子田径"五虎将"之威
名横扫大江南北，孙桂云更是成了炙手可热的体育明星。《上海画报》也在多期中
对孙桂云进行了图文报道，可见她的受欢迎程度(图1-5-87，图1-5-88)。

图1-5-87 打破全国女子短跑记录之哈尔
滨一女中学生孙桂云女士
《民国画报汇编——上海卷》(二六),第597页

图1-5-88 全国运动会女子
总分第一哈尔滨孙桂云女士
《民国画报汇编——上海卷》
(二六),第578页

《上海画报》在第579期上刊登了一篇由黄警顽所写的《孙桂云小史》，对孙桂云的优秀事迹进行了全面立体的报道（图1-5-89）：

中国女子体育进步之速，殊堪惊人。哈尔滨孙桂云女士在全运会中，每赛必居第一，以故人人钦慕，竞摄其芳影者，日必数十百起。驻会各报记者，感知余为孙女士擦油而奏功，纷来询其履历。因先与其指导李又晟、黄树芳女士约，赛得第一后，请游西湖以慰其劳，因在舟中欢谈畅叙，承孙女士告伊之小史，与沪报所记不同，及录如下，以介绍于国人之前。

女士为鲁之掖县人，生于海参崴，哈尔滨国货巨商孙沈三先生之女公子，兄桂藉，肄业于哈大法科，弟桂毓，肄业八中。桂云幼即嗜好运动，童龄时代，哈埠每有运动会，女士即促父母携彼往观，每观一项，则手舞足蹈，盖其性相近也。及其入市立一小，乃开始注意体育之训练。哈埠初次开运动会，女士即被选为小运动员，每项皆得冠军，彼时伊之运动姿态，即最为一般体育家所注目。进入东特一女中，遇王渊、刘静贞、何（吴）梅仙、萧淑苓四同学，旨趣相同，民十七相伴赴沈，参观东三省联运会。因从未参加运动会，恐缺乏经验，未敢参加，及见会中之女田径成绩，亦无特殊记录，遂以来沈参加，而竞赛之结果，各项成绩，实超以前女子记录，遂名播三省，先后加入特区联运，亦负盛名，女士且以个人得田径赛总分第一，学校总分亦以第一焉。去春十四届华北运动会开于辽宁，女士又代表东特前往参加，女子部百五十米及跳远又获得第一，遐迩传闻，获飞将军之号。去秋又代表中国，出席中日德三国运动会于辽宁，与日本女子短跑家人见娟枝比赛，成绩几相及，当时惊为奇才。盖人见会出席世界运动会者，而孙以十六岁之少女，即有此惊人之成绩，若勤加训练，不难为世界女子中短跑健将。此次参加全运，因坐舟车辛苦，饮食不良，尚未能展其所长。女士平日颇知注意卫生，不喜吃小食，于赛跑外兼长排球跳高，喜欢电影，酷嗜拍照，至于音乐，孙亦爱好焉，尚未订婚。海上三十二团体公宴席上，女士起立演说曰：今日承各团体招宴，荣幸无似，无以为报，唯有加倍努力，希望能在远东运动会中，得一荣誉以归，为我国积弱之女子吐气，亦以报诸位诚恳欢迎之至意也。远东会在即，吾拭目待之。

张丹翁也用他特有的"捧人"方式赋诗一首《捧孙桂云女杰》表达其对孙的赞颂：

　　本画前期孙桂云,短跑全运总标分。游扬报界丹翁我,光彩乡亲削颖君,活泼泼诚艺无尽,笑嘻嘻目貌超群,突飞文化惊东北,又见哈滨女冠军。[①]

图1-5-89　孙桂云女士
《民国画报汇编——上海卷》(二六),第597页

　　《上海画报》对孙桂云可谓进行了追踪式的报道,如《酷爱摄影之孙桂云》、《南北女杰携手图——孙桂云摄赠》,表现了孙桂云热爱摄影的另外一面,后有《孙桂云江干留景记——汇山码头欢送诸选手》一文,并配发照片《东北男女田径选手合影》、《大洋丸上之孙桂云女士》、《女选手鱼贯登舟》及《东北女选手及其指导》等(图1-5-90~图1-5-95)。

---

　　① 全国图书馆文献缩微复制中心:《民国画报汇编——上海卷》(二六),第588页。

图 1-5-90　酷爱摄影之孙桂云
《民国画报汇编——上海卷》(二七)，第 11 页

图 1-5-91　南北女杰携手图
——孙桂云摄赠
《民国画报汇编——上海卷》(二七)，第 11 页

（梅生摄於大洋九） 　□东北男女田径选手合影□

图1-5-92 东北男女田径选手合影
《民国画报汇编——上海卷》(二七),第31页

图1-5-93 大洋丸上之
孙桂云女士
《民国画报汇编——上海
卷》(二七),第31页

图 1-5-94　女选手鱼贯登舟
《民国画报汇编——上海卷》(二七),第 31 页

图 1-5-95　东北女选手及其指导
《民国画报汇编——上海卷》(二七),第 31 页

四、文人情怀,人文关怀

前文我们已经提到,《上海画报》的主要编辑们如毕倚虹、周瘦鹃、张丹翁、秦瘦鸥等人都属"鸳鸯蝴蝶派"。说起他们,一般的印象都会觉得他们没有名士桀骜放达的禀赋和士大夫救国济世的千秋情怀,只会无病呻吟、风花雪月,迎合中下层市民的低级审美趣味。但是,鸳蝴派虽然在文学表达上归向市民世俗文化,但作为独立的个体,明清名士的血脉潜藏于他们的精神品貌与行为习惯中。这不仅可从他们重视对时政的报道、对社会阴暗面的揭露上窥其一斑,从他们对朋友、同仁的关怀与体恤上也能看出情怀。值得一提的是,《上海画报》对毕倚虹的逝世及他逝后妻女的生活多次进行图文报道。

1926年5月15日,在《上海画报》周年纪念的前夕,毕倚虹因病去世(图1-5-96),《上海画报》第二天即在画报上贴出告示:"先生于昨日(五月十五日)午前十时逝世,本报同人哀感不甚,凡我交期,当洒一掬同情之泪也。"

图1-5-96　本报创刊人毕倚虹先生逝世
《民国画报汇编——上海卷》(二六),第327页

接下来的一期,《上海画报》特出《追悼号》,登载其遗像、遗书、诗笺及《毕倚虹先生所著书目》等,以示纪念(图1-5-97~图1-5-99)。周瘦鹃、钱芥尘都分别写了悼文《哭倚虹老友》、《呜呼毕倚虹先生》和《何谓红粉金戈》追思其人。正如周瘦鹃在文中所述:"呜呼,吾今执笔时,距倚虹老友之死已十小时矣,倚虹之死,虽死于病,而实则社会杀之,家庭杀之,不良之环境杀之,杀之者众,而倚虹之身则一,于是乎倚虹死矣。"短短几句话,不免让人唏嘘伤怀。这一期的封面明星也没有往期那么笑容满面神采飞扬,而是用了电影明星徐琴芳的照片,配上标题

"幽怨"，一副哀伤之情。

图1-5-97　本报创刊人毕倚虹先
生遗像
《民国画报汇编——上海卷》(二
六)，第330页

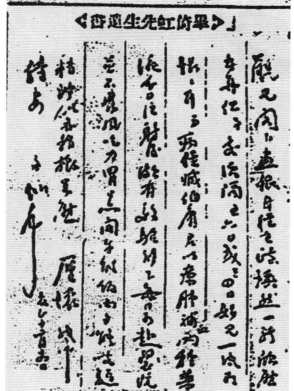

图1-5-98　本报创刊人毕倚虹先
生遗书
《民国画报汇编——上海卷》(二
六)，第330页

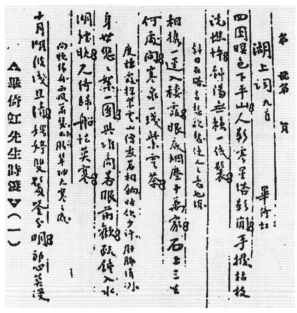

图 1-5-99　本报创刊人毕倚虹先生诗笺
《民国画报汇编——上海卷》(二六),第330页

在接下来的多期画报中,《上海画报》时不时刊登追忆毕倚虹的诗文、图片等。如《倚虹忆语》、《倚虹丧讯》、《毕倚虹遗孤教育扶助会简章》、《挽倚虹先生》和《倚虹先生殁后》等。

毕倚虹病逝后,家庭失去了顶梁柱,妻儿生活陷入困境。他的同人、朋友感佩倚虹开创的功绩,由包天笑、陈蝶仙等发起,特地为他组织“倚虹遗孤教育扶助会”,主要成员包括包天笑、陈蝶仙、陈小蝶、周瘦鹃、余大雄、常觉、涂筱巢等。他们设立了一笔基金,以解决他的身后事,各方友人也纷纷解囊捐助。

在给“毕倚虹遗孤教育扶助会”捐款的朋友中,张学良将军捐助了其中最大的一笔善款:1 000元。此前,因为采访的关系,他和毕倚虹有过一些接触。在得知他不幸病逝、身后萧条的情况后,立刻捐出巨款予以资助,并有一信给主持《上海画报》编务的钱芥尘(图1-5-100),全文如下:

芥尘先生:

　　毕君倚虹,身后萧条,良闻之深为痛悼!特敬奠仪一千元,请转送其家为荷!

　　此颂道安!

张学良启

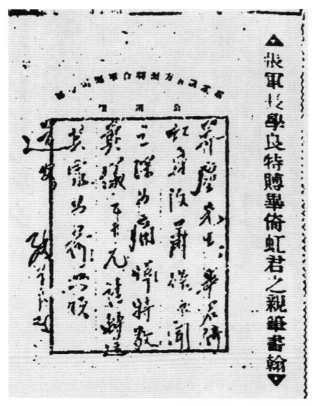

图1-5-100　张军长学良特赙毕倚虹君之亲笔书函
《民国画报汇编——上海卷》（二六），第391页

　　依靠这笔基金，毕倚虹夫人缪世珍入校学医，毕业后在妇产科医院工作，用柔弱的肩膀支撑起了生活重担。

　　缪世珍是毕倚虹的第三任夫人，婚后不久，毕倚虹即因心力交瘁离别人世，缪小姐新婚成新寡，可谓伤心至极。《上海画报》一直关心毕倚虹身后缪夫人的生活工作，时常能在毕的众多好友的笔下看到她的身影（图1-5-101）。1930年5月18日，在第587期的《上海画报》上，发表了一则图文报道《毕倚虹夫人劬学成功》：

　　　　本报创办人毕倚虹先生之夫人缪世珍女士，自矢志抚孤求学以来，倏忽已五历寒暑。世珍女士三载下帷，勤劬读书，毕业于仁和医院，成绩斐然。名医师黄琼仙女士知其能，聘为助理，更为推荐为北京路刘景德君处服务，月入尚有。丁惠康医师见义勇为，亦拟聘为产科主任，刻在磋商中。女公子庆汾，年甫五龄，自女士长姐张夫人逝世后，孤独无依，乃送至西门林荫幼稚园住读，膳宿学费，咸女士自任之。女士求学自立之志，自此可谓成功。爰记梗概，以为关心倚虹遗孤者告。

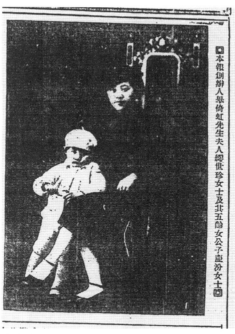

图1-5-101　本报创办人毕倚虹夫人缪世珍女士及其五龄女公子庆汾女士
《民国画报汇编——上海卷》(二七),第32页

五、特事出特刊,特刊出特色

　　《上海画报》在重大的日子或者报道一些重大的新闻事件时,常常会采用特刊专版的形式。该报积极发挥画报的优势,图文并茂,如论期数之多、影响报坛之广,当时众多画报无出其右。到1933年2月26日终刊之际,《上海画报》共出版了10余期特刊,为我们今天的研究保存了大量史料。

　　画报出过的特刊包括《国庆特刊》(1925年10月)、118期的《周年纪念号》(1926年6月6日)、200期的《双百纪念号》(1927年2月3日)、256期的《中华歌舞大会特刊》(1927年7月24日)、290期的《天马会特刊》(1927年11月6日)、412期的《刘海粟先生去国纪念展览会特刊》(1928年11月15日)、492期的《南国戏剧特刊》(1929年7月30日)、557期的《荀慧生特刊》(1930年2月15日)、689期的《艺苑展览会特刊》(1931年4月30日)、705期的《言菊朋特刊》(1931年1月24日)、775期的《救济国难书画展览会特刊》(1932年1月24日)、815期的《陈树人个人画展特刊》(1932年7月16日)、824期的《刘狮个人画展特刊》(1932年9月17日)、847期的《游艺救国总动员特刊》(1932年12月26日)等。这些图文今天都已成为研究相关人物和团体的珍贵历史文献了。

　　在1925年10月出版的国庆特刊里,《上海画报》集中采用漫画新闻形式,将当时的政治形势、社会状况尽数展现在读者面前。丁悚(图1-5-102)、敦庆(图1-

5–103)、C.T.(图 1–5–104)等人都有作品发表。

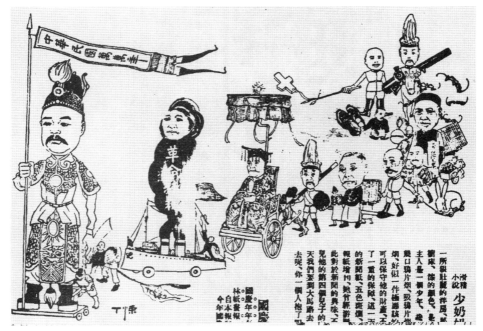

图 1-5-102　丁悚作品
《民国画报汇编——上海卷》(二六),第 172-173 页

图 1-5-103　王敦庆作品
《民国画报汇编——上海卷》(二六),第 173 页

图1-5-104　C.T.作品
《民国画报汇编——上海卷》(二六),第173页

在这期特刊中,画报公布了《现今统治中国者大揭晓》的调查结果:

截至十月八日下午五时,共收到2598封信,除去42封为滑稽的,正式回答的为2556人。编者特别注明:此为一个小小答案,无丝毫何种之意味,然此种答案,系出投函者个人意见,是可贵尔。至于本人为一出题之人,仅将来函披露,责任已尽,不欲赘述鄙人对此问题是何意见也。

最终结果如下:吴佩孚1843票;徐树铮257票;张作霖203票;张学良116票;段祺瑞51票;冯玉祥22票;孙传芳19票;王世珍9票;曹锟7票;王瑚4票;溥仪4票;王宠惠4票;赵尔巽3票;阎锡山3票;赵恒惕2票;林虎2票;陈独秀2票;黎元洪2票;唐绍仪2票;陈炯明1票;孙宝琦1票;蔡元培1票;章行严1票;李烈钧1票。

又有《周年纪念号》，《上海画报》的主要编务都在其上发表了文章，如严独鹤的《祝上海画报》、余大雄的《三言两语之画报史》、包天笑的《上海画报出版前之回忆》、舒舍予的《今日我在上海画报上说的话》、周瘦鹃的《去年今日》、钱芥尘的《一字师》等。

还有《双百回忆记》：

> 我国新闻纸，累万号千号者比比，双百何足记，记之感既往且助将来耳。本报百期纪念，天笑先生谓百期为三日刊之难关，是本报度过两重难关，一往顺利矣。一年以来内容方面，得寒云林屋梅花馆主诸先生之弘著，光彩顿增，最足养为纪念者，则叶庸方先生一再为本报搜集摄影，美不胜收，黄梅生沈吉□先生亦深加臂助，是愚所较感者也。所自视阅然者，新闻时事照片，以提前付印之故，（向例本期出版之日，即须印刷下期之报，方不脱期），每有后时之虑，坐是本报最大关点，曰"缺乏时间性"，此后当谋印刷之便利，关于时事之照片，尤盼阅者随时随地代为觅寄，斯固本报之幸，抑亦阅者交换智识之幸也。

这些编者的文章给我们研究《上海画报》提供了最佳的纪实史料。

第五节 《上海画报》图像新闻意义场域

图像是"意义"的"生产"与"交换"的载体，是意义构成和传播十分有效的媒介。经研究，对于图像意义的诠释，主要关注三个场域，即图像的生产制作场域、自身构成场域和传播（观看）场域。图像正通过它在这些方面所表现出来的一些特征，传达一个时期的特征，影响后期发展。

每一场域中通常又可以通过三种图像形态，即技术性形态、构成性形态和社会性形态来进行具体分析。图像的技术性形态主要指生产图像的技术。图像的构成性形态则是指在图像制造过程中图像的作者对图像形式上的安排：如内容、线条、颜色以及空间配置等。图像的社会性形态指围绕在图像周围的经济、社会和政治关系、建制等范畴。这三种不同的面向给我们提供了研究图像的不同视角。

一、《上海画报》图像新闻的生产场域
1. 技术条件：印刷术和摄影术的改进
摄影画报的出现离不开造纸术、摄影术、印刷术的技术进步。

　　1881年上海创办了我国第一家造纸厂"上海机器造纸厂"。1904年第一家官办造纸厂"龙章机器造纸公司"也开设在上海。抗日战争以前，上海已经有十几家造纸厂，产量、技术都在全国遥遥领先。报刊印刷术的发展经历了镂版、石印、铜锌版、影写版等，由于有了影写版和摄影术的辅助，很快出现了影写版印刷的插图，即商务印书馆《东方杂志》中的插图。画报的繁荣需要大量的照片，照片的需求又带动了摄影的普及。

　　从画报的内容沿革上看：起初像《寰瀛画报》、《点石斋画报》上，画家爱画市井趣闻的居多，到《真相画报》时渐渐增加了时事照片的比重。这一点可以在张若谷先生的文中得到印证："中国报纸上最初所印的画图，都是不出乎历象、生物、汽机、风景一类的范围，图画都是用铜版镂雕的，费钱很多……到了纪元前三○年间（光绪初年），石印术流行起来，才开始有关于时事新闻的画报出世……"[①] 人们的兴趣由"历象、生物、汽机、风景一类"转变到"时事新闻"，是伴随着印刷技术的进步而发生的。但同时，随着对于外界事物熟悉程度的逐渐加深，人们的阅读渴求也变得越来越强烈——这些插图的主题和风格反映了出版商们想要迎合一个新的公众阅读群的努力，尤其是女性，她们被认为更容易配有插图的浅显读物所吸引；图像与文字的结合也为新兴识字阶层的人们提供了更简捷的阅读通道。

　　早期的画报采用石印，技术落后，在很大程度上影响了画报的精美度。20世纪20年代前后，摄影术和印刷术的改进和在画报上的应用改变了这一状况。尤其是摄影技术的改进以及国内照相的普及，为《上海画报》的发展奠定了技术基础。《上海画报》创刊后，专门设有摄影部，主任为著名摄影师黄梅生，摄影报道的范围不仅仅限于上海，周边如杭州、苏州都会看到《上海画报》摄影记者的身影。而对于其他外埠，如北京、广州、汉口等地，画报也特聘了摄影记者，并给予他们丰厚的报酬。画报的编辑们多次在报上撰文，论述摄影以及照片对画报的重要性。如画报在第6期封面上发表《有几件可以使读者满意的事》，其中有"本报是一种含有美观性而有永久性的报纸，这两期的照相铜版，已努力改良，模糊不清的弊，似可以免除了"[②]等。同时，《上海画报》和照相馆的合作也是它获得丰富素材的一个来源。如著名的心心照相馆在"五卅"风潮中拍摄的照片就选在《上海画报》上首发，为其一炮打响奠定了基础；中华照相馆也常常供稿给《上海画报》，并且常年在上海画报上刊登广告："美术摄影，全国第一，信用卓誉，社会欢迎。"

---

　　①　张若谷：《纪元前五年上海北京画报之一瞥》，《上海研究资料续编》，上海：上海书店出版社，1984年，第326页。

　　②　全国图书馆文献缩微复制中心：《民国画报汇编——上海卷》（二六），第21页。

2. 丰富的素材：上海大都市的畸形繁荣

20世纪二三十年代的上海，经济的畸形繁荣为画报的发展提供了广阔的素材来源。20、30年代是上海经济发展的黄金时期。高楼大厦鳞次栉比，新兴的工厂如雨后春笋，繁华的商业区灯红酒绿，往来的人流摩肩接踵……但上海的繁华又是畸形的。在那里，既有先进的金融组织、行业管理，又有野蛮落后的封建帮派；既有富可敌国的金融寡头，又有始终在死亡边缘挣扎的城市贫民。西区花园洋房的豪华派对和闸北、杨浦滚地笼的昏暗灯光，养尊处优的太太小姐和杨树浦纱厂面黄肌瘦的童工，交织成了当时全国最有活力、最繁华的远东第一大都市上海的复杂图景，它像一块色彩斑斓的油画板，为小报提供了其他地区无法比拟的、前所未有的素材来源和创作灵感。

希夫曾经发表过对上海的印象：

> 谁要把上海的面貌画下来，谁就得把两种水火不相容的色彩都准备好：在画布上画上这一片色彩，马上就得补上那片互补色。因为，这座城市，这座城市的生活，是由最尖锐最分庭抗礼的双方拼凑成的：一边是应用着所有现代技术成果的华丽公寓，带着中央空调、室内游泳池，全都只给主人和主人的客人们享用。就在近旁，茅屋棚舍里住的是苦力们；还有停靠在小河边的舢板，人们生在这里，长在这里，也就死在这里，根本就不知道世上还有别的房屋可以为家。夏天夜里，马路边铺上席子，睡满了人，因为窄屋浅房实在其热难当。就在不远处，却是外国俱乐部，阿紫花园的遮阳棚下，身着低胸晚装的仕女们和穿着夜礼服的绅士们，在悠闲地喝着带冰块的威士忌酒。在这座城市里，住着我们的语言所无法形容的穷人，也有着我们的词汇所难以描绘的财富。一边是饥民哀哀和饿殍狼藉，一边则是珍馐百味，暴殄天物，吃不是吃，而是被当作"艺术"来欣赏。一边是原始的野兽般的生活，另一边是毫无顾忌的榨取和掠夺，也达到了野兽般的疯狂。①

再看《上海画报》图像中有关城市生活的描绘，读者在这些片断中看到的是一个光怪陆离的传统与现代的大杂烩，有洋场的摩登，也有底层的艰难，这就是真实的二三十年代的上海。这些不断变换的都市生活场景，就是为市民所熟悉的生活空间的再现。如《上海女子之一日生活》系列，从睡觉起床到早点、看报、

---

① 希夫作画，卡明斯基作文，钱定平译述：《海上画梦录》，北京：中国人民大学出版社，2005年，第8~9页。

化妆几幅图片，我们就能看出上海女子那种养尊处优的精致生活状态（图1-5-105~图1-5-108）。

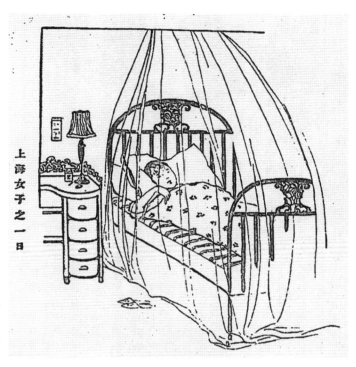

图1-5-105　上海女子之一日
《民国画报汇编——上海卷》（二六），第264页

图1-5-106　上海女子一日之生活（早点）
《民国画报汇编——上海卷》（二六），第272页

图1-5-107　上海女子一日
之生活(看报)
《民国画报汇编——上海卷》
(二六),第273页

图1-5-108　上海女子一日
之生活(化妆)
《民国画报汇编——上海卷》
(二六),第281页

　　而《江北大世界游历记》则通过"沉寂的剧场"、"人兽活动馆"、"矮人与毛女"和"吞剑之壮士"几个系列,描述了法租界底层人们野兽般的生活。而《一个援助工人的妓女》和《援助工人群芳游艺会》(图1-5-109)等又让我们看到即使最受歧视的妓女也会有她们的信仰。

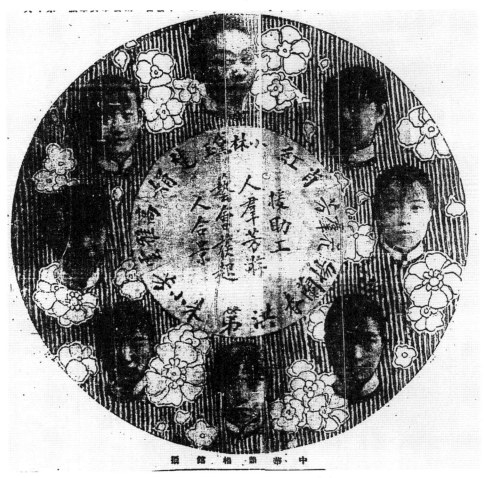

图1-5-109　援助工人群芳游艺会
《民国画报汇编——上海卷》(二六),第46-47页

　　电影院、剧场、戏院、饭店、舞厅、公园等,上海都市的娱乐场所中几乎每一个角落都在《上海画报》中出现过。正是在这样的编排叙述中,《上海画报》完成了对都市生活面影的勾勒,全面地展现了20世纪二三十年代上海都市生活的声色。

二、《上海画报》图像新闻的构成场域

　　影响图像意义产生与传播的除了图像的生产场域外,图像自身在构成上的变

化也大大促进了图像意义的产生，很大程度上影响着图像的传播效果。图像自身的构成除了技术方面的决定因素以外，图像画面格局、内容范围的表现也都有很重要的作用。而当时办报者对于社会事件的解读，就通过其对图像要素的画面安排体现出来。因而研究《上海画报》图像的构成场域，可以很好地了解报纸的态度和主张。

1. 人物摄影

《上海画报》所刊登的新闻摄影照片多数为纪实类的人物摄影。在这些人物摄影中，画面一般都简洁明了，主题突出。

在表现新闻人物的时候，较多的是采用全景模式。以新闻人物主角为中心，身后部分场景摄进画面中。画面除了人物主体的表情、行为再现外，主体所处的环境，如身后的景物、人物所站的位置、场所等也都涵盖其中。正是由于这样的拍摄方式，即使图像画面清晰度不是太高，我们在分析人像所处环境的时候也能够进行大胆推测和描绘。

如《赴汉时在永绥军舰上之蒋主席，左为秘书长邵力子》一则图像新闻，蒋主席处于照片的右侧。这在传统的摄影构图法则里是三分法构图，用垂线把画面等分为三，把被摄主体大致放在某个分割线上。在这张图片里，我们看到的是主体在画面1/3处的典型布局。它给人以愉快的平衡感和无拘束的宽松感，不像在正中央那么呆板。而这张照片作者注意了环境的烘托，使蒋主席所处的位置、他身后的军舰背景以及在图片最左侧的秘书长邵力子，都很好地衬托了主体形象（图1-5-110）。类似的还有《检阅童军之戴季陶》（图1-5-111），同样是一幅横幅照片，戴季陶也是以全景示人，他被安置在画面的左侧，目光朝右侧的童子军看去，一手自然下垂，一手提上胸前，双腿一前一后，行走检阅状。抓拍到的此瞬间，给人很强的动感。同时，他身后陪同的人员和所处的环境衬托了主体，右侧的童子军与戴季陶这个主体形象又起到了呼应作用，均衡了画面。

图1-5-110 赴汉时在永绥军舰上之蒋介石,左为秘书长邵力子
《民国画报汇编——上海卷》(二七),第4页

图1-5-111 检阅童军之戴季陶
《民国画报汇编——上海卷》(二七),第4页

在画面构图上,《上海画报》图像注意适应人眼观看时的合理角度和视觉习惯,首先看到主体。要使得主体突出,通常需要将主体放置在画面的首要视觉趣味点上,然后才关注到人物所处的社会生活环境等背景、前景。这样的照片一眼

看上去就能直接理解其所要表达的意义，并且这个合乎人眼视觉的观看角度，更贴近读者平时看东西的习惯，更能引起阅读的兴趣。

与新闻人物摄影相比，《上海画报》的纯粹人像摄影的画面构成就单调得多。封面照一般采用近景拍摄，人物腰部以上摄入画面，几乎无背景，图片一目了然，一眼就能看到这些人物神情动作的特殊之处。这样背景一片空白，只有一个行为主体的构图，就其本身上来看，比较单调突兀。但是因为一般涉及的都是知识女性、名媛、影星，她们的气质优雅，眼神动人，常被画报用来作为头版照片刊登，所以人物本身已经取代了画面构图等拍摄的技术手段。而在内版的一些人像摄影中，全景照的人像照片也常能见到，人物或立或坐。如《杨耐梅新装》（图1-5-112），其内附语："此耐梅最近之装束也，为全西式者，绿色轻纱，凉爽异常，此影我为新摄者，各报咸未之见，即为附刊焉。"又如《嘉年华会中肥女子》（图1-5-113），拍摄了此届嘉年华会中人们争相围观的胖女子尼丽，重达783磅。该女子坐姿，一手叉腰，一手搭在左侧大腿，笑容可掬。还有《烟草女人》（图1-5-114）、《舞女》（图1-5-115）等。

图1-5-112　杨耐梅新装附语
《民国画报汇编——上海卷》（二六），第403页

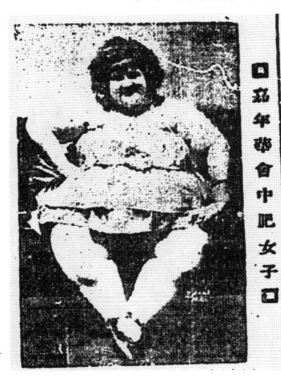

图 1-5-113 嘉年华会中肥女子
《民国画报汇编——上海卷》(二六),第 543 页

图 1-5-114 烟草女人
《民国画报汇编——上海卷》(二六),第 527 页

图1-5-115　舞女
《民国画报汇编——上海卷》(二六),第543页

2.事件摄影

画报中刊登的重要事件的新闻摄影作品拍摄手段灵活多样,远景、全景、中景全部都有涉及,一般能够把事件发生的场景完整地反映在读者面前,当然特殊的场景还会用近景与特写。如果涉及人物的,会以人物为中心,再配上周围的环境,让人一目了然。

如《东三省航空学校毕业摄影》(图1-5-116),照片采用横构图,在画报上刊登时,二三两版通栏,全景式最大范围地展现了毕业时的场景。画面中既有学校校舍又有航空飞机,还有毕业学员,几乎把人物与环境全部囊括其中。

图1-5-116　东三省航空学校毕业摄影
《民国画报汇编——上海卷》(二六),第62~63页

又如《财政部将汉口中央银行钞票检点后预备焚去》(图1-5-117)和《财政部焚汉口钞票时在检点》(图1-5-118)两则图像新闻。前者采用的是特写镜头,画面着重表现的是桌子上检点好的钞票,背景虚化,运用虚实对比的手法衬托了"钞票"这个主体;后者是近景拍摄,表现的是人物正在进行清点钞票这一动作,并与前景的桌子上的钞票形成动静对比,是很好的构图。

图1-5-117　财政部将汉口中央银行钞票检点后预备焚去
《民国画报汇编——上海卷》(二七),第96页

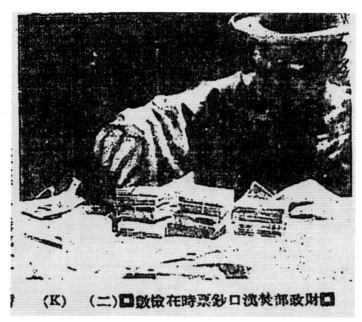

图1-5-118　财政部焚汉口钞票时在检点
《民国画报汇编——上海卷》(二七)，第96页

　　一般的新闻事件都会有两幅甚至多幅照片，在刊登这些组照的同时，画报的编辑们还会考虑将照片进行裁剪加以重新编排。如《在日罢工华海员归国盛况》，编者们采用一张矩形横画幅照片和一张裁剪成圆形的照片进行组接。画面表现的是罢工归华海员登上上海丸号归国的场景（图1-5-119）。

图1-5-119　在日罢工华海员归国盛况
《民国画报汇编——上海卷》(二六)，第98页

3.版面安排

《上海画报》一共4个版,头版通常一张封面照,图像新闻一般集中在二、三两版,每版通常刊登3~6幅照片,若当时事新闻较多时,画报上刊登的新闻照片会相应增加。所刊登的照片清晰,虽然无太多的编排、但照片大小错落有致,版面灵活紧凑,看起来清爽有序。而且编者还非常有心地将照片进行裁剪,或是圆形,或是椭圆形,或者依照人物动作的延展方向进行剪裁,这种安排不仅使内容全面详尽,而且美观大方,给读者一种耳目一新的感觉,类似的处理在该画刊中并不少见。

除了上文介绍的对于组照的编排外,画报在整个版面的安排上,最让人称道的是其图文搭配。

上文曾介绍《上海画报》喜欢运用一些四字、六字、七字的成语、俗语、常用语做标题来配合照片。而这些词语并不仅仅是为装饰与抒情,文字内容大多与图像内容有实在的联系,如《我所思兮在彼方》(图1-5-120),拍摄的是名花富春楼六娘,六娘端坐在椅子上,跷起二郎腿,眼神注视阅者,好像要对你诉说衷肠;《我醉欲眠》(图1-5-121),对应的是图中人物躺在卧榻上一手抚摸头部,一手放置腹前,一副朦胧迷离之状;又如《竹里幽亭》(图1-5-122),并附语:"维扬州瘦西湖上,有倚虹园,本豪君摄得此影,刊以示吾友倚虹病中,鹃。"尽管这里引用的许多词句在内容上已经十分直白,但文字始终是抽象的表达,这些图像替文字代言,把隐含的情感具象化、图像化,甚至还配有必要的文字背景说明方便读者理解。反过来,画报也是在用这种方式重新演绎词句,将经典文字所表达的情感通俗化、普及化。

图1-5-120　我所思兮在彼方
《民国画报汇编——上海卷》(二六),第523页

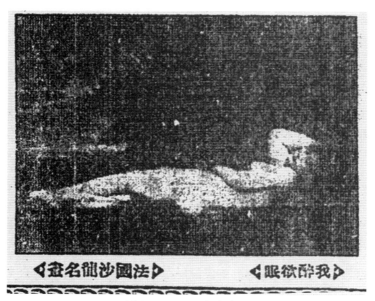

图 1-5-121　我醉欲眠
《民国画报汇编——上海卷》(二六),第292页

图 1-5-122　竹里幽亭
《民国画报汇编——上海卷》(二六),第293页

　　编者在图文搭配上也会费尽心思,希冀立场表达不着痕迹,恰到好处。这里尤其值得一提的是《上海画报》第636期。本期第三版放置了一张大图《国庆日蒋介石接见外宾图》(图1-5-123),而在图下面最显著的位置配发了文章《张学良无野心之最近事实》,还用黑框框出着重表示。这一图一文看上去似乎并无联系,但了解一下这期报纸出刊时的背景你就有更多领悟了。此时为1930年,蒋介石为实现其独裁专制引发了新军阀争权夺利的中原大战,双方投入百万兵力,长达半年之久,死亡30多万人,惨烈空前。当时踞守关外的张学良实力雄厚、兵强马壮,他的大旗倒向哪边就意味着哪边胜券在握。作战双方都想尽一切办法,拉拢张学良。张学良一开始保持中立,静观其变。同年3月1日,他发出《劝告蒋介石、阎锡山和平息争通电》,电文曰:"注视线于国外,立泯内争,本诚意以相维,共图匡济。"经过较长时间的观望和深思熟虑,9月10日,张学良宣布:"东北地处边陲,日本窥伺已久,如欲抵御外侮,必须保持国内统一。"9月18日,张学良发出和平通电,率军队入关,阎锡山、冯玉祥集团土崩瓦解。在历史的紧要关头,张学良选择了蒋介石,助蒋统一成功。《上海画报》在显著的位置安排这样的图文,一是告诉读者,画报对蒋介石政权的顺从,并为其摇旗呐喊吹、歌功颂德;二是为张学良正名,是为国家统一故而非为私人,消除社会上对张学良臣服蒋介石的怀疑之心。不得不说,编者之用心良苦实属不易。

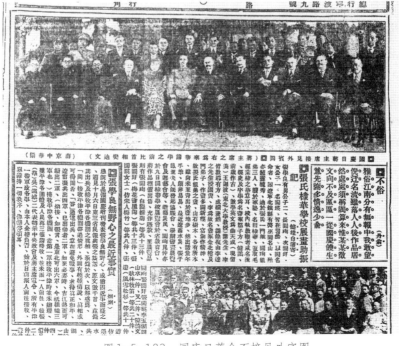

图1-5-123　国庆日蒋介石接见外宾图
《民国画报汇编——上海卷》(二七),第200页

对于《上海画报》这样一份社会性较强的报纸来说，图文搭配方式是很重要的，能帮助其更好地表达各部分的内容，完成画报在报道和视觉效果上的双重需求。

三、《上海画报》图像新闻的传播场域

图像在经过技术上的创作、画面构成上的精心安排来构成意义后，只有通过传播才能将图像的意义传达给读者。只有传达出去的图像，其意义才具有现实性。传播场域是图像意义得到实现的最终场所。不同的传播场域中的受众对于图像的解读是不同的。图像的传播场域在不同的时间、空间上都有其不同的效果。因而进行《上海画报》的传播场域的研究，对于了解这份报纸也非常重要。而对于传播场域来说，当时的社会形态对传播效果起着至关重要的作用。

《上海画报》创办于20世纪20年代的上海。当时的上海，用铜版印刷、以摄影图片为重要内容的摄影画报已成为新闻领域的一个重要阵地。到1925年，"铜版画报风起云涌，而臻于铜版时代之全盛时期。上海方面尤盛，最著者有《上海画报》、《摄影画报》等，迄今仍在刊行，其余忽起倏灭之铜版画报，合计之则可多至百数十种焉"[①]。郑逸梅曾写过《上海的画报潮》来说明当时画报创办之热。而在众多的画报中，当时唯数《上海画报》最深入人心，传播甚广。

《上海画报》是用铜版纸精印的，图像质量要明显好于当时其他画报。尤其是画报刊发的社会各界名流的照片，不但数量庞大，其史料价值也很高。如蒋介石与新剧人顾无为的合影、杜月笙与张啸林合演《连环套》的剧照、未赴欧洲留学前之青年徐悲鸿、徐志摩游印度时着印服和泰戈尔合影、提琴神童马思聪、中华口琴会全体合影，等等。有的从未在其他报刊发表过，有的因成像质量好而更具其他应用价值。所以《上海画报》当时在沪上知识分子中备受推崇，影响力非常大，传播空间得到进一步延伸。

与文字相比，图像在诸多方面都具有更容易满足人们需求的优势，它更方便、快捷、生动、直观，还具有直接的审美作用，这都是印刷文字难以具备的。1920年6月，报界前辈戈公振先生在《上海时报·图画周刊》发刊词中指出："世界愈进步，事愈繁颐，有非言语所能形容者，必藉图画以明之。""图画为新闻之最真实者，不待思考研究，能直接印入脑筋，而引起爱美之感。"良友公司在出版大型画册《中国大观》时曾提出："宣扬之道，文字之功固大，图画之效尤伟。盖文字艰深，难以索解；图画显明，易于认识故也。"从当时出版人的这些话语中可以看出，

---

① 萨空了：《五十年来中国画报之三个时期》，转引自《萨空了文集》，上海：上海科学技术文献出版社，2002年。

他们深谙图像在传播中的优势。

　　另一方面,新闻照片的突出特点是具有强烈的现场感,能够形象生动地揭发事件的真相。如"五卅"惨案发生后,毕倚虹就罗致了许多使人惊心触目的照片,轰动一时。每当发生重大事件时,图像新闻总能直观地表现事件面貌,给人以震撼,或发人深省,或振奋人心。

结　语

　　《上海画报》影响大,发行量高,这在当时的期刊界是一个奇迹。画报的成功,刺激了芸芸众生,再借印刷技术的进步、摄影技术的发展、上海电影的繁荣之势,跟风而起者顿如雨后春笋。继《上海画报》创刊之后,1926 年二月,《良友》画报也宣布创刊,其他画报,如《图画时报》、《摄影画报》、《中国画报》、《青青电影》、《电通画报》、《联华画报》、《中国摄影学会画报》、《印刷画报》、《航空画报》、《妇人画报》、《儿童画报》、《好男儿画报》、《文艺画报》、《群众小说画报》、《抵抗画报》、《抗日画报》、《战时画报》等一大批画报在中国报坛百花争艳,开创了中国画报的黄金时代。

图书在版编目(CIP)数据

中国现代图像新闻史. 1919-1949. 第一卷 / 韩丛耀 等著.
—— 南京：南京大学出版社, 2017.9
ISBN 978-7-305-19212-8

Ⅰ. ①中… Ⅱ. ①韩… Ⅲ. ①画报－新闻事业史－中
国－1919-1949②新闻摄影－新闻事业史－中国－1919-
1949 Ⅳ. ①G219.295

中国版本图书馆CIP数据核字(2017)第199083号

责任编辑   卢文婷
            施 敏
责任校对   郭艳娟
装帧设计   赵 秦

出版发行   南京大学出版社
社   址   南京市汉口路22号   邮编   210093
出 版 人   金鑫荣

书   名   中国现代图像新闻史：1919~1949·第一卷
著   者   韩丛耀 等
封面原作摄影   《黎明的钟声》 江 波
               《飞檐走壁》 石少华

照   排   南京紫藤制版印务中心
印   刷   南京爱德印刷有限公司
开   本   787×1092 1/16 印张 27.5 字数 500千
版   次   2017年9月第1版 2017年9月第1次印刷
ISBN 978-7-305-19212-8
定   价   198.00元

网   址   http://www.NjupCo.com
新浪微博   http://e.weibo.com/njuyzxz
官方微信号   njupress
销售咨询热线   025-83594756